JN105253

教養としての
アメリカ

United States of America

研究

清原聖子

編著

大学教育出版

は じ め に

　本書は 3 部門、全 10 章から構成される学際的なアメリカ研究書である。アメリカについて書かれた研究書は多いが、本書は初学者を対象として政治・国際関係・歴史・社会・文化といった複数の研究分野からアメリカを理解するために役立つ重要な問題の解説やユニークな視点の提供を試みる点に特徴がある。

　振り返ってみれば 2020 年はアメリカにとって激動の年であった。この年は世界規模で新型コロナウイルスのパンデミックが続いたが、アメリカは諸外国と比べて新型コロナウイルスの感染者数や死者数が圧倒的に多かった。全米に新型コロナウイルスの感染者が急速に広がってきたため、共和党のトランプ（Donald J. Trump）大統領が国家非常事態宣言を出したのが 2020 年 3 月 13 日、続いて首都ワシントン DC では 3 月 30 日、バウザー（Muriel Bowser）市長によって住民に対して食料や生活必需品を入手するなど必要不可欠な場合を除いて、原則として外出を禁じる命令が発令された。

　パンデミックの中で 5 月 25 日、アメリカ社会を大きく揺るがす事件が起きた。白人警官によって首を抑えられて黒人男性のジョージ・フロイド（George Floyd）が死亡したのである。これをきっかけに全米で人種差別抗議運動の BLM（Black Lives Matter）運動がかつてないほどに活発化した。この抗議運動の高まりを鎮静化するため、トランプ大統領が軍の投入を辞さない姿勢を示すと、ワシントン DC のバウザー市長は 6 月 5 日、トランプ大統領の強硬姿勢を批判して、ホワイトハウス近くの交差点の名称を「Black Lives Matter」プラザに変更し、道路を黄色くペイントした[1]。

　秋には、大統領選挙で再選を狙い、選挙キャンペーンに精力的に動いていたトランプ大統領自身も新型コロナウイルスに感染した。コロナ禍が続く中で 11 月 3 日に行われた大統領選挙は、記録的な高い投票率となった。選挙の結果、現職大統領の共和党トランプ候補が敗れ、2021 年 1 月 20 日の就任式で民

主党バイデン（Joe Biden）大統領が誕生した。

　パンデミックから約１年後の 2021 年２月 22 日、アメリカの新型コロナウイルスによる死者数はとうとう 50 万人を超えた。バイデン大統領はその追悼式で、「本日、私たちは本当に残酷で悲痛な節目を迎えた」と述べている[2]。新型コロナウイルスのパンデミックがアメリカ社会に与えた影響は計り知れない。

　そこで、本書の第Ⅰ部は、アメリカ国内の政治や社会が抱える諸問題について、それぞれ独立した視点から論じつつ、大統領選挙、コロナ禍、BLM 運動といった 2020 年のアメリカの状況にもできるだけ光を当てて解説することを試みる。

　第１章の「ソーシャルメディアを活用したアメリカ大統領選挙キャンペーンの発展」では、アメリカの大統領選挙キャンペーンがインターネットやソーシャルメディアの普及によってどのように発展してきたのか、という点について 2000 ～ 2020 年の大統領選挙を対象としてその特徴や変化を説明している。第２章の「『メディアの分極化』から見るアメリカのメディア環境の変容」は、1960 年代以降のアメリカのメディア環境の変化と「メディアの分極化」の状況について解説し、2020 年大統領選挙も射程に入れて、アメリカ政治とメディアの関係の展望を検討する。第３章の「コロナ禍とポスト・オバマケアをめぐる争い ― 皆保険成立を阻む政治文化的要因 ― 」では、アメリカの政治文化的要因に注目して、アメリカの医療保険政策の歴史的発展と現在進行形のバイデン政権の改革に関連した動きを理解しようと試みる。第４章の「ブラック・ライヴズ・マター運動から振り返るアメリカ黒人の歴史 ― ステレオタイプに対するグローバルな闘い ― 」は、20 世紀のアメリカ黒人たちの抵抗の歴史を振り返る。とりわけ黒人に対する差別やステレオタイプ化がアメリカ国内のみならずグローバルに行われてきたことから、黒人たちの抵抗運動が国境を超えた連帯の中で展開されてきた点に注目する。第５章の「アメリカ中絶論争の歴史と現在 ― ジェンダーと生命・選択の自由・正義 ― 」は、2020 年大統領選挙でも中絶をめぐり共和党のトランプ候補と民主党のバイデン候補が対照的な立場を表明したことに言及しており、アメリカにおける中絶論争の歴史的

経緯と重要な論点を再検討している。

　第Ⅱ部はアメリカと諸外国との関係について歴史的な経緯を踏まえつつ、最新の状況を分析する章が続く。第6章の「アメリカはアジアをどう見ているか ―乖離する相互イメージ―」は、アメリカにとって日中関係はどのような政策的意義を有しているのかを概観する。第7章の「アメリカの通商摩擦と世界貿易機関（WTO）改革」では、WTO の機能不全の要因を分析して、トランプ政権からバイデン政権への政権交代による変化を視野に入れて、アメリカの通商摩擦に対応する WTO 改革をめぐる動向を検討する。

　第Ⅲ部では、スポーツや音楽といった文化の視点からアメリカ社会への理解を深め、アメリカ研究の視野を広げることが期待できる。2020（令和2）年東京オリンピックの開催が新型コロナウイルス感染拡大によって延期されたが、第8章の「アメリカのオリンピック・センチュリーと社会正義の実現」では、アメリカ研究の立場から、20世紀をアメリカの「オリンピック・センチュリー」と捉え、その歴史を「社会正義の実現」という観点から振り返ることによって、オリンピックの存続をめぐる論争に一つの切り口を提示することを目的とする。第9章の「アメリカ社会におけるクラシック音楽の巨匠」は、国内外で活躍するピアニストによる執筆という点でユニークな章となっている。第9章は、20世紀以降にアメリカで活躍したクラシック音楽の3人の巨匠を取り上げ、彼らがいかにして、アメリカのクラシック音楽界の発展に貢献したかについて論じている。第10章の「在外米軍基地とアメリカのポピュラー音楽 ― 戦後日本の米軍ラジオ放送 ― 」では、「米軍基地」と「アメリカのポピュラー音楽」を切り口にして、アメリカ合衆国の国外における「アメリカ」に眼を向けており、米軍のラジオ放送に注目しながら、在外米軍基地が現地社会におけるアメリカ音楽受容を媒介した過程を描いている。

　本書の執筆者の所属先は様々だが、一つの共通点がある。執筆者は、明治大学情報コミュニケーション学部で筆者がコーディネーターを務めた授業に2020年度に登壇していただいた方々である。これは、学部3、4年生を対象として、アメリカ社会を多角的に見る目を養うことを目的としており、研究者として第一線でご活躍中の他大学や他学部の教員にもご登壇いただくリレー講座

である。珍しいところでは、ピアニストの実演を交えた講義も行われた。その
ため、本書は研究書でありながら、初めてアメリカ研究に取り組もうとする学
部生などを読者に想定して執筆されており、アメリカ研究の入門書や教養書と
いう位置づけにもなりうるだろう。本書を読めばアメリカ社会の隅々まで網羅
できるというものではないが、本書が読者の皆様にとってアメリカを多角的に
理解する一助になれば、望外の喜びである。

編著者　清原　聖子

注
1) 「『黒人の命は大事』、ホワイトハウス前に巨大ペイント　米ワシントン」、BBC ニュース、
2020 年 6 月 6 日 [https://www.bbc.com/japanese/52946012]（2021 年 6 月 2 日）。
2) 「アメリカの死者、世界最多の 50 万人に『残酷で悲痛な節目』とバイデン大統領」BBC
ニュース、2021 年 2 月 23 日 [https://www.bbc.com/japanese/56150925]（2021 年 6 月
2 日）。

教養としてのアメリカ研究

目　次

はじめに …………………………………………………… 清原　聖子 … *i*

第Ⅰ部　政治・社会

第1章　ソーシャルメディアを活用したアメリカ大統領選挙キャンペーンの
　　　　発展 ………………………………………………… 清原　聖子 … *2*

はじめに　*2*

1. アメリカの有権者は選挙に関心が高いのか？　*3*

2. アメリカの大統領選挙の仕組みとプロセス　*5*

3. アメリカの大統領選挙キャンペーンの特徴　*8*

4. インターネットを活用した大統領選挙キャンペーンの発展　*9*

5. 2020年大統領選挙キャンペーン　*14*

おわりに　*17*

第2章　「メディアの分極化」から見るアメリカのメディア環境の変容
　　　　………………………………………………………… 清原　聖子 … *23*

はじめに　*23*

1. CNNによる24時間ニュース報道の始まり　*25*

2. 市場の競争促進と党派的なメディアの台頭　*27*

3. 「メディアの分極化」とメディア不信　*31*

4. オンライン上の集団分極化と新たな課題　*34*

5. 2020年大統領選挙に関する情報をめぐって　*36*

おわりに　*38*

第3章　コロナ禍とポスト・オバマケアをめぐる争い
　　　　── 皆保険成立を阻む政治文化的要因 ──　………… 山岸　敬和 … *43*

はじめに　*43*

1. 「最も保守的な国」アメリカ　*44*

2. アメリカン・ドリームと医療保険　*47*

3. オバマケアの成果　*50*

4. トランプ政権と新型コロナ　*54*

5. バイデンケアを取り巻く政治的環境　*56*

おわりに　*58*

第4章　ブラック・ライヴズ・マター運動から振り返るアメリカ黒人の歴史
　　　　── ステレオタイプに対するグローバルな闘い ── …… 荒木　圭子 … *62*

はじめに　*62*

1. 人種とステレオタイプ　*63*

2. パン・アフリカニズムの発展　*67*

3. 公民権から人権へ　*71*

おわりに ── 日本に住むわれわれに突きつけられた課題 ──　*75*

第5章　アメリカ中絶論争の歴史と現在
　　　　── ジェンダーと生命・選択の自由・正義 ── ………… 兼子　歩 … *80*

はじめに　*80*

1. 中絶の容認から犯罪化へ　*81*

2. ロウ判決への道　*84*

3. プロライフ運動の興隆　*86*

4. 中絶論争と中絶の権利の展開　*89*

5. プロライフとプロチョイスが見えなくするもの　*93*

第Ⅱ部　外交

第6章　アメリカはアジアをどう見ているか
　　　　── 乖離する相互イメージ ──………………………… 伊藤　剛 … *102*

はじめに　*102*

1.「中国＋日本＝ゼロ」の視点 ── アメリカにとっての「日中離間」──　*105*

2.「東アジア共同体」と、中国による「覇権」　*110*

3. 米中対立と台湾海峡の安全　*113*

おわりに ── 再び「中国＋日本＝ゼロ」の視点 ──　*117*

第7章　アメリカの通商摩擦と世界貿易機関（WTO）改革

　　………………………………………………… 松本　明日香 … *122*

はじめに　*122*

1. 先進国対新興国間の対立　*127*

2. 組織制度・運用の対立（内的要因）　*129*

3. アメリカ国内党派性・支持基盤の違い　*133*

おわりに　*136*

第Ⅲ部　文化

第8章　アメリカのオリンピック・センチュリーと社会正義の実現

　　…………………………………………………… 川島　浩平 … *144*

はじめに　*144*

1. オリンピック・センチュリーと社会正義　*145*

2. 階級格差の克服　*148*

3. 人種の壁への挑戦　*152*

4. ジェンダーの境界と調停　*158*

おわりに ── 東京 2020 と近代オリンピックの行方 ──　*163*

第9章　アメリカ社会におけるクラシック音楽の巨匠 …… 佐藤　彦大 … *168*

はじめに　*168*

1. アメリカとヨーロッパの時代的背景　*168*

2. ロシアからアメリカに渡ったスーパースター　*170*

3. アメリカらしいクラシック音楽の誕生　*179*

4. 「アメリカらしさ」を超えたもの　*184*

おわりに　*187*

第 10 章　在外米軍基地とアメリカのポピュラー音楽
　　　　　― 戦後日本の米軍ラジオ放送 ― ……………… 青木　深 … 192

　はじめに　*192*

　1. 米軍基地の海外展開と音楽産業　*193*

　2. 在日米軍基地とアメリカの音楽 ― 占領期・ポスト占領期の米軍放送 ―

　　　　　　　　　　　　　　　　　　　　　　　　　　　　　　198

　おわりに　*208*

人名索引 …………………………………………………………… *213*

事項索引 …………………………………………………………… *215*

執筆者紹介 ………………………………………………………… *219*

第Ⅰ部

政治・社会

第 **1** 章

ソーシャルメディアを活用したアメリカ
大統領選挙キャンペーンの発展

清原　聖子

　は じ め に

　アメリカでは 2000 年の大統領選挙以来、選挙キャンペーンにおいてインターネットが重要な役割を果たしている。2008 年の民主党バラク・オバマ（Barack Obama）候補の選挙キャンペーンは、携帯電話のテキスト・メッセージやソーシャルメディアを駆使したことで知られ、アメリカの大統領選挙キャンペーン史上に新たなモデルを打ち立てた[1]。これを機にアメリカの選挙における政治コミュニケーションは大きく変貌した。

　2016 年の大統領選挙キャンペーンでツイッターを巧みに使って情報発信をし、主流メディアの関心を集めることに長けていた候補者といえば、共和党のドナルド・トランプ候補が思い浮かぶだろう。当選確定後、トランプ次期大統領はテレビ番組のインタビューで、自分が選挙戦に投入した資金よりもフェイスブックやツイッター、インスタグラムは自分の勝利に役立った、とソーシャルメディアのキャンペーンでの効果について述べた[2]。ダイアナ・オーエン（Diana Owen）は、トランプ候補が選挙戦の早い段階から、確証のない無礼な主張をする攻撃的なツイートを発することで、自分がニュース・サイクルを支配することが可能であるとわかっていた、と指摘する[3]。

　本章では、初めにアメリカの選挙の全体像を把握するため、投票率や大統領選挙の仕組みについて説明する。続いて、2000 ～ 2020 年の 6 回の大統領選挙キャンペーンを振り返り、どのようにインターネットやソーシャルメディアが

活用されてきたのか、その特徴と変化を解説する。最後に、なぜアメリカでインターネットを使った選挙運動（ネット選挙）が盛り上がるのか、という問いに日本との比較的な視点を意識して若干の考察を行いたい。

1.　アメリカの有権者は選挙に関心が高いのか？

選挙が多い国であることから、ダニエル・M・シェイ（Daniel M. Shea）は、「アメリカは選挙に狂った国だ」と述べる[4]。有権者にとって選挙は連邦の大統領、上下両院の連邦議会の選挙だけではない。州レベルでは、州知事、州議会議員、州務長官、それに州裁判官や州地方検事などを選ぶ選挙もある。市のレベルでは、市長や市議会議員などのほか、学校区の教育委員会や評議員の選挙もある。

有権者からすれば頻繁に選挙が行われるとすべての選挙に関心を持つことは難しいが、ここで、筆者が実際に見てきた選挙キャンペーンのイベントの中から、アメリカ人の大統領選挙への関心の高さを感じさせるエピソードを一つ紹介したい。

2016 年 8 月の平日の午後、民主党のヒラリー・クリントン（Hillary Clinton）候補のネブラスカ州オマハで行われた集会では、炎天下の駐車場に、会場のドアが開くのを待つ人々で長蛇の列ができていた（写真 1-1）。子ども連れもいれば、足が痛そうな高齢者もいた。その高齢者は候補者への献金用の小切手を持参していたが、「これ以上待てない」と偶然近くに並んでいた筆者に話しかけて、残念そうに帰っていった。

開始予定時刻より 1 時間ほど遅れてドアが開いたが、会場の高校の体育館に入りきらないほどの人が集まっており、筆者を含め、多くの人は隣にあるカフェテリアで、大きなスクリーンに映し出されたクリントン候補の演説する姿を見ることになった。真夏の日差しの強い午後の駐車場で何時間待ってでも、クリントン候補に会いたいと駆けつけてくる多数の熱心な支持者を目の当たりにし、筆者にとっては忘れられない集会となった。

しかし、大統領選挙の集会で大勢が盛り上がる様子とは裏腹に、アメリカ

写真 1-1　2016 年 8 月 1 日、ネブラスカ州オマハでのクリントン候補の集会に
参加するため、高校の駐車場で並んでいる人たちの様子
（筆者撮影）

の投票率は日本と比べてそれほど高くない。日本の国政選挙の場合、2009（平成 21）年の衆議院議員総選挙の投票率は 69.28％と高かったが、その後 3 回行われた衆議院総選挙の投票率はいずれも 50％台、2019（令和元）年の参議院議員通常選挙は 48.8％であり、これは戦後 2 番目に低い参議院選挙の投票率であった[5]。

　大統領選挙は他の選挙と比べれば投票率は高い方だが、それでも 50 〜 60％程度である。2008 年の民主党のオバマ候補が当選した選挙は、「1968 年以降で最も高い投票率」と言われたが、61.6％であった[6]。現職のトランプ大統領が敗れ、民主党のジョー・バイデン候補が当選した 2020 年の選挙では 66.3％となり、「120 年ぶり」の高い投票率を記録した[7]。大統領選挙の行われない年に行われる連邦議会の議員を選出する中間選挙の場合は、さらに投票率が下がり、40 〜 50％である。2014 年は特に低くて 41.9％であったが、2018 年には 18 〜 29 歳の若年層の投票率が大きく伸びて、53.4％の高い投票率となった[8]。

　なぜ投票率が低いのだろうか。テレビが普及して以来、アメリカの選挙キャ

ンペーンでは多くのテレビ広告が使われることへの批判もある。選挙のテレビ広告の多くは対立候補を非難するネガティブ広告で、そこに巨額の選挙資金が費やされていることなどから、選挙に対してうんざりして、冷ややかな目で見ている有権者も増えている[9]。

　制度的な障壁として、アメリカには有権者登録制度があり、日本と違って、投票が可能な年齢の 18 歳になっても自動的に投票できるわけではない。18 歳以上のアメリカ国民は、一部の州を除いて投票する前に自ら有権者登録をしなければならない。それが有権者の投票の負担を上げてきたという見方がある[10]。一方で最近の傾向としては、2002 年のアリゾナ州の導入以来、オンライン有権者登録制度を導入する州が増えており、紙の書式に記入して提出する従来の方法よりも、手軽に有権者登録をできるようになった州もある[11]。

　2019 年の有権者登録率を人種別に見ると、白人が 69％で最も高く、ヒスパニックや黒人はどちらも 11％と低い。人種の違いによる有権者登録率の差は歴然としている。年齢別では若年層の登録率が低く、50 歳以上が 52％を占め、18 〜 29 歳では 17％であった[12]。しかし、有権者がなぜ投票しないのか、という問いに、心理的な動機や選挙管理のルール、あるいは有権者登録などの選挙政策のいずれも完全に答えることはできない[13]。

2.　アメリカの大統領選挙の仕組みとプロセス

　アメリカと日本では大統領制と議院内閣制の違いがある。大統領制のアメリカでは、大統領も連邦議会議員も別々の選挙で国民によって選ばれるが、議院内閣制の日本では、首相は国会議員によって選ばれ、国会の多数党の党首が選出されることが一般的である。また、選挙期間の長さと予備選挙の有無という制度的な違いを考えると、日本の衆議院議員の場合は 12 日間、参議院議員の場合で 17 日間と選挙期間が短い。アメリカの大統領選挙では、予備選挙が始まるかなり前から候補者は出馬表明をしており、本選挙までとなると選挙キャンペーンの期間は 1 年半以上に及ぶ。

　予備選挙（州によっては党員集会）とは、夏に行われる全国党大会に向けた

同一政党内での大統領公認候補者の地位を獲得するための戦いである。日本の政党の場合、政党本部が候補者の公認権を持っているが、アメリカでは大統領だけでなく連邦議会議員の場合でも州ごとに行われる予備選挙の結果で政党の公認候補が決まる。そのため、候補者は政党幹部への忠誠心を示すよりも、候補者個人を党員（一般の有権者の一部）に対してアピールし、支持を獲得することが重要になる。その結果、2016 年の大統領選挙のトランプ候補のように、政治家経験がなくても政党の公認候補の指名を勝ち取り、大統領に選ばれる可能性もある。

　予備選挙は 20 世紀初頭から導入され、1970 年代以降はアメリカ政治にとって不可欠なものとなった。各州で行われる予備選挙のルールは、州によって異なる。無所属有権者や他党有権者にまで投票を認める開放的予備選挙を採用する州もあれば、自党の党員にのみ投票を認める閉鎖的予備選挙を採用する州もある。投票日は全部の州で同日ではなく、州によって違うので、すべての州で予備選挙が終わるには数カ月かかる。

　スーパーチューズデーと呼ばれる日は、最も多くの州で予備選挙が行われるため、候補者選びの山場となり、メディアの注目度も高い。候補者は各州の予備選挙を勝ち抜いて州ごとに割り当てられた代議員を獲得していく。その長いプロセスで多くの選挙資金を必要とするため、予備選挙は候補者にとって消耗戦になっている。

　予備選挙で獲得した代議員の数が多い候補者が正式に全国党大会で政党内の公認候補として指名される。よって、夏の全国党大会を待たずに予備選挙の結果を受けて、事実上、政党の大統領候補者は決定する。

　全国党大会は、全国から大勢の政党の代議員や連邦議員らが集結し、4 日間にわたって開催される。ケーブルテレビや地上波の全国ネットワークなどのメディアが大々的に報道する。ここでは各州の代議員が候補者に投票して、正式な党の公認候補を選ぶ。大統領候補者を支持する演説が続く合間に、様々なアーティストの演奏もあり、さながら有名なアーティストのライブコンサートのようにも見える。最終日は大統領候補の指名受諾演説で閉会する。

　全国党大会が終わると、二大政党の候補者対決の本選挙へ向けて戦いが始ま

る。本選挙の投票日は11月の第1月曜日の翌日の火曜日である。アメリカの大統領選挙は単純な直接選挙ではなくて間接選挙である。全有権者票の過半数を得た候補者が大統領に決まるわけではない。肝心なのは、州ごとに割り振られた大統領選挙人を獲得した数である。

　各州の大統領選挙人の数は、州の連邦上院議員と連邦下院議員の人数を足した数である。上院議員は各州2名だが、下院議員は州の人口比に応じて異なる。カリフォルニア州やテキサス州など人口の多い州は下院議員の数も多いので、大統領選挙人の数も多くなる。これに首都のコロンビア特別区に割り当てられた選挙人3名を足して、合計で538人が選挙人の数である。このうち過半数の270名を獲得した候補が大統領選挙の勝者となる。各州の大統領選挙人は、メーン州とネブラスカ州を除いて、一般投票で勝利した候補者が全部獲得する（勝者総取り方式）。こうした仕組みのため、2000年や2016年の大統領選挙のように、一般投票総数で勝った候補者が大統領選挙人数で負けて敗北することもある。

　正式にはこれで選挙結果の決定ではない。選挙人は12月の第2水曜日の次の月曜日に各州で集会を開き、投票を行う。ここで通常選挙人は自分の州の選挙結果に従い、大統領候補、副大統領候補に投票することになる。選挙人による投票の開票とその結果の発表は、選挙の翌年の1月6日に連邦議会の上下両院合同会議で行われる。

　しかし、2020年の大統領選挙の結末は異例だった。共和党の大統領候補のトランプ大統領は選挙の不正を主張し、複数の州で訴訟を起こした。訴訟の多くは棄却されるか、自ら取り下げたが、トランプ大統領は敗北を認めようとしなかった。そうした状況で選挙結果の正式な確定は、2021年1月6日の上下両院合同会議で行われた。そこで前代未聞の暴動が起きたのである。この日、トランプ大統領の演説に突き動かされた支持者の一部が暴徒化して連邦議事堂に乱入して、多数の負傷者や逮捕者が出たほか、対応した警官に死亡者も出てしまった。連邦議会に多くの暴徒が押し寄せる騒動を煽ったとして、在任期間を約2週間残したトランプ大統領は、民主党が多数派の議会下院で二度目の弾劾訴追を受けたが、弾劾裁判を行った議会上院は、共和党議員の多くが無罪と

判断した結果、2021 年 2 月 13 日、トランプ前大統領に無罪判決を下した[14]。この衝撃的な事件とその後の大統領の弾劾をめぐる議会の分裂は、アメリカ政治の分断が極めて深刻であることを物語っている。

3.　アメリカの大統領選挙キャンペーンの特徴

1970 年代以降、アメリカの大統領選挙キャンペーンの特徴は「メディア中心」「候補者中心」「個人化」と考えられている。それは、テレビの普及につれて、メディアを通じて候補者が直接有権者に訴えかけられるようになった点が大きな要因である[15]。

テレビの選挙広告を中心とする「空中戦」が選挙キャンペーンで重要な役割を果たす。全国的な大統領選挙戦を長く戦うにはテレビ広告に多くの選挙資金が必要である。そのため、選挙キャンペーンの特徴の一つとして、「大変お金がかかること」も挙げられる。その費用の多くは従来候補者の個人財産や政治献金によって賄われてきたが、1974 年の連邦選挙運動法改正により、1976 年の大統領選挙から予備選挙と本選挙について候補者は公的資金を受け取ることができるようになった。しかし、公的資金を受けるには、選挙支出額の上限がある。公的資金を受けるメリットは相対的に低下しており、2008 年に民主党のオバマ候補は本選挙で初めて公的資金を辞退した。アメリカの選挙キャンペーンの資金は圧倒的に個人献金に依存している[16]。

もう一つの特徴は、「政治コンサルタントの役割」である。かつて、選挙キャンペーンの資金や運営は州や地方の政党組織が主に担ったが、キャンペーンにおける政党の影響力が弱まると、1980 年代までには、大統領選挙の候補者や州レベルの候補者、多くの議会議員の候補者は専門的な政治コンサルタントを利用するようになった。テレビを使って候補者は有権者に直接訴えることが可能になり、テレビ広告が大統領選挙キャンペーンにとって非常に重要な役割を果たすようになった。そうした変化はキャンペーンを政党中心から候補者中心へ変えたが、それが政治コンサルタントの登場に拍車をかけた[17]。

今では、アメリカの選挙キャンペーンにおいて政治コンサルタントは中心的

な役割を果たしている。選挙に携わる専門家の職種は多様である。支持者に献金を依頼するためのダイレクトメールのスペシャリストや選挙のテレビ広告の製作者、世論調査の専門家などがいる。また、連邦選挙運動法に詳しい選挙資金調達に関するスタッフや弁護士も必要であるし、選挙資金調達のためのイベントを企画する専門家も欠かせない[18]。さらにテクノロジーが変化することに候補者が適応しようとして、ソーシャルメディア・コンサルタントやビッグデータ・アナリストなどの専門家も必要とされる。それゆえ、インターネット時代に入って、選挙キャンペーンの専門家による選挙産業の市場は拡大している[19]。

4.　インターネットを活用した大統領選挙キャンペーンの発展

　ここからは2000年以降、インターネットやソーシャルメディアの普及とともに発展してきたアメリカの大統領選挙キャンペーンの変容について解説する。

　2000年の大統領選挙は、選挙資金の調達やボランティアの募集にインターネットを活用した選挙キャンペーンの幕開であった[20]。主要な候補者は皆、選挙の公式ウェブサイトに資金調達のページを作った。とりわけ共和党の予備選挙で、ジョン・マケイン（John McCain）候補がオンライン選挙資金調達で大きな成果を挙げた[21]。

　日本と違って戸別訪問が可能なアメリカでは、一軒ずつドアをノックして、候補者への投票を呼び掛けるボランティア活動などが盛んだが、2000年の選挙キャンペーンでは、オンラインによるボランティア活動も積極的に行われた。民主党のアル・ゴア（Al Gore）候補や第3政党のラルフ・ネイダー（Ralph Nader）候補の選挙キャンペーンでは、ボランティアに、自分の家族や友達、同僚などにキャンペーンの情報を電子メールで広めるという活動を促した[22]。

　2004年の大統領選挙では、民主党の予備選挙でハワード・ディーン（Howard Dean）候補が選挙キャンペーンの方法論に新たな突破口を切り開いた。ディーン候補は「Meetup」というプラットフォームサービスを利用して、資

金調達やボランティアの募集を行った。オーエンは、「2004年の大統領選挙は、アメリカのデジタルキャンペーンの発展において重要であった」と評する[23]。ディーン候補は予備選挙の早い段階で撤退したが、そのネット戦略の影響力は過小評価されてはならないだろう。というのも、2008年のオバマ候補の選挙キャンペーンはディーン陣営のネット戦略を参考にしたからである[24]。

　2004年と2008年の大統領選挙までの間に、インターネットを使った選挙キャンペーンを支える情報環境に重要な変化があった点を見逃せない。ブロードバンドや携帯電話の普及が飛躍的に進んだのである。2004年に31％であったブロードバンドの世帯普及率は2008年に59％に上がった。携帯電話の普及率も、2004年の62％から2008年に88％に上昇した。今では選挙キャンペーンに当たり前のように使われるソーシャルメディアが次々に登場した時期もこの頃であった。フェイスブックのサービス開始が2004年2月、動画サービスで知られるユーチューブのサービス開始が2005年2月、ツイッターのサービス開始が2006年3月であった[25]。

　2008年にはソーシャルメディアを使った画期的な選挙キャンペーンが行われ、アメリカの「ネット選挙」は明らかに新しいフェーズに入った。オバマ陣営は、フェイスブックの共同設立者であったクリス・ヒューズ（Chris Hughes）を迎え入れ、「マイ・バラク・オバマ・ドット・コム（MyBO）」というSNSを立ち上げた。オバマ候補の公式サイトの右側に「MyBO」のメニューがあり、支持者は個人の「MyBO」アカウントを作ることができた。そこではオバマ・キャンペーンに献金をしたり、自分の友達に献金を促したり、キャンペーンのためのイベントを主催することや支持者同士のコミュニティを作ることもできた[26]。

　オバマ陣営は公式サイトに加えてフェイスブックなど複数のソーシャルメディアも使い、小口献金を数多く集めることに成功した[27]。オーエンは、「オバマ陣営は選挙にソーシャルメディアを利用するという革命を起こし、それがアメリカ型の選挙キャンペーンの標準的な特徴になった」と指摘する[28]。

　2012年の大統領選挙キャンペーンは、2008年のオバマ・キャンペーンのスタイルの延長線上に行われた。オバマ陣営だけでなく、共和党のミット・ロム

ニー（Mitt Romney）候補の陣営もウェブサイト、オンライン広告、ソーシャルメディア、動画や電子メールなどのデジタル・プラットフォームを駆使した[29]。しかし2度目のオバマ・キャンペーンは、2008年の経験を生かして、ソーシャルメディアの利用で対立候補を凌駕した[30]。

　選挙マーケティング専門誌の *Campaigns and Elections* でバーバラ・トリッシュ（Barbara Trish）は、2012年を「ビッグデータ元年」と評した。ビッグデータの利用の視点からすると、オバマ陣営の有権者の選挙献金のデータとソーシャルメディアのつながりを統合した戦略は大変大きな進歩であった[31]。

　選挙キャンペーンにおいて、有権者のデータを分析して個々人にカスタマイズしたメッセージを伝えるマイクロ・ターゲティングの手法は2004年に選挙で初めて使われた。2012年の選挙でオバマ陣営は、有権者の政治的信条や性別、人種などの情報から消費者としての趣向、ポピュラーカルチャーの好みなどのデータを集めて分析し、個々人に合ったカスタマイズされたメッセージを送る手法に力を入れた[32]。

　オバマ陣営の有権者データベースにとって核となったのが2008年選挙で作られたオバマの選挙公式サイトであった。ここでは、登録した潜在的な支持者の各種データが蓄積されていた。2008年の選挙後は、選挙公式サイトは同じアドレスだがサイトの目的を変え、名前も「Organizing for America」に変わり、民主党全国委員会の管理下に置かれた。2012年の選挙キャンペーンが始まると、このサイトはオバマ陣営の管理に戻され、再び選挙公式サイトとして使われた。蓄積された有権者のデータには名前や性別、職業、電子メールアドレスなどの基本的な情報だけでなく、支持者がリンクさせた個人ブログやフェイスブックでの書き込みの情報なども含まれた[33]。こうして集めた有権者の膨大なデータを徹底的に分析することで、オバマ陣営は多くの選挙献金を集めることに成功した[34]。

　2016年の選挙キャンペーンでは、民主党、共和党両党の候補者は、2012年のオバマ・キャンペーンが行ったマイクロ・ターゲティングの手法をさらに発展させた。とりわけ2016年の選挙で勝利を収めた共和党のトランプ陣営本部は、デジタル戦略チームにプログラマーやウェブ開発者、ネットワーク・エン

ジニアなど 100 人のスタッフを抱えてデジタル戦略に力を入れた。トランプ陣営のデジタル戦略にとって秘密の武器となったのが「プロジェクト・アラモ」と呼ばれるデータベースであった[35]。

　トランプ陣営は 2 億 2,000 万人のアメリカ人について、およそ 4,000 ～ 5,000 の個人のデータ・ポイントを集めたデータベースを構築した。このデータベースには有権者登録記録や銃の所有記録、クレジットカードの購入歴などが含まれた。その情報は顧客の情報などを集めているデータブローカーから購入したものであった[36]。また、トランプ陣営が特定の有権者に狙いを定めたマイクロ・ターゲティング・メッセージを送るために重要だったのがイギリスのデータ・コンサルティング会社のケンブリッジ・アナリティカの「心理分析」だった[37]。トランプ陣営は徹底したマイクロ・ターゲティング戦略によって、熱心な支持者を獲得し、多くの選挙献金もフェイスブックを通じて集めることに成功したのである。

　次に候補者側の情報発信について見てみよう。ツイッターを頻繁に情報発信の手段として使った候補者といえば、圧倒的にトランプ候補のイメージが強いが、クリントン候補や共和党のテッド・クルーズ（Ted Cruz）候補らも積極的にツイッターを使って情報発信をした。選挙キャンペーンにおけるツイッターの使い方としては、選挙集会の様子をツイッターで実況中継のようにこまめにツイートしたり、支持者にさらなる献金を呼びかけたり、といった使い方が見られた。また、対立候補からの個人攻撃に対抗する情報発信ツールとしても使われた。

　トランプ候補は共和党の予備選挙の段階から対立候補に対する個人攻撃を繰り返し、それがメディアによって広く報道された。民主党の候補者に対してもひどいニックネームを付けて相手を貶めるような表現を使った。オーエンは、2016 年の選挙キャンペーンは非常にネガティブで、論争的であったと指摘する[38]。トランプ流のネガティブキャンペーンに対して、攻撃された対立候補も黙っておらず、ツイッターを使って素早く反撃に出るのであった。一つ例を挙げてみたい。

　2016 年 4 月 26 日、共和党の予備選挙で勝利したトランプ候補は勝利演説の

中で、本選挙で対立することを睨んで、民主党の予備選挙を勝ち進むクリント
ン候補に対して「彼女が持っているのは"女性カード"だけだと思う」と述べ
た。クリントン候補が男性ならば勝てなかっただろう、女性だから勝っている
のだ、という趣旨の差別的な発言をしたことが主要メディアで報じられた。そ
れに対して、すかさずクリントン陣営は、クリントン候補の公式ツイッターア
カウントで、「あなたのその"女性カード"発言を見ているぞ」という反撃の
ツイートを行った（画像1-1参照）。

画像1-1　2016年4月26日予備選挙後の夜のクリントン候補のツイッター

出所：＠HillaryClinton, April 26, 2016

［https://twitter.com/HillaryClinton/status/725171200100433920］（July 17, 2021）

　これが候補者同士の応酬で終わらないところに注目したい。早速翌日のCNN
の報道番組の中で、アンカーのブリアナ・ケイラー（Brianna Keilar）は「ク
リントン候補がツイッターで応戦した」として、そのツイートを話題に取り上
げたのである[39]。オーエンは、ニュース組織がインターネットやソーシャルメ
ディアに情報を大いに依存している点も「アメリカ型の選挙キャンペーン」の
もう一つの特徴である、と述べる[40]。候補者側から見れば、いかに自分のツイー
トが伝統的なメディアに関心を持たれるか、が重要である。

5. 2020 年大統領選挙キャンペーン

　2020 年の大統領選挙キャンペーンは突如、それまでの選挙キャンペーンの様相とは一変した。全米に新型コロナウイルスの感染が急速に拡大した 2020 年 3 月、民主党はバイデン候補とバーニー・サンダース（Bernie Sanders）候補の公認候補選びの真っただ中であった。予備選挙の山場となるスーパーチューズデーは 3 月 3 日に終わったが、まだ予備選挙がこれから行われる州もある状況だった。

　新型コロナウイルスのパンデミックによって、従来の大規模な集会や一軒ごとに投票を呼び掛けて回る戸別訪問といった、伝統的な対面式の「地上戦」の戦術は停止せざるをえなくなった。そのため、情熱的なボランティアによる戸別訪問や集会の熱気を発散していたサンダース陣営は、選挙戦の強制停止命令を受けたような深刻な被害を受けたという[41]。

　再選を目指した共和党のトランプ候補の陣営は、大規模集会を停止していた 4 月、携帯電話の新しいアプリの提供を開始した。このアプリは政治ニュースの「ハブ」としてダウンロードしたユーザーに情報提供するだけでなく、航空会社の「フリークエント・フライヤー・プログラム」のような仕組みになっていた。多くのポイントを集めたユーザーは、トランプ大統領と写真撮影ができることや優先的に次の集会に参加できるといった特典を得られる。選挙キャンペーンを運営する側からすれば、アプリをダウンロードしてもらうことで、有権者の電子メールアドレスや携帯電話番号といったキャンペーンにとって価値のある有益な情報を集めることができる。トランプ陣営の選挙対策責任者のブラッド・パースケール（Brad Parscale）は、「人々がどこにいても選挙キャンペーンに参加できるため、このアプリはこのような異例の時には理想的である」と述べた[42]。

　一方で、トランプ陣営は対面式の大規模集会を好んだ。新型コロナウイルスの感染拡大が続き、地元保健当局などは集会がさらなる感染拡大につながる懸念を表明したが、トランプ候補は 2020 年 6 月 20 日、オクラホマ州タルサで 3

カ月ぶりに集会を開催した。ABC ニュースはこの集会について「トランプ候補は大規模集会でマスクを着用する計画はない」と見出しを付けて報じた。映像を見ると、会場内ではトランプ候補も多くの参加者もマスクをしていないことが見て取れる [43]。

　トランプ候補は 10 月 2 日にツイッターで、自身も新型コロナウイルスに感染したと発表したが、早くも 10 月 10 日には完全復活をアピールする目的で、ホワイトハウスの南庭で支持者ら数百人を前に、マスクを外して演説を行った [44]。マスク着用の習慣のないアメリカでは、感染防止対策としてのマスク着用も、着用を拒否する人の多い共和党と着用を必要と考える人が多い民主党との間で、政治的な考え方の違いの象徴になった [45]。

　トランプ陣営とは対照的に、民主党のバイデン陣営はほとんど対面式の集会を行わなかった。対面式の集会や戸別訪問を再開したのは本選挙のおよそ 1 カ月前のことだった。アイオワ州シーダーラピッズで行われた 9 月 27 日の集会は、8 月の全国党大会以来、初めての対面式集会になった。しかし以前のような大勢を集めた集会ではなく、演説を聞きに来た聴衆は自分の車に乗ったまま、という「ドライブ・イン」形式で行った [46]。戸別訪問は主に激戦州で、電話やデジタル方式のアプローチでは届きにくい有権者に焦点を当てた [47]。

　バイデン陣営の戦略はデジタル技術を使って有権者への働きかけを行うことに集中した [48]。有権者に電話をかける電話作戦（phone bank）やユーチューブの動画やソーシャルメディアを積極的に使った戦術に力を入れた。社会的距離をとって行われたバイデン候補とオバマ元大統領との対談やバイデン候補とカマラ・ハリス（Kamala Harris）副大統領候補との対談はユーチューブの「Joe Biden」チャンネルで公開された。

　全米各地で行われる選挙資金調達のためのイベントの開催も、オンライン会議などに使うアプリの Zoom を活用し、多くの資金を集めることに成功した [49]。Zoom を活用したことで、バイデン候補が遠くに移動せずに多くのイベントに参加できるメリットがあった。9 月には月額の選挙資金調達の記録では 2 番目に多い 3 億 8,300 万ドルを獲得したが、これはバイデン陣営が「アメリカ政治史上、最も多いオンライン選挙資金調達」と評した 8 月のバイデン陣営の資金

調達額を超えるものであった[50]。面白いところでは、バイデン陣営は人気ゲームソフトの「あつまれ動物の森」も選挙キャンペーンに利用した。ゲームを通じて、リアルな世界での投票につなげたいという狙いであった[51]。

　新型コロナウイルスのパンデミックのさなかでは、テレビ番組のショーと化している全国党大会の実施方法にも両党の間で大きな違いが見られた。

　民主党は2020年8月17～20日、従来のように党の代議員や上下両院の議員、州知事らを含む数万人が一堂に介する大型イベント形式で開催する代わりに、会場に予定されていたウィスコンシン州ミルウォーキーにバイデン候補をはじめとする有力者は行かず、ライブ映像の中継と収録した演説の動画を駆使して初の「バーチャル全国党大会」を行った。最終日のバイデン候補の指名受諾演説は地元デラウェア州からリモートで配信された[52]。会場に聴衆がいないため、拍手や掛け声が入らないという点で「バーチャル全国党大会」ならではの寂しさが画面上から伝わってきたが、オンライン上で多くの支持者がつながっているように見せる演出は見事であった。

　共和党の全国党大会は8月21～24日までノースカロライナ州シャーロットで始まり、最終日はホワイトハウスで締めくくられた。テレビ画面には、マスクを着用しないトランプ大統領夫妻、ペンス（Mike Pence）副大統領夫妻や多くの聴衆も映し出された。聴衆がいることで演説の場でも「あと4年」の掛け声や拍手の音が入ったことは、民主党の「バーチャル党大会」との違いとして感じられた。トランプ大統領のホワイトハウスでの指名受諾演説には約1,500人が集まり、その後、首都の夜空に花火が打ち上げられた様子も報道された[53]。当初の予定から比べれば規模を縮小させたが、共和党の党大会は華麗なテレビショーという雰囲気の演出で幕を閉じた。

　2020年のトランプ、バイデン両陣営の選挙キャンペーンは、新型コロナウイルスのパンデミックに直面して大きく違う展開となった。「メディア中心」の大統領選挙キャンペーンでは、テレビにどう映るか、という点は候補者にとって大変重要である。その点を考えると、大勢の聴衆を周りに集めて行うトランプ集会からは、テレビ画面を通じて常に聴衆の熱気と興奮が伝わった。一方、バイデン・キャンペーンは秋に対面式の集会を再開しても、演説を行う候

補者だけがテレビ画面に映り、聴衆の熱量が伝わらない寂しい映像になった。しかし、バイデン陣営は感染拡大のリスクに対して慎重に、長い選挙戦をオンライン重視で戦った。彼らの Zoom を使った選挙資金調達イベントの手法は今後の選挙キャンペーンのモデルになるかもしれない。

おわりに

　本章では、2000 ～ 2020 年まで 6 回の大統領選挙キャンペーンの特徴をインターネットの利用の視点から解説し、アメリカではインターネットやソーシャルメディアの普及とともにネット選挙が発展してきたことがわかった。そこで本章のまとめとして、「なぜアメリカでネット選挙が盛り上がるのか」という問いに対して、日本のネット選挙との比較を意識してこれまで本章で解説してきた点を基に若干の考察を行いたい [54]。

　日本では 2013（平成 25）年の公職選挙法の一部改正で、ようやく選挙運動にインターネットを利用できるようになった。「ネット選挙解禁」で、選挙への有権者の関心が高まり、投票率が上がることを期待していたジャーナリストや専門家の中には、ネット選挙が国政選挙で最初に行われた 2013 年参議院議員通常選挙は思ったほど盛り上がらなかった、という評価が目立った。西田亮介は「バラク・オバマの米大統領選挙で見られたような、IT（情報技術）を駆使した新しい草の根の寄付や、ネットとマスメディアを横断的に連動させるダイナミックな選挙運動の実現にはいたっていない」と評した [55]。一方、前嶋和弘は 2013 年参議院選挙を振り返り、「政権選択のかかった選挙で『ネット選挙解禁』が行われていたら、2002 年の韓国や 2008 年アメリカの大統領選挙のように、その効果がより多く出ていたかもしれません」と指摘した [56]。

　既述の通り、アメリカの大統領選挙では、長く続く予備選挙で多数の候補者の中から候補者が絞られていく過程で、彼らが戦いを続けるためには多くの選挙資金を集めることが重要である。選挙キャンペーンではテレビの選挙広告や戸別訪問が重視される。それには多くの費用がかかり、多数のボランティアも必要である。早くからインターネットが選挙資金の調達とボランティアの募集

に活用されてきたのもそのためだ。予備選挙の実施は候補者にインターネットを積極的に使うインセンティブを与えていると見ることもできる[57]。

　また、投票率ではアメリカも日本とそれほど変わらず低いが、多くのアメリカ人は政治献金や選挙キャンペーンのボランティア活動、集会への参加やソーシャルメディア上で特定の選挙キャンペーンの支持表明をするなど様々な方法で政治参加に熱心である点もネット選挙が盛んに行われる背景要因の一つであろう。アメリカでは献金することは政治参加の手段の一つと考えられている。かつては手間のかかる小切手を使って献金していたが、インターネットを活用することで場所を問わず気軽に小口の献金が可能になった。ピュー・リサーチ・センターによれば、アメリカ人は 20 年前に比べて、候補者や政党に献金する傾向がある。2016 年の大統領選挙キャンペーンでは、政治参加する人ほど献金をする可能性が高かった[58]。

　最後に、若年層はオンラインニュースやソーシャルメディアを選挙の情報源として利用する傾向がある（本書第 2 章参照）。しかし、高齢者も含め多くの有権者にソーシャルメディア上の情報が伝わるには、ケーブルテレビなど主流メディアの役割が大きい。2016 年の選挙キャンペーンで候補者のツイートが主流メディアを通じて、より多くの大衆に伝わるという増殖メカニズムが見られた。ニュース組織がインターネットやソーシャルメディアに選挙報道の情報を大いに依存しているという両者の関係性もアメリカのネット選挙の盛り上がりを支える要因の一つと考えられる。

注

1) 清原聖子「第 1 章アメリカのインターネット選挙キャンペーンを支える文脈要因の分析」清原聖子・前嶋和弘編著『インターネットが変える選挙 — 米韓比較と日本の展望』慶應義塾大学出版会、2011 年、20-21 頁。

2) Reena Flores, "In "60 Minutes" Interview, Donald Trump Weighs Twitter Use as President", *CBS News*, November 12, 2016 [https://www.cbsnews.com/news/donald-trump-60-minutes-interview-weighs-twitter-use-as-president/] (March 9, 2021).

3) Diana Owen, "Chapter 11 Twitter Rants, Press Bashing, and Fake News: The Shameful Legacy of Media in the 2016 Election", Larry J. Sabato, Kyle Kondik, and

Geoffrey Skelley eds. *Trumped the 2016 Election That Broke All the Rules*, Lanham, MD; Rowman & Littlefield, 2017, 173.

4）　Daniel M. Shea, *Why Vote? Essential Questions About the Future of Elections in America*, NY: Routledge, 2019, 21.

5）　「総務省国政選挙における投票率の推移」〔https://www.soumu.go.jp/senkyo/senkyo_s/news/sonota/ritu/〕（2021 年 4 月 1 日）。

6）　"2008 Election Turnout Hit 40-Year High", *CBS news*, December 15, 2008〔https://www.cbsnews.com/news/2008-election-turnout-hit-40-year-high）（April 1, 2021）.

7）　Kevin Schaul, Kate Rabinowitz, and Ted Mellnik, "2020 Turnout is the Highest in over a Century", *Washington Post*, December 28, 2020〔https://www.washingtonpost.com/graphics/2020/elections/voter-turnout/）（April 1, 2021）.

8）　Jordan Misra, "Voter Turnout Rates Among All Voting Age and Major Racial and Ethnic Groups Were Higher Than in 2014", United States, Census Bureau, April 23, 2019〔https://www.census.gov/library/stories/2019/04/behind-2018-united-states-midterm-election-turnout.html〕（March 9, 2021）.

9）　Todd Donovan, "Chapter 1 Evaluating American Elections: Are They Working Well?", *Changing How America Votes*, Lanham, MD: Rowman & Littlefield, 2018, 3；Kazuhiro Maeshima, "Chapter 1 The Internet and the Americanization of Electoral Campaigning in East Asian Democracies", Shoko Kiyohara, Kazuhiro Maeshima, Diana Owen eds. *Internet Election Campaigns in the United States, Japan, South Korea, and Taiwan*, Cham; Palgrave, 2018, 10-13.

10）　Raymond E. Wolfinger and Steven J. Rosenstone, *Who Votes?*, New Havem, CT: Yale University Press, 1980, 61.

11）　オンライン有権者登録については以下が詳しい。Shoko Kiyohara, "Adoption of Online Voter Registration Systems as the New Trend of US Voter Registration Reform", *The Japanese Journal of American Studies*, No.30, 2019, 31-51.

12）　John Gramlich, "What the 2020 Electorate Looks Like by Party, Race and Ethnicity, Age, Education and Religion", Pew Research Center, October 26, 2020〔https://www.pewresearch.org/fact-tank/2020/10/26/what-the-2020-electorate-looks-like-by-party-race-and-ethnicity-age-education-and-religion/〕（March 11, 2021）.

13）　Bridgett A. King, "Introduction: Why Don't Americans Vote? The History of the Franchise in the United States", Bridgett A. King and Kathleen Hale, eds. *Why Don't Americans Vote? Causes and Consequences*, CA: ABC-CLIO, LLC, 2016, xxvii.

14）　「トランプ前大統領に無罪判決　連邦議会乱入事件めぐる弾劾裁判」NHK、2021 年 2 月 14 日〔https://www3.nhk.or.jp/news/html/20210214/k10012865931000.html〕（2021 年

5 月 16 日)。

15) Diana Owen, "Chapter 2 Characteristics of US Elections in the Digital Media Age", Shoko Kiyohara, Kazuhiro Maeshima, Diana Owen eds. *Internet Election Campaigns in the United States, Japan, South Korea, and Taiwan*, Cham; Palgrave, 2018, 27.

16) 清原、2011 年、8、10 頁。

17) Owen, 2018, 41.

18) Dennis W. Johnson, *Political Consultants and American Elections: Hired to Fight, Hired to Win, third edition*, NY: Routledge, 2016, 234-235.

19) Owen, 2018, 42.

20) Andrew Chadwick, *Internet Politics: States, Citizens, and New Communication Technologies*, NY: Oxford University Press, 2006, 154-155.

21) Bruce Bimber and Richard Davis, *Campaigning Online: The Internet in U.S. Elections*, NY: Oxford University Press, 2003, 39, 60.

22) Ibid., 57.

23) Ibid., 32-33.

24) Ibid.

25) 清水憲人「資料編 米国、韓国、日本の通信事情」清原聖子・前嶋和弘編著『インターネットが変える選挙 ── 米韓比較と日本の展望』慶應義塾大学出版会、2011 年、172、177-178、180 頁。

26) Johnson, 2016, 176；Karen Stewartson, "Chris Hughes: Facebook Co-Founder Helps Reshape Presidential Election", *Government Technology*, August 12, 2010 〔https://www.govtech.com/magazines/gt/Chris-Hughes-Facebook-Co-Founder-Helps-Reshape.html〕(April 4, 2021).

27) 前嶋和弘「第 2 章 ソーシャルメディアが変える選挙戦 ── アメリカの事例」清原聖子・前嶋和弘編著『インターネットが変える選挙 ── 米韓比較と日本の展望』慶應義塾大学出版会、2011 年、42 頁。

28) Owen, 2018, 34.

29) Johnson, 2016, 176.

30) 前嶋和弘「第 3 章『下からの起爆剤』か『上からのコントロール』か ── 変貌するアメリカ大統領選挙のソーシャルメディア利用」清原聖子・前嶋和弘編著『ネット選挙が変える政治と社会 ── 日米韓に見る新たな「公共圏」の姿』慶応義塾大学出版会、2013 年、51 頁。

31) Barbara Trish, "The Year of Big Data", *Campaigns and Elections*, December 31, 2012 〔https://www.campaignsandelections.com/campaign-insider/the-year-of-big-data〕(April 4, 2021).

32) Owen, 2018, 40.

33）　前嶋、2013 年、55 頁。

34）　Michael Scherer, "How Obama's Data Crunches Helped Him Win", *CNN*, November 8, 2012 ［https://edition.cnn.com/2012/11/07/tech/web/obamacampaign-tech-team/index.html］（April 4, 2021）.

35）　Joel Winston, "How the Trump Campaign Built an Identity Database and Used Facebook Ads to Win the Election", *Startup Grind*, November 19, 2016 ［https://medium.com/startup-grind/how-the-trump-campaign-built-an-identitydatabase-and-used-facebook-ads-to-win-the-election-4ff7d24269ac］（2016, April 4, 2021）.

36）　Ibid.

37）　2016 年のトランプ陣営のビッグデータ分析とマイクロ・ターゲティング手法について、福田直子『デジタル・ポピュリズム ― 操作される世論と民主主義』（集英社新書、2018 年）が参考になる。

38）　Owen, 2018, 44.

39）　"The Situation Room", *CNN Transcripts*, April 27, 2016 ［http://transcripts.cnn.com/TRANSCRIPTS/1604/27/sitroom.01.html］（April 5, 2021）.

40）　Owen, 2018, 35.

41）　渡辺将人「新型コロナウイルスで変容する選挙キャンペーン」『笹川平和財団 SPF アメリカ現状モニター』No.64、2020 年 5 月 21 日 ［https://www.spf.org/global-image/units/upfiles/134066-1-20200521162904_b5ec62dc07f8de.pdf］（2021 年 4 月 5 日）。

42）　Peter Doocy, "Trump Team Launches New App Allowing Supporters to 'Engagewith the Campaign form Their Couch'", *Fox News*, April 23, 2020 ［https://www.foxnews.com/politics/trump-team-launches-new-app-allowingsupporters-to-engage-with-the-campaign-from-their-couch］（April 5, 2021）.

43）　"Trump Has No Plans to Wear Mask at Massive Rally", *ABC News*, June 20, 2020 ［https://abcnews.go.com/WNT/video/trump-plans-wear-maskmassive-rally-71367691］（April 4, 2021）.

44）　渡辺丘「トランプ氏が感染後初の集会　マスク外して『復活』誇示」『朝日新聞デジタル』2020 年 10 月 11 日 ［https://www.asahi.com/articles/ASNBC2R4SNBCUHBI00C.html］（2021 年 4 月 5 日）。

45）　Ryan Lizza, and Daniel Lippman, "Wearing a Mask is for Smug Liberals. Refusing to is for Reckless Republicans." *Politico*, May 1, 2020 ［https://www.politico.com/news/2020/05/01/masks-politics-coronavirus-22 7765］（April 5, 2021）.

46）　Brian Tabick, "Biden Campaign Makes First in person Rally since the Convention, *MSN News*, September 28, 2020 ［https://www.msn.com/en-us/news/politics/biden-campaign-makes-first-in-person-rally-since-the-convention/ar-BB19v330］（April 5,

2021）.

47）　J. Edward Moreno, "Biden Campaign to Begin in-person Canvassing", *The Hill*, October 1, 2020〔https://thehill.com/homenews/campaign/519154-biden-campaign-to-begin-in-person-canvassing〕（April 5, 2021）.

48）　Ibid.

49）　Ashley Brown, and Cheyenne Haslett, "How and Why Hollywood is Helping Wisconsin Democrats Raise Millions for Biden over Zoom", *ABC News*, September 18, 2020〔https://abcnews.go.com/Politics/hollywood-helping-wisconsindemocrats-raise-millions-biden-zoom/story?id=73083107〕（April 5, 2021）.

50）　Sarah Mucha, "Biden Announces Record $383 Million Fundraising Haul for September", *CNN*, October 15, 2020〔https://edition.cnn.com/2020/10/14/politics/biden-september-fundraising/index.html〕（April 5, 2021）.

51）　Alaa Elassar, "Animal Crossing: Joe Biden Has His Own Island Where You Can Learn About His Campaign", *CNN*, October 18, 2020〔https://edition.cnn.com/2020/10/18/business/biden-animal-crossing-island-trnd/index.html〕（April 5, 2021）.

52）　民主党全国党大会の4日目のバイデン候補の指名受諾演説の模様はこちらから視聴できる。〔https://www.youtube.com/watch?v=ed0KsjdwYNg〕（August 14, 2021）.

53）　共和党全国党大会の4日目のトランプ候補の指名受諾演説の模様はこちらから視聴できる。〔https://www.youtube.com/watch?v=c1bzxsjrSOE〕（August 14, 2021）.

54）　ネット選挙の制度的な日米比較考察に関しては、清原（2011年）で筆者が論じた点を参考にした。

55）　西田亮介『マーケティング化する民主主義』イースト新書、2016年、61頁。

56）　清原聖子・前嶋和弘、李洪千「第8章　鼎談　2013年参院選に見るネット選挙運動の将来」清原聖子・前嶋和弘編著『ネット選挙が変える政治と社会──日米韓に見る新たな「公共圏」の姿』慶應義塾大学出版会、2013年、169頁。

57）　清原、2011年、7頁。

58）　Adam Hughes, "5 Facts about U.S. Political Donations", Pew Research Center, May 17, 2017〔https://www.pewresearch.org/fact-tank/2017/05/17/5-factsabout-u-s-political-donations/〕（April 5, 2021）.

第2章
「メディアの分極化」から見る
アメリカのメディア環境の変容

清原　聖子

は じ め に

　アメリカ政治ではメディアの役割が大きい。テレビが全米世帯に普及して、選挙キャンペーンにおけるテレビの役割が増したことで、候補者はテレビを通じて政党に頼らずとも、有権者に直接アピールしやすくなった。テレビ時代の選挙戦術では、候補者は無料のメディア（ニュース報道）と有料メディア（広告）を駆使する[1]。

　候補者にとってはニュース報道にどのように自分が映るのか、が重要だ。大統領選挙ともなれば、投票日の1年以上前からテレビは連日のように世論調査を基に、どの候補者が勝ちそうか、と予想をする報道に力を入れる。支持者を集めた選挙集会もテレビのニュースで頻繁に報道されるため、テレビ向けの演出が行われる。

　今ではテレビ・イベントとして恒例の大統領候補者同士のテレビ討論会が初めて行われたのは1960年の大統領選挙である。この時の候補者は、共和党はリチャード・ニクソン（Richard Nixon）副大統領、民主党はジョン・F・ケネディ（John F. Kennedy）上院議員であった。ニクソンは不健康そうで、化粧もしないで登場した。ケネディは対照的に、日焼けして健康そうで若々しく見えた[2]。その様子をテレビで見ていた人々は、ケネディが討論で勝ったと確信したのに対して、ラジオで討論を聞いていた人々はニクソンの勝利を確信した。この討論での両者の勝敗を分けたのはテレビ映りで、ケネディ大統領は新

しいテレビ時代を象徴する存在になった[3]。当時はテレビが普及しつつあった頃で、1963年までに全米世帯の91％がテレビを少なくとも1台所有するようになった[4]。

　候補者側は選挙戦術にテレビ広告を積極的に用いている。初めて選挙用テレビ広告が放送されたのは1952年の大統領選挙であった[5]。1960年代以降はテレビの選挙キャンペーンにおける影響力が高まり、それが選挙キャンペーン費用の増大を招いている。2008年の大統領選挙キャンペーンでは、視聴者の意表を突くような長編のテレビ広告も流された。民主党のバラク・オバマ候補は本選挙終盤10月下旬に30分間のテレビ広告番組を複数のネットワークで放送した[6]。

　メディアにアピールすることは日々の政府の行いとしても一般的である。立法過程でも法案の支持派、反対派それぞれがテレビのニュース番組などで定期的に政策に対する自分たちの立場について説明を行う光景が見られる[7]。ティモシー・E・クック（Timothy E. Cook）は、ニュース・メディアを「政治的な機関（political institution）」と繰り返し指摘し、「ニュース・メディアも、1950年代から1990年代の間に、より中心的で明らかな政治的プレイヤーとなった」と述べた[8]。ニュース・メディアは、特定の争点や代替案を強調することで、直接政治的エリートに影響を与えることや世論の認知に影響を与えることもできる[9]。

　メディアの役割の重要性を考える際に、アメリカ政治では世論が重視されている点も意識する必要がある。メディアは世論の代弁者であり、メディアの向こう側には多くの顔の見えない国民が存在していることを大統領や連邦議員といった政策形成に携わるアクターは常に意識している[10]。メディアが伝えるニュースによって大衆は社会的争点を認知し、政策についての世論が形成されていくという意味で、メディアには「議題設定機能（agenda-setting function）」があると考えられる[11]。

　一方で、アメリカのメディアの信頼度が1970年代以降下降傾向にあることがギャロップ調査などによって指摘されている。メディアの政治や選挙への影響が大きいと言いながら、メディアの信頼度が下がっていることは不思議に思われるかもしれない。

　1980年代にケーブルテレビや政治トークラジオが、1990年代後半以降には衛星放送やインターネットも普及したことによって、視聴者からすれば政治ニュースに接する情報源の選択肢が大いに広がった。それに伴い、より党派的なものの見方をする政治トークショーのホストが成功し、ニュースソースはテレビの様々なエンターテイメント番組とも競争しなければならなくなった。多様なニューススタイルが提供されるにしたがって、アメリカ国民のメディアに対する信頼度は低下した。ジョナサン・M・ラッド（Jonathan M. Ladd）は、それがアメリカ政治の分極化（アメリカ政治が保守とリベラルの両極に分かれつつあることを指す）の要因になっていると指摘する[12]。

　そこで本章では、初めにアメリカのメディア環境がどのように変化しているのか、テレビが普及した1960年代以降の展開を概観し、「メディアの分極化」について解説する。次に、2020年の大統領選挙までを射程に入れて「メディアの分極化」が進む中で、アメリカ政治とメディアの関係の展望を検討したい。

1. CNNによる24時間ニュース報道の始まり

　アメリカのテレビ市場は、1940年代にABC、CBS、NBCがテレビ放送を開始してから、これらの地上波三大ネットワークに支配されてきた。ケネディとニクソンの大統領候補者によるテレビ討論会が行われた1960年には、テレビの公共放送のPBSはまだ始まっていなかった。アメリカの放送は商業放送から始まり、公共放送が始まったのは、1967年に連邦議会が公共放送法を成立した後であった。公共放送の開始後も、日本のNHKと違って受信料の仕組みがないPBSは、財源の獲得に悩まされている。公共放送法では、公共放送に対する政府からの補助は連邦議会の承認が必要である。そのために、公共放送は常に予算獲得と政治的な攻撃から脆弱（ぜいじゃく）な状態に置かれた[13]。

　1960年代にテレビと言えば、引き続きABC、CBS、NBCの地上波の三大ネットワークを指した。当時三大ネットワークの一日のニュース番組の放送時間はたった15分であった。1973年になってもCBSは年間92時間しかニュースを放送しなかった。アメリカの視聴者はニュース番組に興味がないと思われ

ていたのである[14]。

1980年代頃からは三大ネットワークの「イブニングニュース」の放映時間は30分となったが、「イブニングニュースさえ見ておけば世界がわかる」といった感覚を持っていたアメリカ国民も少なくなかった[15]。そのため、三大ネットワークの「イブニングニュース」のアンカーは、国民的存在と考えられていた。CBSの「イブニングニュース」のアンカーを長年務めたウォルター・クロンカイト（Walter Cronkite）は、「アメリカで最も信頼される人物」と評価された[16]。

アメリカ国民の多くが三大ネットワークの夜のニュース番組を見ていた時代からメディア環境が大きく変わり始めたのは、1970年代末期から1980年代にかけてのケーブルテレビの普及の頃である。ケーブルテレビは1948年に3つの州で難視聴地域のテレビ放送の補完として登場した。難視聴地域というのは、ビルや山の陰になって、テレビ放送を受信することが難しい地域のことである。1960年代にはケーブルテレビは主要都市に広がった。ケーブルテレビの利用率は1965年に全米世帯の2％にすぎなかったが、1970年までに約8％に上昇した[17]。

1970〜80年代に新しいケーブルチャンネルの放送が始まった。1979年にスポーツ専門チャンネルのESPNや24時間連邦議会の議場の様子を放送する議会ニュース専門チャンネルのC-SPANが登場した。1980年にはテッド・ターナー（Ted Turner）によってニュース専門チャンネルのCNNが現れ、1990年代までに全国的なニュース専門チャンネルとしてCNNは成功した[18]。1991年にCNNが湾岸戦争やソ連崩壊をいち早く報道したことで、CNNの国際的なニュース報道の価値は強調されることになった。CNNが「ニュースはお金を払って見る価値がある」と示したことで、放送事業者は早朝番組や日中の番組、深夜ニュース番組というように劇的にニュース番組を増やした[19]。世界のニュースを24時間、お茶の間に届けるCNNの存在で、アメリカのニュース番組の在り方は大きく変わった。

1980年代はケーブルテレビ事業が大きく成長した時期でもあった。連邦議会は1984年、ケーブルテレビ通信政策法を成立させて、ケーブル業界の規制緩和を図った。同法に刺激されて、ケーブル業界は投資を増やし、番組が増

え、事業は急成長した[20]。1990 年にはテレビ所有世帯の 57％がケーブルテレビに加入するまでになった[21]。一方で、ケーブルテレビの加入者料金が跳ね上がり、利用者からの反発の声が高まった。その反発は後に 1992 年ケーブルテレビ消費者保護競争法の成立へつながった。

2.　市場の競争促進と党派的なメディアの台頭

アメリカでは連邦通信委員会（Federal Communications Commission：以下 FCC と略記）が通信放送分野の規制機関である。FCC は 1934 年通信法によって設置され、連邦議会が定めた同法に基づき、通信放送市場に関する規則の導入や改廃を行っている。放送分野については放送免許の付与や没収、免許更新の審査などの役割があり、市場において公共の利益を擁護し、多様性を確保し、競争を促進することが FCC の政策の基本理念にある。

FCC には委員長を含む 5 人の委員がいる。その任命には、大統領の指名に上院の承認が必要である。FCC 委員の任期は 5 年で、5 人の構成比は与党（大統領の政党と同じ）が委員長を含む 3 名、野党 2 名となる。FCC の規則の決定、改廃は FCC 委員の合議制によって行われる。しかし、FCC 委員長は FCC の政策課題をコントロールし、委員会の機能に大きな影響力をしばしば行使すると考えられている[22]。

放送市場に大きな影響を与える FCC の規制としてここで重要な点は、1949 年に FCC が導入したフェアネス・ドクトリン（公平原則）とその撤廃である。フェアネス・ドクトリンは、すべてのラジオ放送局と地上波の放送局を対象に、放送の公平性を保証するために制定された。同規則によって、放送免許事業者は、公共の重要性を持ち論争の的になっている問題の議論と考察のために合理的な機会を割り当てなければならなくなった。その際には公平でなければならないとされた[23]。

放送事業者にフェアネス・ドクトリンを当てはめることは、アメリカ合衆国憲法修正第 1 条で保障される言論の自由の観点に違反するのではないかという見方は当初からあった。これに真っ向から向き合ったのが 1969 年のレッド・

ライオン放送事件（Red Lion Broadcasting Co. 対 FCC）の連邦最高裁判所の判決である。同判決では、「電波の希少性」などを理由に、FCC のフェアネス・ドクトリンの合憲性が支持された[24]。

1980 年代にはラジオ局やテレビ局の数が大幅に増加し、ケーブルテレビも普及した。フェアネス・ドクトリンが制定された頃から比べればメディア環境は大きく変化した。それによって、「電波の希少性」という考え方が時代遅れになったとして、フェアネス・ドクトリンは言論の自由を侵害し、合衆国憲法修正第 1 条に抵触すると主張して、フェアネス・ドクトリンを廃止すべきという意見も強まった[25]。

1981 年に誕生した共和党レーガン（Ronald Reagan）政権は、減税や規制緩和を主張して、小さな政府を目指した。FCC 委員の任命に関わる上院は共和党が多数を占めた。その中で、放送通信分野を専門とする弁護士で、大統領選挙でレーガンのキャンペーンスタッフを務めたマーク・ファウラー（Mark Fowler）が FCC 委員長に任命された。ファウラー委員長は放送事業の規制緩和に力を入れ、「テレビは一つの電化製品にすぎず、いわば画面のついたトースターだ」と述べた[26]。これには様々な非難の声が浴びせられたが、この発言を「名言」と評する声もある。林香里は、ファウラー委員長の主張について、「表現や文化の分野にも市場競争原理を取り入れることに積極的なアメリカの自由主義の発想をうまく言い表している」と指摘する[27]。

議論の末に、ファウラー委員長の後任のデニス・パトリック（Dennis Patrick）委員長の下で、FCC は 1987 年にフェアネス・ドクトリンの廃止を決定した。廃止は放送業界や共和党の廃止賛成派からは歓迎された。一方で、公民権団体、消費者団体、民主党など廃止反対派には懸念が広がった[28]。フェアネス・ドクトリンの廃止は、言論の自由を促進してアメリカ放送界の活性化と市場の拡大につながったと評価する人もいれば、社会の様々な対立を深め、アメリカの分極化を広げる原因の一つと捉える見方もある[29]。

フェアネス・ドクトリンが廃止されたことを契機に、政治ニュースや討論を扱うラジオ番組が増え、政治トークラジオの台頭につながった。成功した政治トークショーのホストは保守派がほとんどで、彼らはしばしば党派的なものの

見方を鮮明に表した。2004年の*Talkers*という雑誌によれば、最も成功した保守派のラジオ番組のホストはラッシュ・リンボー（Rush Limbaugh）とショーン・ハニティ（Sean Hannity）であった[30]。

なぜ保守派のトークラジオが成功したのか。主な理由としては、アメリカの主流メディアはリベラル寄りで、政治報道において保守派の声が十分に取り上げられていないと感じている保守層の潜在的なニーズを掘り起こすことに成功したから、という指摘がある[31]。1970年代に保守派から、地上波の三大ネットワーク、ワシントンポストやニューヨークタイムズといった主要紙は左寄り、リベラル寄りであるという批判の声が強まった[32]。

アメリカの政治報道はリベラル的な考え方に過度に依拠しているのではないか、という保守派の主張するメディアの「リベラル・バイアス」論という考え方がある。1986年にロバート・S・リクター（Robert S. Lichter）ら3人の研究者が書いた*The Media Elite*という本が出版された。そのポイントは、「一般人よりもジャーナリストはリベラルに偏向している」という点であるが、同書は保守派のメディア活動家から高い評価を得ただけでなく、後の学術的な論争を引き起こしたことが重要であった[33]。

共和党側は商業放送だけでなく公共放送にも、リベラル・バイアスがあると批判してきた。1970年代、公共放送に対して共和党ニクソン政権から予算を全額カットという政治的な攻撃が増大した。ニクソン大統領は公共放送を政治的に反体制的な「極左」の番組を生産するものとして扱った[34]。

保守派の活動家が「リベラル・メディア・バイアス」を主張した一方で、それは虚構だという見方もあった[35]。また、保守派側の閉じられた情報空間について論じた「エコーチェンバー」論もある。

1996年にはトークラジオ以外にも保守派にとって重要なメディアが出現した。ルパート・マードック（Rupert Murdoch）のケーブルテレビ・チャンネルのFOXニュースである。FOXニュースは保守層をターゲットにしたニュース専門チャンネルとして、保守系のトークラジオのように、意見をより鮮明に打ち出す手法を採用した[36]。キャスリーン・H・ジェイミーソン（Kathleen H. Jemieson）らの「エコーチェンバー」論では、トークラジオやFOXニュー

スなど保守系メディアの閉じられた空間の中で、保守系の情報が共鳴し、拡大していく仕組みが指摘された[37]。

　FOX ニュースに対抗してリベラル色を強めたニュース専門チャンネルが MSNBC である。マイクロソフトと地上波放送局の NBC によるケーブルテレビのスタートアップ企業の MSNBC も 1996 年に放送を開始した。当初は保守派とリベラル派双方の番組を放送していたが、FOX ニュースや CNN に視聴者数競争で後れを取る中で、視聴者数獲得のために 2000 年代半ばに番組ホストのラインナップを変更して、キース・オルバーマン（Keith Olbermann）やレイチェル・マドウ（Rachel Maddow）などを登用して、MSNBC は一気にリベラル色を強めた[38]。

　2004 年のピュー・リサーチ・センターの調査では、FOX ニュースを視聴するアメリカ人が増えていることが明らかになり、「政治的分極化が大衆のニュースを視聴する習慣に著しく反映されている」と指摘された[39]。日常的に FOX ニュースを視聴するアメリカ人の割合は 2000 年の 17％から 2004 年には 25％に増えて、ケーブルテレビのニュースチャンネルとして長年トップの座にあった CNN を抜いた（22％）[40]。放送市場の競争にさらされる中で、意見を鮮明に伝えるケーブルテレビのニュース番組のホスト達は、政治的に右と左に分かれた視聴者をそれぞれ引きつけている[41]。*New York* 誌は 2010 年、「右派の FOX ニュースの台頭に続いて左派の MSNBC の挟み撃ちにあい、CNN は孤立した」と述べた[42]。

　マシュー・レベンダスキー（Matthew Levendusky）は「党派的なメディアは、アメリカのメディア環境の重要な特徴の一つ」と述べる[43]。その背景には規制緩和や競争促進政策によって、地上波、ケーブルテレビ、トークラジオ、衛星放送と様々なメディアの間で競争が激しくなった、というメディア環境の変化を見過ごせない。有料放送の加入者が多いアメリカでは、地上波放送もケーブルテレビや衛星放送の数多い番組の中の一つとして視聴される。どれだけチャンネル数が増えても視聴者一人当たりが日常的に見るチャンネル数は 20 チャンネル以下とも言われており、結果的にニュース番組は様々なエンターテイメント番組との激しい競争にさらされている[44]。

3. 「メディアの分極化」とメディア不信

　キャス・R・サンスティーン（Cass R. Sunstein）は、「保守派の多くは、保守系のメディア、すなわちFOXニュースやウォールストリートジャーナル紙から熱心にニュースを得ようとするのに対し、リベラル派の多くは、これらの情報源をできるだけ避けようとする」と指摘する[45]。そうした傾向をはっきりと示す調査結果がある。図2-1をご覧いただきたい。2020年4月のピュー・リサーチ・センターの調査で、政治や選挙ニュースの主要な情報源として挙げられたメディアについて、それぞれの回答者の内訳に自分を共和党支持者、民主党支持者と認識する人がどれだけの割合になるかを示したものである。それによれば、FOXニュースとMSNBCの回答が極めて対照的に党派的に分かれている。

　主要情報源がFOXニュースであると答えた人の93％が共和党支持者であった。一方、主要情報源がMSNBCであると答えた人の95％が民主党支持者であった。ほかに、CNNやラジオの公共放送のNPR、ニューヨークタイムズ紙に関しても支持政党による差異が明らかである。ABC、CBS、NBCの地上波の三大ネットワークについては、支持政党による回答の差はそれほど大きくない。

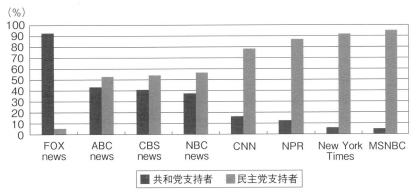

図2-1　政治や選挙ニュースの主要な情報源に関する支持政党別の回答結果
（Pew Research Center（April 1, 2020）を基に筆者作成[46]）

　有権者が政治イデオロギーや支持政党の違いによって、党派的なイデオロギーを打ち出した好みの情報源から選択的に情報を取得する傾向があることにどのような問題があるのか。1972 年からアメリカ人のメディアに対する信頼度調査を毎年行っているギャロップ調査の結果を引用して考えてみたい。ここでいう信頼度とは、テレビ、新聞、ラジオなどのメディアが公正、公平、正確に報道していると思うか、という問いに対する回答を調査した結果である。

　それによれば、1970 年代はメディアに対する信頼度が 68％から 72％の間と高めだったが、1990 年代後半に下降傾向となった。2004 年に 44％まで信頼度は下がり、2005 年に 50％に持ち直したが、その後は 47％を超えていない。2016 年の大統領選挙の年はメディアの信頼度が 32％となり、これまでにない落ち込み方だったが、2020 年は 40％という結果である[47]。ケーブルテレビが普及して党派的なニュース報道が好まれるようになった一方で、アメリカ人のメディアに対する信頼度は下降気味にある。

　支持政党別にメディア信頼度を見ると、過去 4 年間で共和党支持者と民主党支持者の間でそのギャップは大きく広がった。共和党支持者のメディア信頼度は 2016 年に 14％とこれまでより大きく下がったと思われたが、2020 年にはさらに下落して 10％になった。一方の民主党支持者の場合、2016 年の信頼度は 51％だったが、2020 年に 73％に上昇した。同調査は、支持政党別のメディア信頼度の差が 63％まで開き、それは過去 20 年間で最も大きな差であること、そしてアメリカの政治的分極化がメディアに対する党派的な見方を反映している点を指摘した[48]。この結果から、今日の共和党支持者、保守派がメディア全体に対して強い不信感を抱いており、メディアは公正で正確な報道をしていないと考えている点を看取できる。

　次にピュー・リサーチ・センターの 2020 年 1 月の調査結果から、支持政党別に見た信頼できる情報源と信頼できない情報源についても紹介しよう。表 2-1 に示した通り、政治や選挙ニュースに関して信頼できる情報源として、民主党支持者の場合は、CNN が 67％、地上波の NBC ニュースが 61％、ABC ニュースが 60％で、上位 3 つの信頼できる情報源に大きな違いはない。しかし共和党支持者の場合は、信頼している情報源の 1 位は FOX ニュースの 65％で、

2位の ABC ニュースの 33％などとの違いが大きい。共和党支持者にとって FOX ニュースがほかの情報源と比べて特別であることがうかがわれる。

　信頼できない情報源については、民主党支持者の場合、FOX ニュースを挙げた割合が最も高くて 61％、次が保守派のラッシュ・リンボーのトークラジオが 43％、ショーン・ハニティのトークラジオは 38％と続いた。共和党支持者の場合、信頼できない情報源のトップに挙がったのは CNN で 58％、続いて MSNBC が 47％、ニューヨークタイムズ紙が 42％であった。本調査結果から、支持政党が違うと、信じられる情報源と信じられない情報源のトップが真逆になっている点は大変興味深い。

表 2-1　支持政党別に見る信じる情報源と信じられない情報源

	民主党支持者	共和党支持者
信頼している情報源（1位）	CNN（67％）	FOX ニュース（65％）
信頼している情報源（2位）	NBC ニュース（61％）	ABC ニュース（33％）
信頼している情報源（3位）	ABC ニュース（60％）	CBS ニュース、ショーン・ハニティのトークラジオ、NBC ニュース（各 30％）
信頼していない情報源（1位）	FOX ニュース（61％）	CNN（58％）
信頼していない情報源（2位）	ラッシュ・リンボーのトークラジオ（43％）	MSNBC（47％）
信頼していない情報源（3位）	ショーン・ハニティのトークラジオ（38％）	ニューヨークタイムズ紙（42％）

（Pew Research Center（January, 24, 2020）[49] を基に筆者作成）

　メディアの多様化が進み、情報源の選択肢が増えた反面、視聴者は自分の好みではない情報源に対しては不信感を強めている。「メディアの分極化」が進むとアメリカ政治はどうなるのか。サンスティーンは、「FOX ニュースと MSNBC は似たようなものの考え方をする人を引きつけるというだけではない。有権者同士の分裂を広げ、政治的分極化に貢献している」と懸念を表す[50]。レベンダスキーも、「似たようなものの考え方をするメディアによって有権者は二極化して、ますます中道から外れ極端な方向へと押しやられる」と述べた上で

「党派的なメディアは有権者の投票選択に影響を与えるだけでなく、視聴者が選挙を理解し解釈する見方も形成する」と指摘した[51]。研究者たちは「メディアの分極化」が「政治の分極化」に与える影響に警鐘を鳴らしている。

4.　オンライン上の集団分極化と新たな課題

　オンラインニュースサイトもリベラル系、保守系に分かれており、支持政党や支持する候補者の違いによって選択的な利用の傾向が明らかである。2017年のピュー・リサーチ・センターの調査によれば、2016年の大統領選挙キャンペーンでは、リベラル系のハフィントンポストについて、クリントン候補に投票した人の24％が定期的に利用した一方で、トランプ候補に投票した人の9％が使用したにすぎなかった。保守系ニュースサイトのブライトバートやドラッジレポートについては、トランプ候補に投票した人の11％が定期的に利用したのに対して、クリントン候補に投票した人の1％が利用しただけであった[52]。

　アメリカの有権者、とりわけ若年層は、オンラインニュースやソーシャルメディアを選挙の情報源として利用する傾向が強い。2016年の大統領選挙キャンペーンに関するピュー・リサーチ・センターの調査では、回答者全体のうち、24％が「最も役に立った情報源」としてケーブルテレビを挙げたが、ケーブルテレビに続いてソーシャルメディアと回答した割合は14％で、ローカルニュースと並んだ。18〜29歳の場合には、ソーシャルメディアが35％で1位、2位もニュース・ウェブサイトやアプリ（18％）で、ケーブルテレビニュースは3位であった（12％）。また、30〜40歳ではソーシャルメディアは15％で3位であった[53]。ソーシャルメディアを情報源とする若年層の年代が高くなっていくと、今後ますますオンライン空間が主たる政治ニュースの情報源になっていくことが考えられる。

　オンラインニュースやソーシャルメディアの利用で、ニュースの情報源がさらに細分化されて、情報の選択的接触が可能となった。それに伴い、新たな課題が指摘されている。我々がフェイスブックやツイッター上に映し出される自分好みの話題や信条をニュースとして見ている現状を悲観的に見る考え方があ

る。サンスティーンは、情報源の選択肢が増えていることからオンライン上では個々人のニーズに合った自分の意見と似たような意見や情報に囲まれて、つまりエコーチェンバーの中で暮らすことも容易になったが、その結果として、似た考えを持つ者同士が互いに相手をあおって怒りを増大させれば、結果的に大変危険な状態になると指摘する[54]。そして、インターネット上では考えの似た人同士がこれまでよりも容易に頻繁につながることができるようになって集団分極化が起きており、しばしば反対の意見を聞かずに、そこは過激思想の温床としての役割を果たしていることは明らかだと述べる[55]。

　一方でソーシャルメディアの利用は悪いことばかりではない。2008 年大統領選挙では、民主党オバマ陣営はフェイスブックなどソーシャルメディアを駆使した「オバマ・キャンペーン」を展開し、アメリカの大統領選挙キャンペーン史上に新たなモデルを打ち立てたことで知られている。これ以降、ソーシャルメディアは、候補者と支持者、支持者と支持者同士をつなぎ、社会運動の輪を広げるコミュニケーション・ツールとして利用されているという指摘もある[56]。

　しかし、サンスティーンは「エコーチェンバーは人に偽情報を信じさせる可能性があり、それを訂正するのは困難もしくは不可能かもしれない」と偽情報がもたらす被害に懸念を表す[57]。ダイアナ・オーエンも、「誤情報の広がりは IT 企業がコンテンツに優先順位をつけるために用いるアルゴリズムによってさらに拡大される」と指摘する[58]。我々はアルゴリズムによってソーシャルメディア上で自分のニーズに合った情報に接触しやすい世界に生きている。そのような情報環境の中では、一度偽情報、誤情報の渦に入り込むと、そこから抜け出すことが難しいという問題がある。それが大きな問題となったのが2016 年の大統領選挙であった。

　2016 年の大統領選挙では、オンライン上で様々なフェイクニュースが流通して、社会に大きな混乱がもたらされた。アメリカではフェイクニュースという用語は多義的に使われている。フェイクニュースとはもともと『デイリー・ショー』などのパロディニュース番組を指したものだったが、2016 年の大統領選挙では、ニュースプラットフォームや政治ブログのような体裁をしたウェブサイト上で、あたかも本当のニュース記事であるかのように掲載される、捏

造された扇情的なストーリーとして連想されるようになった[59]。また、トランプ大統領が自身に敵対するメディアを「フェイクニュース・メディア」と呼んで非難したことで、フェイクニュースという言葉は、自分たちの信じる考え方と相いれない情報を非難する際にも使われている[60]。

　ソーシャルメディアが選挙過程において情報源として重要な存在となってきたことで、ソーシャルメディア上でのフェイクニュースの拡散が大きな問題になった。ハント・アルコット（Hunt Allcott）とマシュー・ゲンツコウ（Matthew Gentzkow）の研究は、フェイクニュース（偽情報）を流す側にとってソーシャルメディアが重要であったことを示した[61]。またオーエンは、「主流メディアも、記事内容においてソーシャルメディアの情報に非常に依存しており、問題のあるひどい情報を不用意に広めてしまうことがある」と指摘した[62]。

　2018年の連邦議会の議員を選出する中間選挙では、2016年の大統領選挙期間よりも、さらに多くのジャンクニュースがネット上で流布されたが、フェイスブックとツイッターはフェイクニュースの流通を防ぐため、情報の真偽を確認するファクトチェックの仕組みを作り、誤情報の拡散が難しくなるようにランキングを下げるアルゴリズムを開発するなど様々な取り組みを行った。しかしオーエンは、そうした取り組みだけでは「誤情報の流れを完全に無力化することは不可能ではないにしても、極めて困難である」と述べ、誤情報を検証すべき地域の報道機関が消え去りつつある現状、つまり地方紙が消えていく「ニュース砂漠」の激増を問題視している[63]。

5. 2020年大統領選挙に関する情報をめぐって

　2020年の大統領選挙に新型コロナウイルスの感染拡大が大きく影響したことは疑いようもないだろう。2020年5月のピュー・リサーチ・センターの調査は支持政党別に、新型コロナウイルス感染拡大に関するメディアの報道について4つの視点から評価した結果を表した。それによれば、①「メディアから自分が必要な情報を得られている」と答えた割合は民主党支持者では73%だったのに対して、共和党支持者は44%であった。②「（メディアの報道は）

おおむね正確」と答えた割合は民主党支持者では 66％、共和党支持者では 31％であった。③「メディアの報道が大衆の役に立つ」と答えた割合は、民主党支持者で 66％、共和党支持者は 28％であった。④「メディアの新型コロナウイルスに関する報道が国の役に立つ」と考える割合は民主党支持者で 63％、共和党支持者は 27％であった [64]。このように、民主党支持者と共和党支持者の間で、新型コロナウイルス感染拡大をめぐるメディア報道について、評価の違いは非常に大きい。

　どの情報源に依存しているかによって、2020 年の大統領選挙に関して有権者の認識に差異が表れた顕著な例を紹介しよう。新型コロナウイルス感染拡大が収まらない中で、11 月の本選挙の際に、投票所での混雑緩和や長時間待たされることを避ける目的で、民主党バイデン陣営は 11 月 3 日の投票日以前の郵便投票を推奨した。一方共和党トランプ陣営は、郵便投票は選挙の不正につながると主張していた。トランプ大統領は FOX ニュースのショーン・ハニティが司会を務める番組でも、「民主党は熱心に郵便投票を支持することで、この選挙を盗もうとしている」と民主党を強く批判した [65]。

　2020 年 9 月のピュー・リサーチ・センターの調査によれば、全米の成人のうち、「郵便投票は選挙の不正になる」として「大きな問題」と答えた割合は 25％、「まったく問題ない」と答えた割合が 27％であった。共和党支持者の場合は「大きな問題」と答える割合が 43％で、「まったく問題ない」と答える割合はたった 5％であった。民主党支持者の場合は「大きな問題」と答えた割合が 11％で、「まったく問題ない」と答えた割合が 47％だった。ここでも支持政党別に認識の差が広がった。どのメディアを情報源とするかによって、その違いはさらに顕著に表れた。共和党支持者のうち、「FOX ニュースあるいはトークラジオのみ」を情報源としている人の場合、61％が「大きな問題」と回答し、「まったく問題ない」と回答した割合は 1％であった。民主党支持者のうち、「MSNBC や CNN、NPR あるいはニューヨークタイムズ紙、ワシントンポスト紙のみ」を情報源とする人の場合、「大きな問題」と考えている人の割合は、たった 4％で、「まったく問題ない」と回答した割合が 67％であった [66]。

　保守派のエコーチェンバーの中で情報を取得していた人たちに「郵便投票は

不正選挙になる」という認識や誤った情報が広まった形である。そうした誤情報はどこから来たのか、という点を分析した研究がある。ヨハイ・ベンクラー（Yochai Benkler）らの研究は、2020年の大統領選挙における「郵便投票は不正選挙になる」という誤情報の拡散については、トランプ大統領だけでなく共和党全国委員会やトランプ陣営のスタッフが誤ったメッセージを繰り返したこと、そしてそれが主としてFOXニュースやトークラジオといった保守派のメディア・エコシステムによって支えられ、メッセージが強化された点を明らかにした[67]。

おわりに

本章は、アメリカのメディア環境の変化の特徴として「メディアの分極化」について解説した。ケーブルテレビ、トークラジオ、衛星放送、そしてインターネットが普及して、メディア環境の競争が激しくなる中で「メディアの分極化」が進んでいる。政治的な保守とリベラルの対立が深まる「政治的分極化」の中で、大衆は自分の政治イデオロギーや考え方に近い情報源を選択する傾向が顕著である。

その帰結として、フェイクニュースの問題がアメリカでは深刻な状況にあること、一度偽情報を信じる負の情報空間スパイラルに陥ると、そこから抜け出すことが難しい点を2020年の大統領選挙の事例からも看取することができた。2020年の大統領選挙を振り返れば、2つの政党の多くの支持者が異なるメディアを通じて、新型コロナウイルスの感染拡大のリスクや郵便投票に関しても異なる見方を持っていた。

自分の政治イデオロギーと重なるメディアを信頼し、そこから好んで情報を得ていることは、単に自分の好きなメディアを多くの選択肢の中から選べて良いという話ではない。「メディアの分極化」が進むことで、アメリカ政治の保守とリベラルの両極はいっそう遠くに離れていく。2020年大統領選挙後、バイデン次期大統領は勝利宣言で、「分断ではなく結束を目指す大統領になる」と主張した[68]。しかし、両候補者の支持者の間に生じた亀裂は深刻だ。保守

のエコーチェンバーの中にいるトランプ支持者は、「トランプの敗北」という結果を受け入れがたかった。

　「メディアの分極化」と「政治の分極化」はアメリカ政治、社会を映す鏡の表と裏のような関係にある。2020 年の選挙の結果、連邦議会の上院 100 議席の内訳はちょうど 50 対 50 となった。これは現在のアメリカ政治において、保守とリベラルが拮抗していることを端的に表している。トランプ大統領がホワイトハウスを去っても、共和党の次の大統領候補も支持者へのアピールに保守のエコーチェンバーを活用するだろう。外国からアメリカ政治を見る者としては、「メディアの分極化」とそれを前提としたアメリカ国民の世論である点を注視する必要がある。

注

1)　Shanto Iyengar, *Media Politics A Citizen's Guide, Third Edition*, New York: W.W. Norton & Company, Inc., 2016, 149.

2)　Ibid., 186.

3)　前嶋和弘『アメリカ政治とメディア ―「政治のインフラ」から「政治の主役」に変貌するメディア』北樹出版、2011 年、26 頁。

4)　Iyengar, 2016, 24.

5)　Ibid., 148.

6)　清原聖子「第 1 章 アメリカのインターネット選挙キャンペーンを支える文脈要因の分析」清原聖子・前嶋和弘編著『インターネットが変える選挙― 米韓比較と日本の展望』慶応義塾大学出版会、2011 年、8、19 頁。

7)　Iyengar , 2016, 3.

8)　Timothy E. Cook, *Governing With the News: The News Media as a Political Institution, Second Edition*, Chicago: the University of Chicago Press, 2005, 121.

9)　Ibid., 11.

10)　前嶋和弘「第 1 章　危機に瀕するアメリカのメディア」前嶋和弘・山脇岳志・津山恵子編著『現代アメリカ政治とメディア』東洋経済新報社、2019 年、10 頁。

11)　同上 ; Iyengar, 2016, 243-244.

12)　Jonathan M. Ladd, *Why Americans Hate the Media and How It Matters*, NJ: Princeton University Press, 2012, 6-7.

13)　Victor Pickard, *Democracy Without Journalism?: Confronting the Misinformation Society*, NY: Oxford University Press, 2020, 147.

14)　Thomas Winslow Hazlett, *The Political Spectrum: The Tumultuous Liberation of Wireless Technology, From Herbert Hoover to the Smartphone*, New Haven, NJ: Yale University Press, 2017, 17.

15)　前嶋、2019 年、9 頁。

16)　同書、11 頁；Ladd, 2012, 1.

17)　Ladd, 2012, 67.

18)　Ibid., 68.

19)　Hazlett, 2017, 113.

20)　California Cable and Telecommunications Association, "History of Cable"〔https://calcable.org/learn/history-of-cable/〕（March 6, 2021）.

21)　The Internet and Television Association (NCTA), "Cable's Story"〔https://www.ncta.com/cables-story〕,（March 6, 2021）.

22)　Gerald W. Brock, *Telecommunication Policy For the Information Age: From Monopoly to Competition*, Cambridge, MA: Harvard University Press, 1998, 53-54.

23)　山脇岳志「第 4 章揺らぐ報道の公共性」、前嶋和弘・山脇岳志・津山恵子編著『現代アメリカ政治とメディア』東洋経済新報社、2019 年、135 頁；Hazlett, 2017, 141.

24)　同書、137 頁；Ibid., 61.

25)　同書、138 頁。

26)　Hazlett, 2017, 21.

27)　林香里『メディア不信 ― 何が問われているのか』岩波新書、2017 年、87 頁。

28)　山脇、2019 年、141 頁。

29)　同書、142 頁。

30)　Ladd, 2012, 67.

31)　山脇、2019 年、144 頁。

32)　Anthony Nadler, A.J.Bauer, "Conservative News Studies: Mapping an Unrealized Field", in Anthony Nadler and A.J. Bauer, eds., *News On the Right: Studying Conservative News Culture*, NY: Oxford University Press, 2020, 233.

33)　Ibid., 234；前嶋、2019 年、21 頁。

34)　Pickard, 2020, 150.

35)　Nadler and Bauer, 2020, 235.

36)　Ladd, 2012, 69.

37)　Nadler and Bauer, 2020, 237；前嶋、2019 年、22 頁。

38)　Ibid., 69；前嶋、2011 年、57 頁。

39)　Pew Research Center, "News Audiences Increasingly Politicized", June 8, 2004 〔https://www.pewresearch.org/politics/2004/06/08/newsaudiences-increasingly-

politicized/］（March 6, 2021）

40）　Ibid.

41）　Ladd, 2012, 69.

42）　Gabriel Sherman, "Chasing Fox", *New York*, October 1, 2010［https://nymag.com/news/media/68717/］（March 6, 2021）.

43）　Matthew Levendusky, *How Partisan Media Polarize America*, Chicago: The University of Chicago Press, 2013, 8.

44）　Ladd, 2012, 67.

45）　Cass R. Sunstein, *#Republic Divided Democracy in the Age of Social Media*, Princeton, NJ: Princeton University Press, 2017, 61.

46）　Elizabeth Grieco, "Americans' Main Sources for Political News Vary by Party and Age", Pew Research Center, April 1, 2020［https://www.pewresearch.org/fact-tank/2020/04/01/americans-main-sources-for-political-news-varyby-party-and-age/］（March 6, 2021）.

47）　Megan Brenan, "Americans Remain Distrustful of Mass Media", *Gallup*, September 30, 2020［https://news.gallup.com/poll/321116/americansremain-distrustful-mass-media.aspx］（March 6, 2021）.

48）　Ibid.

49）　Mark Jurkowitz, Amy Mitchell, Elisa Shearer, and Mason Walker, "U.S. Media Polarization and the 2020 Election: A Nation Divided", Pew Research Center, January 24, 2020［https://www.journalism.org/2020/01/24/democrats-report-much-higher-levels-of-trust-in-a-number-of-news-sources-than-republicans/］（March 6, 2021）.

50）　Sunstein, 2017, 62.

51）　Levendusky, 2013, 136.

52）　Jeffrey Gottfried, Michael Barthel, and Amy Mitchell, "Trump, Clinton Voters Divided in Their Main Source for Election News", Pew Research Center, January 18, 2017［http://www.journalism.org/2017/01/18/trumpclinton-voters-divided-in-their-main-source-for-election-news/］（March 6, 2021）.

53）　Jeffrey Gottfried, Michael Barthel, Elisa Shearer, and Amy Mitchell, "The 2016 Presidential Campaign-a News Event That's Hard to Miss." Pew Research Center, February 4, 2016［http://www.journalism.org/2016/02/04/the-2016-presidential-campaign-a-news-event-thats-hard-to-miss/］（March 6, 2021）.

54）　Sunstein, 2017, 9.

55）　Ibid., 76-77.

56）　林、2017年、170頁。

57）　Sunstein, 2017, 11.

58）　ダイアナ・オーエン、（訳）松本明日香「第1章　アメリカ政治における『フェイク
　　ニュース』の進化と影響」清原聖子編著『フェイクニュースに震撼する民主主義―日米韓
　　の国際比較研究』大学教育出版、2019年、29頁。

59）　Diana Owen, "Chapter 2 Characteristics of US Elections in the Digital Media
　　Age", Shoko Kiyohara, Kazuhiro Maeshima and Diana Owen, eds. *Internet Election
　　Campaigns in the United States, Japan, South Korea, and Taiwan*, Cham: Palgrave
　　Macmillan, 2018, 47.

60）　清原聖子「第2章　アメリカにおけるフェイクニュース現象の構造とその対策の現状」
　　清原聖子編著『フェイクニュースに震撼する民主主義―日米韓の国際比較研究』大学教育
　　出版、2019年、40-41頁。

61）　Hunt Allcott and Matthew Gentzkow, "Social Media and Fake News in the 2016
　　Election," *Journal of Economic Perspectives*, 31 (2), Spring 2017, 222-223.

62）　オーエン、2019年、30頁。

63）　同書、31、33頁。

64）　Jeffrey Gottfried, Mason Walker, and Amy Mitchell, "Americans' Views of the
　　News Media During the Coronavirus Outbreak", Pew Research Center, May 8, 2020
　　[https://www.journalism.org/2020/05/08/americansviews-of-the-news-media-during-
　　the-covid-19-outbreak/]（March 6, 2021）.

65）　Charles Creitz, "Trump Accuses Democrats of 'Trying to Seal the Election' with
　　Insistence on Mail-in Voting", *Fox News*, August 20, 2020 [https://www.foxnews.
　　com/politics/trump-accuses-democrats-trying-to-steal-election]（March 6, 2021）.

66）　Amy Mitchell, Mark Jurkowitz, J.Baxter Oliphant, and Elisa Shearer, "Political
　　Divides, Conspiracy Theories and Divergent News Sources Heading Into 2020
　　Election", Pew Research Center, September 16, 2020 [https://www.journalism.
　　org/2020/09/16/political-divides-conspiracy-theories-anddivergent-news-sources-
　　heading-into-2020-election/]（March 6, 2021）.

67）　Yochai Benkler, Casey Tilton, Bruce Etling, Hal Roberts, Justin Clark, Robert
　　Faris, Jonas Kaiser, and Carolyn Schmitt, "Mail-In Voter Fraud: Anatomy of a
　　Disinformation Campaign", Berkman Center Research Publication No.2020-6, October 8,
　　2020 [https://ssrn.com/abstract=3703701]（March 6, 2021）

68）　「バイデン氏勝利宣言（英語原文）、アメリカ大統領選挙2020」NHKニュースウェブ、
　　2020年11月24日 [https://www3.nhk.or.jp/news/special/presidential-election_2020/
　　report/about_joe-biden/about_joe-biden_07.html]（2021年3月6日）。

第**3**章

コロナ禍とポスト・オバマケアをめぐる争い
── 皆保険成立を阻む政治文化的要因 ──

山岸　敬和

は じ め に

2020 年初頭から新型コロナウイルス感染症（COVID-19）が広まり始めた。中国やヨーロッパで感染が拡大し、アメリカでも 3 月に入って一気に感染者が増加した。トランプ政権は感染抑制のための有効な対策を講じることができず、感染者数、死者数ともに世界で首位を走り続けることになった。2021 年 4 月 18 日現在で、感染者数は 3160 万人、56 万人を超えた（日本はそれぞれ約 53 万人、9 千人)[1]。このような惨状によって、COVID-19 はアメリカの医療システムとそれを動かす政治のあり方を改めて問い直す結果となった。

医療システムの中で大きな問題となったのは医療保険である。アメリカには未だ国民皆保険が存在しない。2010 年 3 月に患者保護および医療費適正化法（通称オバマケア)[2] が成立しても、医療へのアクセスが人民の権利として保障されているような状況にはなっていない。日本での国民健康保険とは異なり、オバマケアに加入できるのは 11 〜 12 月に設定されている加入期間のみである。また、オバマケアで提供される保険に財政的理由で加入できない人もいる。その結果、2018 年には人口比 8.5％が無保険者であった[3]。

100 年に一度のパンデミックで多くの死者や感染者が出て、医療アクセスが保障されていない問題が改めて注目された。しかし、それでもなおバイデン政権は医療保険制度の大胆な改革には消極的である。本章は、アメリカの政治文化的要因に注目して、アメリカの医療保険政策の歴史的発展と現在進行形のバ

イデン政権の改革に関連した動きを理解しようとするものである。

1.「最も保守的な国」アメリカ

　イギリスから独立を果たした時、アメリカは世界の中で「最先端の国」であった。パンフレット「コモン・センス」を出版して、植民地人を独立へ向かわせるのに重要な役割を果たしたトマス・ペイン（Thomas Paine）は以下のように書いた。「彼ら（植民地人）はここに逃避してきたが、母なる抱擁から逃げてきたわけではなく、モンスターの冷酷さから逃げてきたのだ」[4]。この言葉は、イギリスからの増税政策に不満を募らせながらも、当時の超大国イギリスの保護下にあることに甘んじようとする植民地人を鼓舞する役割を果たした。

　さらにペインは世界史の大きな流れの中に独立運動を位置付けた。ヨーロッパでは王権神授説の影響が未だ強く、明確な身分制が存在している。ヨーロッパの西側に位置するイギリスには 17 世紀末にジョン・ロック（John Locke）が登場し、人間が持つ自然権や革命権などを説いたが、イギリスの政治体制も大きく変わっていない。そこで、より西に大西洋を進んだ新大陸に逃避した植民地人がまったく新しい政治体制で国家を作ることは、歴史の必然であると植民地人に呼びかけた。

　そこでキーワードになったのは、自由と平等である。独立宣言の冒頭では、「すべての人間は生まれながらにして平等であり、その創造主によって、生命、自由、および幸福の追求を含む不可侵の権利を与えられている」[5]と述べられている。それまで神の信託を受けた国王が統治を行い、人々の運命が国王の判断に左右されることが常識であった。その中で国家権力からの自由が確保され、身分制を否定し、機会の平等を保証した独立宣言は、トマス・ペイン風に言えば「最先端の国」であった。

　政治文化というものは、ある国特有の個人、社会、国家の関係性に関する考え方であり、政治体制はそれによって支えられている。しかし、政治文化は変容することもあり、それが政治体制に変化をもたらす。ペインの「コモン・セ

ンス」は植民地人の政治文化に影響を与え、新たな政治体制を生み出した。

　アメリカの独立を果たした時に核となった自由と平等を重視する政治文化は、その後長期的に継続されることになった。その背景にはアメリカの地理的、歴史的な要因があった。

　建国の父たちは独立宣言の精神を合衆国憲法に書き込んだ。国家権力からの自由を保障するためにしたことは、徹底的に権力の分散を図り、一人にまたは一つの機関に権力が集中しないようにした。

　連邦制によって、州政府の統治権限が連邦政府に容易に侵されない仕組みを取り入れた。人民の福祉に関わる政策を行う権限は、基本的に州政府に留保される形をとった。また連邦政府の中でも、行政府、立法府、司法府の間に、明確な権力の抑制と均衡のメカニズムを取り入れた。首相が議会で法案の説明をすることができる日本とは異なり、アメリカでは大統領が法案を提出することは認められていないし、招待されないと議場に入れさえしない。権力が分散され、新たな政策を成立させるための政治過程の中において、多くの「拒否点」[6]が存在するようにデザインされたのが合衆国憲法であった[7]。

　1800年の大統領選挙は、既存の政治文化と政治制度を肯定する結果となった。「1800年革命」とも呼ばれるこの選挙は、アメリカの国家像をめぐる争いであった。現職のジョン・アダムズ（John Adams）は産業立国論を掲げ、連邦政府の権力を拡大することで、ヨーロッパと比較すると未発達な国家であったアメリカの産業の育成を図ろうとした。他方、トマス・ジェファーソン（Thomas Jefferson）は、アメリカは農業に基礎をおくべきで、連邦政府は消極的な役割で十分とする農業立国論を唱えた。ジェファーソンが勝利を収めたことで、国家権力を否定する政治文化が肯定される結果となった[8]。

　続いてジェファーソン政権下で、1803年にフランスからミシシッピ川流域の広大な土地が購入されたことは、自由と平等の政治文化の継続を後押しすることになった。これによりアメリカの領土はおよそ倍増し、アメリカ人は西部フロンティアに流入した。独立時の13の州から遠く、人口密度が低いフロンティアでは、多くの人々が農業に従事し、タウンごとに自治組織が発展した。独立時に行われた国家権力の否定と機会の平等が、そしてジェファーソンの農

業立国論が、フロンティアの地で改めて実体化したのである。

国家権力を増大させるもう一つの契機は外敵であり、戦争である。アメリカは 1812 年に第二次独立戦争とも呼ばれる米英戦争を経験して以来、ヨーロッパ諸国と直接的な武力衝突をすることはなかった。この状況をアメリカの外交指針として確認したのがモンロー宣言であった。

モンロー宣言では、ヨーロッパ諸国間の政治にはアメリカは関与しないこととし、同時に南北アメリカ大陸に対する不干渉をヨーロッパに求めたものである。このような姿勢は、初代大統領であったジョージ・ワシントン（George Washington）が離任する際の告別演説の中で述べられたことを踏襲したものであった。ヨーロッパから約 4,000 マイル（6,000km）を隔てる大西洋も自然の擁壁の役割を果たし、ヨーロッパの戦争に巻き込まれることを防いだ。その結果、国防の名の下で国家権力が肥大化することも抑えることができた。

南北戦争は戦時動員のための権力の集中を必要とした。また、それまで奴隷制を認めるか否かの権限が州政府にあるとされていたものを、連邦政府が介入して奴隷制を廃止した。しかしその一方で、連邦政府の権力が南北戦争を挟んで急速に拡大したということではない。

勝利した北軍は奴隷制を廃止するために「国家権力からの自由」を標榜し、さらには南部州との妥協の結果として、「分離すれども平等」という考えの下に、解放奴隷の政治への参加が州政府によって制限されることを連邦政府は黙認する結果となった。

このように建国期に形成された自由と平等に基づいた政治文化は約一世紀を超えて維持された。これをルイス・ハーツ（Louis Hartz）は、アメリカには封建制の伝統がなかったため、自由主義以外に対抗するイデオロギーがないまま、自由主義的な枠組みの中で国家発展が行われたと論じた[9]。ハーツの分析はあまりにも決定論的で、また特に黒人が置かれた状況などを説明できないとの批判がなされている。しかし、ヨーロッパや日本などを比較すると、ハーツが主張するような自由主義的な政治文化が、イデオロギーの左右を問わず影響力が強いということは明らかであろう。

建国時、当時では世界最先端の政治文化を生み出したアメリカであるが、合

衆国憲法は現在も有効な世界最古の成文憲法である。これが何を意味するかと言えば、アメリカは建国以来、基本的に政治体制やそれを支える政治文化を大きく変えていないということである。その意味ではアメリカは世界で「最も保守的な国」だと言える。

2.　アメリカン・ドリームと医療保険

　医療政策の発展は、このアメリカの「保守性」と深く関係する。まず重要なのは、医療政策は人民の福祉に関係することであり、憲法上は原則的に州政府の管轄であるとされていることである。また医療政策が他の年金や失業保険等と異なるのは、人々が生きるための選択肢に国家権力がより深く関与してくることである。病気になった時に受ける医療サービスを自分で選択できるかどうか、これはアメリカ人にとっては重要な問題になる。そしてそれが医療保険への国家権力の介入への警戒心につながる。これには19世紀後半からの歴史的背景も関係してくる。

　19世紀後半にかけて工業化、都市化が進み、労働者階級が生み出された。これと同時並行で、大量の移民が流入した。この頃には、従来の白人のアングロ＝サクソン・プロテスタント（WASP）の移民ではなく、「新移民」と呼ばれる東欧や南欧からの移民が主流となっていった[10]。

　その中で既存のアメリカの政治文化と呼応して広まっていったのがアメリカン・ドリームの考え方である。独立宣言にも国家権力の干渉なく「幸福の追求」が可能になるべきだと書かれている。そしてフロンティアの存在がその幸福の追求を可能にした。さらにアメリカン・ドリーム神話を喧伝する役割を果たしたのが、19世紀半ばのカリフォルニアで起こったゴールド・ラッシュである。アメリカは一攫千金が可能な土地として世界に知られる存在になった。

　そしてヨーロッパとは少し遅れてアメリカでも産業革命が起こった。出自に関係なくアメリカでは経済・社会的な階層の上昇が比較的可能であった。「丸太小屋からホワイトハウスへ」で知られている南北戦争を終結に導いたエイブラハム・リンカーン（Abraham Lincoln）もそれを象徴した。世界中から自

由の国アメリカに憧れて人々が移住した。

　しかし新移民の流入が進むのと同時に、アメリカではそれまでに経験したことのない問題が起こってきた。産業化が進むことで景気の波が激しくなり、その煽りを労働者階級が受けた。そして都市部ではスラムが拡大し社会不安につながった。それと同時に、移住が可能なフロンティアも縮小して、19世紀末にはフレデリック・ジャクソン・ターナー（Frederick Jackson Turner）が「フロンティアの消滅」を宣言した[11]。アメリカン・ドリームに陰りが見えだすと、新たな政治文化を生み出す動きが強まった。

　革新主義は20世紀初頭の改革運動を支えた思想である。英語を話さない移民が増え、経済は混乱し、都市の治安は悪化する、このような状況に立ち上がったのは知識層であった。彼らはノブレス・オブリージュ（高貴なる者の義務）として社会改革に取り組んだ。アメリカ労働立法協会（AALL）が中心的な組織となった。

　改革派の課題となったのは、労働者階級に対するセーフティネットの整備であった。その頃までにはドイツやイギリスでは社会保険制度が形成された。ドイツではオットー・ビスマルク（Otto Bismarck）宰相の下、そしてイギリスではロイド・ジョージ（Lloyd George）の指導の下で労働者保護政策が発展した。AALLはこれらの国に倣い、特に社会保険の整備に向けて働きかけを行った[12]。

　しかし革新主義の改革派の動きは大きく広まることはなかった。本来は受益者になるはずの労働組合が冷淡な態度を取ったことが大きかった。最大の労働組合であったアメリカ労働総同盟（AFL）が協力的な態度を取らなかったのは、組合員が熟練労働者中心であったことが大きな原因であるが、ALF会長のサムエル・ゴンパース（Samuel Gompers）は、労働者保護のようなプログラムはアメリカの政治文化に反するとした。彼は「人々が自分でできること、すべきことを与えてしまうことは危険な試みである。〔中略〕人々の福祉は、まずは人々が自立していることが重要である」[13]と述べた。ゴンパースは、アメリカの労働組合はあくまでも伝統的政治文化の枠組みの中で活動していくことを確認した。このゴンパースの姿勢は、1917年のロシア革命によって史上

初の社会主義国が誕生しても揺るがなかった。

　1929年9月にニューヨーク市場での株価大暴落に端を発した大恐慌は、未曾有の世界的経済不況をもたらした。共和党のハーバート・フーヴァー（Herbert Hoover）政権は、それまでの連邦政府の消極的政策から脱することができなかった。そこで1932年の大統領選挙で当選したフランクリン・ローズヴェルト（Franklin Roosevelt）は新たな自由と平等の考え方を提示した。最低限の生活レベルを維持することは権利であるし、それを保証することが政治に能動的に参加する自由につながるという論理である。それを実現させるために連邦政府は役割を拡大させなければならないとローズヴェルトは訴えた。

　ピーク時には4人に1人もの労働者が失業した国家危機において、既存の政治文化も変容を迫られた。そして1933年3月に行われた大統領就任演説では「我々が恐れなければならないものはただ一つ、それは恐れそのものなのだ」[14]と述べ、問題を克服するために既存の解決法に頼らず前進すべきであると訴えた。新政権が発足すると、それまで州政府の管轄とされていた経済活動から人民の福祉まで連邦政府が積極的に関与していった。ニューディールと言われる一連の政策である。

　1935年に社会保障法が成立した。大恐慌による失業者への失業保険、高齢者の収入源として高齢者年金、貧困に苦しむ人々への公的扶助等がその中に含まれた。しかし公的医療保険は導入を断念せざるをえなかった。

　既存の政治文化と政治制度がこの背景にある。アメリカ医師会（American Medical Association: AMA）等の「社会主義的医療」という言葉を使用して反対運動を行った。社会主義はアメリカの伝統的政治文化と対峙するものとして位置付けられた。社会主義的医療が導入されてしまうと、人々が病気になった時に、どの病院に行って、どのような治療を受けるかまで連邦政府が管理してしまうと主張することで人々の恐怖を煽り、成立を阻止することに成功した。

　1941年に参戦することになる第二次世界大戦は大量の市民の動員を必要とし、医療問題は兵士や銃後を支える労働者等の問題とつながり国防の一部として捉えられた。しかし他方でアメリカにとっての戦争は、イデオロギーをめ

ぐる戦争としての色合いが濃いものとなった。ドイツや日本等の敵国と戦うのは、自由や民主主義の価値を守るためであるとした。そのため国内においても過度な国家権力の膨張にはより慎重な態度を取らざるをえなかったのである。

　終戦後は新たな文脈でイデオロギーの戦いが続いた。米ソ冷戦である。アメリカは個人の自由と資本主義を社会主義勢力から守るための旗振り役となった。マッカーシズムは反共ヒステリーが表出したものである。このような政治環境の中で、皆保険のような連邦政府を膨張させるような政策を訴えることは困難であった。国家権力からの自由と機会の平等を重視した伝統的政治文化は、冷戦構造の中で意識的に維持されることになった[15]。

3.　オバマケアの成果

　2010年3月に成立したオバマケアは複雑なプログラムである。成立した法律が906ページ、2014年の本格施行を前にして関連規制は1万ページを超えた[16]。オバマケアが既存の医療保険システムの枠組みを維持しながら、その様々な問題に対処すべく、多くの部分を同時に改築、増築したようなものであるからである。それを理解するために医療保険システムの発展を簡単に振り返る。

　ここでの医療保険システムとは、公的なもの、民間のものすべてを含むものとする。アメリカでは民間保険が早期に発達したことが歴史的に重要な意味を持つ。1920年頃には生命保険を主に扱っていた保険会社が少しずつ医療分野にまでビジネスを広げた。1930年代には、病院や医師が保険の運営に直接関与するような形の民間保険が開発された。

　民間保険は1940年代に大きく成長した。戦時のインフレ対策として、給与を引き上げる代わりに給与外手当として医療保険等を提供することを連邦政府が認めたことがそれを後押しした。これが雇用主提供保険という形で広まった。

　既述したように、同時期には公的保険プログラムは導入の試みが失敗を重ねていた。民間保険の拡大は、公的保険による皆保険の実現を目指す改革派にとっては逆風となった。1950年までには市民の半数が民間保険に加入し

ていた[17]。アメリカ医師会は戦後になると積極的に民間保険の拡大を支持する態度をとり、個人の自由を守るイデオロギー戦争に勝利したアメリカにふさわしい形態であると主張した。労働組合の多くも団体交渉で充実した雇用主提供保険を獲得できており、公的保険による皆保険の実現には消極的な姿勢を取った。このような政治環境の中で、連邦政府は公的保険による皆保険導入を先送りせざるをえなかった。

1960年代には戦後の経済成長の陰の部分が指摘されるようになった。アパラチア山脈周辺では何世代にもわたって貧困から脱することができない家族がいること、また黒人は経済成長の恩恵を十分に受けられていないことが明らかになった。伝統的な政治文化、そしてアメリカン・ドリームの神話に改めて疑問が呈されたのである。

ジョン・F・ケネディ、リンドン・ジョンソン（Lyndon Johnson）両民主党政権は、それに対応する形でそれぞれ「ニュー・フロンティア」「偉大なる社会」をスローガンとして、社会改革の必要性を訴えた。そして1965年に成立したのが、高齢者を対象とした公的保険であるメディケアと貧困者を対象とした医療扶助であるメディケイドである。

アメリカ医師会等はこの時にも反対運動を行ったが、これらのプログラムは成立した。その背景には、1964年の選挙で民主党が地滑り的な大勝利を収めたこと、そして高齢者と貧困者のカテゴリーがアメリカン・ドリームの競争に参加できない「自助努力が困難な者＝救済に値する者」として受け取られやすかったことが挙げられる。すなわちメディケアとメディケイドは、新たな政治文化を作り出す形で成立したわけではなかったのである。大半の人々が雇用を通じて民間保険に加入するアメリカ的医療保険システムは変更されることはなかった。

1970年に入ると少しずつ世界におけるアメリカの経済的優位が揺らいでいるのが明らかになった。国内的要因としては、労働コストが上昇し生産力が低下したことで、構造的な物価高を引き起こした。また国外要因としては、日本と西ドイツの経済成長により世界市場でのアメリカの競争力が低下した。二度のオイルショックも状況を悪化させた[18]。

　このような経済環境の変化を受けて、企業はコスト削減を迫られた。従業員への給与外手当は削減対象に比較的なりやすかった。またその時期には医療技術の発展などで医療費の増大が起こり保険料も上昇しており、企業側にとっての負担になっていた。1980年代後半になると、無保険者が増加傾向を示すようになった。1987年には人口比12.9%だったのが、1998年には15.8%まで上昇した[19]。

　雇用主提供保険に加入しない者は、個人で保険に加入しなければならない。そうなると大きく2つの問題が起こる。一つは、雇用主提供保険では雇用主が保険料の一部を負担してくれるが、個人加入保険では保険料はすべて自己負担となる。もう一つの問題は、既往症があったとしても、雇用主提供保険の場合には企業と保険会社が契約しているので保険に加入できる。しかし個人加入保険の場合には、健康リスクが高いと保険会社に法外な保険料を提示されたり、保険加入自体を拒否されたりする。無保険者の増加にはこのような背景がある。

　そして21世紀に入っても無保険者の増加傾向は変わらなかった。グローバリゼーションはさらに進み、国際競争は激しさを増し、企業は人件費の圧縮に努めた。アメリカの自動車会社のいわゆる「ビック3」のクライスラーとゼネラルモーターズ（GM）が経営破綻をした際には、従業員や退職者に支払っている医療保険等の負担が原因の一つであったと指摘された[20]。そのような中、労働組合も強硬に給与外手当の拡充を訴えることが難しくなった。

　その一方で、公的保険プログラムを拡大しようとする動きも強まらなかった。それにはいくつかの原因があるが、中でも重要なのは、1980年代以降の「小さな連邦政府」への回帰の動きである。1930年代以来民主党政権において、連邦政府主導で経済・社会問題の解決に取り組んできた。連邦政府はそのために拡大され、本来州政府の管轄であった政策領域にも踏み込んでいった。それでも人種差別問題にしても貧困問題にしても解決しないばかりか、1960年代は反ベトナム戦争運動も重なり、社会の混乱度は高まったように多くの人の目には映った。その不安と不満の声を拾い上げたのが共和党であった。ロナルド・レーガン大統領による「政府は問題の解決者ではない。問題そのものなのだ」[21]という有名なフレーズは、ニューディール的な政策パラダイムの転換

点を象徴している。レーガンは再び「政府権力からの自由」を取り戻すことによって、アメリカン・ドリームを追求する自由が保障されることを訴えた[22]。

　国家権力への警戒心が強い中で、無保険者問題は深刻化して社会問題となっていく。この難しい状況で妥協策として成立したのがオバマケアであった。

　オバマケアは無保険者の削減を目的にしたものであり、2つの柱があった。1つ目は、雇用主提供保険に加入できない層を州ごとに医療保険取引所を設置し、補助金を提供することで保険加入をさせる仕組みである。また保険会社には既往症等健康リスクが高い者への加入拒否を禁止した。そしてそれでもなお保険に未加入の者にはペナルティが課される。ただしいくつかの免除規定があり、その中に補助金を受けても保険加入が困難である者というものがある。この層に向けての措置として、公的医療扶助であるメディケイドの支給所得基準の引き上げをそれまでの138%まで引き上げるという2つ目の柱が用意された[23]。

　議会で採決される際には、共和党の議員は一人も賛成に回らなかった。しかしオバマケアの政策枠組みは共和党側から出てきたものである。民主党リベラル派内では、企業の大きさにかかわらず雇用主に保険の提供を義務付けしようという意見が強かった。失敗に終わったビル・クリントン（Bill Clinton）の改革案がこれを採用していた。それに対して保守系シンクタンクのヘリテージ財団から個人に民間保険への加入を義務化する案を提示した。2007年にそれをマサチューセッツ州で実現させたのが、共和党知事であったミット・ロムニーである。ロムニーは民主党州議会と協力して法案を成立させた。このいわゆるロムニーケアがオバマケアのモデルとなった。

　共和党にとっては義務付けを企業ではなく個人を対象とすることに加え、民間保険を基礎とした既存の医療保険システムを維持できることが重要であった。膨張する医療費を強力に押さえ込もうとするならば、診療報酬や保険料を政府が決めることができる公的保険の方が良い。後に述べるパブリック・オプションやメディケア・フォー・オールのような考え方である。しかしオバマケアにはそれらは含まれなかった。このようにオバマケアは保守、リベラル両派の折衷案として生まれたものであった。

4. トランプ政権と新型コロナ

　ドナルド・トランプは「オバマケア廃止」を選挙公約として掲げ、オバマケアのことを「大失敗」であると攻撃した。しかし当選を果たすとトランプは、既往症の人々への対策などはそのまま維持することも考えていると発言するなどした[24]。ここにトランプのオバマケアに対する態度を理解する難しさがある。

　トランプ当選の原動力となったのは、ラストベルトと呼ばれるかつての工場で栄えた地域に住む白人労働者たちであった。彼らはもともと労働者の保護や福祉政策の拡充を訴えた民主党を支持していた。しかし民主党は 1960 年代から人種・民族・性的マイノリティを重視する政策を積極的に取り始め、労働者への富の再分配政策から多文化主義的政策に重点を移していった。そのような民主党に白人労働者たちは見捨てられたと感じた。そして彼らにとって民主党は、現場を知らないリベラルエリートの集まりに成り果てたように見えた[25]。

　トランプは彼らの不満や怒りを、レーガンのような「小さな連邦政府」というスローガンではなく、反多文化主義、反移民、反グローバリゼーション、反多国間主義、反エリート主義を前面に押し出した。これらを訴えるツールとしてオバマ政権の業績を攻撃した。

　その意味では、オバマケアがオバマ政権の最大の遺産の一つであったことで、不幸にもトランプの攻撃の対象になったと言える。また、オバマケアは非常に複雑で分かりにくい制度であったこともエリート主義的政策であると非難するには格好の材料になった。しかしトランプは、ラストベルトの支持者たちの多くがオバマケアの受益者層と重なっていることを認識していた。

　トランプはオバマケアを廃止して新たな代替案を示すことを公約にしていた。しかし政権側から具体的な代替案は最後まで示されなかった。共和党が多数を占める議会では何度も廃止法案が審議されたが否決された。2017 年 7 月に、妥協に妥協を重ねた廃止法案が審議されたが、これも共和党の重鎮ジョン・マケインが脳腫瘍の病を押して反対票を入れたことで否決された[26]。

　結局、同年12月の税制改革法案の中でオバマケアのペナルティを廃止することでトランプ政権下での反オバマケアの動きが終結した。トランプは「オバマケアは廃止された」[27]と述べたが、保険の未加入者がペナルティの支払いを求められない以外は大きな変化はなく、心配された施行後の大幅な無保険者の増加や保険料の上昇は起きなかった[28]。

　結果的にはトランプは選挙戦で公約した意味においてはオバマケアを廃止できなかった。しかしトランプの支持者から医療保険を取り上げるようなことは、特に2020年の再選を狙いながらの中では政治的に難しかっただろう。したがって、オバマケアに大きなダメージを与えずに、オバマケア廃止の公約を果たすぎりぎりのものがペナルティの廃止だったのではないだろうか。

　しかし2020年の大統領選挙を前にしてCOVID-19がアメリカを襲い、改めて医療保険制度の問題が注目されることになる。100年に一度のパンデミックとも言われるCOVID-19は、アメリカに大きな被害をもたらした。トランプ大統領は初動が遅く、経済再開を急ぎすぎて感染拡大を招いた。感染症の専門家を表立って非難し、さらには自らもマスク着用を拒否するような態度を当初は取った。選挙直前には、自らが罹患（りかん）するという事態にまでなった。

　医療アクセスにおける格差がCOVID-19の拡大につながったと指摘される。医療アクセスには、まずヘルスセンター、開業医、病院の偏在がある。アメリカでは経済階層によって明確に居住地が分かれている。優秀な民間の医師はできるだけ裕福な地域で勤務しようとする。そして分権化された政治システムもあって、公的な公衆衛生・医療施設は地域によって量と質において格差が生まれる。

　それに加えて感染拡大の原因となったのは、医療保険の格差である。COVID-19が重症化すると集中治療を必要とし長期にわたり入院しなければならない。アメリカの医療費は高いため、全額負担になると日本円に換算すると800万円以上の支払いが必要となる[29]。そうなると無保険者の中では検査控えや治療控えが起こってしまう。

　無保険者に加え大きな問題になっているのが低保険者である。低保険というのは、保険には加入しているものの、免責額が高額であったり一部負担の割合

が高かったりする保険である。2019年において医療保険取引所で購入できる保険で一番保険料が安いブロンズプランの独身者の平均免責額は約5,900ドルであった[30]。日本円でいうと約65万円までは全額負担になるという意味である。その65万円を準備しておくための税の優遇措置もある医療用貯蓄口座制度が準備されてはいるが、その金額を準備できない人も多くいる。

したがって無保険者に加え低保険者がCOVID-19の感染を広める背景にあったと言える。トランプ大統領は、2020年4月にCOVID-19関連の検査を原則無料にし、無保険者の治療に対しては病院に償還する政策をとった。しかしその償還制度には支給額が少ないなどの問題もあった[31]。またトランプ政権は、オバマケアへの加入期間を臨時に設けるべきという声を退けた[32]。

COVID-19に対するトランプの一番の功績はワクチン開発であろう。ワクチン開発のためのプロジェクト「オペレーション・ワープスピード」が、2020年5月15日に正式に発表された。約100億ドルを拠出し、ワクチン開発から承認、生産、流通に至るまで支援を行うものであった[33]。2021年1月までに3億回分のワクチンを確保することが当初の目標とされた。これがその後アメリカでワクチン接種が多くの国に先行して行われる要因となったことは間違いない。

しかしここで重要なのは、コロナ禍であったのにもかかわらず、トランプ政権はオバマケアを改良して事態の収拾に当たろうとはしなかったということである。その必要性を感じていない世論がそこにあったということである。ここに2021年1月に始動したバイデン政権が直面する難しさがある。

5. バイデンケアを取り巻く政治的環境

現職が再選を目指す大統領選挙では通常現職が有利と言われるが、2020年の大統領選挙では挑戦者のバイデンが勝利した。バイデンは史上最高の得票数を獲得したことを誇ったが、トランプ氏も前回の選挙よりも得票数が多かった。バイデン政権は、トランプを支持した人々を意識しながら政権運営をしなければならない。この人々は医療保険の面ではオバマケアの恩恵を受けている

層が多くいるものの、政府権力の拡大に対する警戒心を持つ[34]。

　バイデン政権はさらに民主党内部にも対立を抱えている。2016年と2020年の民主党予備選挙で善戦したバーニー・サンダースを支持する急進左派と呼ばれる勢力である。彼らはリーマンショック後の連邦政府の対応がビジネス寄りであったことに抗議をする形で広まった「ウォール街を占拠せよ」運動の流れをくみ、富の再分配政策を重視する。医療保険の面では、オバマケアを廃止してメディケア・フォー・オールを導入しようと主張する。連邦政府が運営している高齢者向けの公的医療保険であるメディケアのようなものを新たに作りすべての人々に加入させるという案である。

　このような2つの勢力に囲まれながら、バイデン政権が進めようとしているのはオバマケアの改良である。医療保険取引所で保険を購入する人々への補助金の増額はその一つである。それによって加入するインセンティブを与え、さらに加入者の自己負担を減らすことが狙いである。これまで不法移民は医療保険取引所で保険を購入できなかったが、これを許可するということも含まれる。

　しかしバイデンの最重要公約はパブリック・オプションの導入である。既述の通り、医療保険取引所で購入できる保険はこれまで民間保険のみしかなかった。この選択肢の中にメディケアに類似した保険を連邦政府が提示するというのがパブリック・オプションである。これによって、民間保険の保険料を抑制しようというのが狙いである。

　しかしパブリック・オプションは政治的に困難な政策案である。オバマケアの立案過程でも急進的すぎるとして退けられた。民間保険市場の中に国家権力が競合する商品を提供することになるからである。これはトランプ的な反エリート主義にも、アメリカの伝統的な自由主義にも抵触するものと受け取られる可能性が高い。

　同時にバイデンは、メディケア・フォー・オールを主張する民主党内の急進左派と何らかの妥協をしなければならない。しかしこの案は医療保険取引所に参加している保険会社等の活動を停止するものであり、アメリカの伝統的政治文化の中ではさらに受け入れられるのが難しいであろう。

　2021 年に開始した新議会は、下院では民主党が多数だが、上院で 50 対 50 となっている。上院の採決で同数となった場合には、上院議長を兼務するカマラ・ハリス副大統領が一票を投じる。しかし、各議員がより独立した判断を下す上院において、一人も離反者を出さずに法案を可決することは難しい。

　このような状況でバイデンができることは、まずは補助金の増額など比較的政治的な波紋を呼ばない政策から始め、民主党内でパブリック・オプションを成立させるための動きが強まるのを待つということになるだろう。政権発足後から COVID-19 への対応で時間を取られたバイデン大統領だが、パブリック・オプションをどのタイミングで成立に向けて動こうとするのかが注目される。いずれにしても、かなり政治的にかなり難しい道のりになることは間違いない。

お わ り に

　本章では紙幅の問題であえて触れなかったことがある。それは宗教である。医療というのはどのように命を授かり、どのように命を全うするのかに直接関係する。個人の命の問題に対して政府権力にどのような介入を許すべきか、科学がどこまで命の問題に介入すべきか、アメリカにおける医療政策をめぐる政治的争いには宗教が深く絡んでくる。しかし、宗教は政府権力からの自由と機会の平等という伝統的政治文化とまったく異なる文脈にあるのではない。アメリカにおけるキリスト教的価値観は、自由と平等という伝統的価値観を重なり合うものであるからである。独立宣言で「創造主」によって自由と平等が人民に与えられていると述べられていることが象徴的である。

　「最も保守的な国」アメリカは、時代の要請に合わせて問題の解決策を求めてきたが、ハーツがいう自由主義的な枠組みを明らかに外れる医療保険改革は成立していない。オバマケアも妥協の産物であった。

　それでも高い保険料や自己負担のため苦しむ人、保険の加入そのものを諦める人、医療費が原因で自己破産する人がいる。それでもこの問題はこれまで雇用主提供保険に加入できていた多数以上のアメリカ人にとっては当事者意識が持ちにくい問題であった。しかし COVID-19 によって多くの人が失業し、雇

用主提供保険以外の選択肢に直面せざるをえなくなった。この経験が、バイデンにとって追い風になる可能性はある。しかし 20 世紀初頭のスペイン風邪の後のように、感染症への恐怖から解放された人々が伝統的政治文化に引き寄せられる可能性も否定できない。

　COVID-19 収束後に、どのような政治文化が生まれるのか、それに注目して今後の医療保険制度改革を見ていく必要がある。

注

1) Johns Hopkins University of Medicine, Coronavirus Resource Center, "COVID-19 Dashboard," [https://coronavirus.jhu.edu/map.html] (May 1, 2021).

2) 「オバマケア」という用語は当初は政治的な意味合いがあった。共和党が成立した法案に反対するための造語として作られたのが最初である。その後、オバマ大統領も自ら使用するようになった。アメリカ国内では、Patients Protection and Affordable Care Act の一部をとって ACA と呼ぶこともしばしばある。

3) United States Census Bureau, "Health Insurance Coverage in the United States: 2018," [https://www.census.gov/library/publications/2019/demo/p60-267.html] (May 1, 2021).

4) Thomas Paine, *Thomas Paine's Common Sense: The Call to Independence*, Woodbury, N.Y.: Barron's Educational Series, Inc., 1975.

5) American Center Japan による日本語訳。[https://americancenterjapan.com/aboutusa/translations/2547/] (May 1, 2021).

6) Ellen M. Immergut, "Institutions, Veto Points, and Policy Results: A Comparative Analysis of Health Care," *Journal of Public Policy* 10 No.4, October-December, 1990, 391-416.

7) アメリカの政治制度については以下を参照。岡山裕・西山隆行編『アメリカの政治』弘文堂、2019 年。

8) アメリカ政治史については以下を参照。久保文明『アメリカ政治史』有斐閣、2018 年。

9) Louis Hartz、(訳)有賀貞『アメリカ自由主義の伝統』講談社、1994 年。

10) 移民の歴史については以下を参照。西山隆行『移民国家アメリカ』筑摩書房、2016 年。

11) Frederick Jackson Turner, *The Frontier in American History*, Ann Arbor, MI: University of Michigan Library, 2006.

12) アメリカの医療制度史については以下を参照。山岸敬和『アメリカ医療制度の政治史―20 世紀の経験とオバマケア―』名古屋大学出版会、2014 年。

13）　Samuel Gompers, *Labor and the Common Welfare*, New York: E.P. Dutton & Company, 1919, 16.

14）　Yale Law School Lillian Goldman Law Library, "First Inaugural Address of Franklin D. Roosevelt [https://avalon.law.yale.edu/20th_century/froos1.asp]（May 1, 2021）.

15）　特に戦争とアメリカニズムとの関係について論じたものとして以下を参照。山岸敬和「アメリカニズムと医療保険制度」『アステイオン』93 巻、2020 年 11 月、64-77 頁。

16）　Jayne O'Donnell and Fola Akinnibi, "How Many Pages of Regulations Are in the Affordable Care Act?" *USA Today*, October 25, 2021 [https://www.usatoday.com/story/opinion/2013/10/23/affordable-care-act-pages-long/3174499/]（May 1, 2021）.

17）　Department of Commerce, Bureau of the Census, *Historical Statistics of the United States, Colonial Times to 1970*, Washington, D.C.: U.S. Government Printing Office, 1975, 82.

18）　谷花佳介「アメリカにおける経済成長政策に関する考察：競争力政策と「ニューエコノミー」」『広島大学経済学研究』27 号、2010 年 2 月、3-5 頁。

19）　United States Census Bureau, "Income, Poverty, and Health Insurance Coverage in the United States: 2010 [https://www.census.gov/prod/2011pubs/p60-239.pdf, 23]（May 4, 2021）.

20）　高橋俊夫「GM の破綻」『経営論集』57 巻、第 1、2 号、2010 年、1-11 頁。

21）　Ronald Reagan Presidential Foundation and Institute, "Inaugural Address," January 20, 1981 [https://www.reaganfoundation.org/ronald-reagan/reagan-quotesspeeches/inaugural-address-2/]（May 4, 2021）.

22）　Ronald Reagan Presidential Foundation and Institute, "Address to the Nation on the Economy," October 13, 1982 [https://www.reaganfoundation.org/media/128760/economy.pdf]（May 4, 2021）.

23）　オバマケアの内容の詳細については以下を参照。天野拓『オバマの医療改革 ── 国民皆保険制度への苦闘 ──』勁草書房、2013 年。

24）　Sy Mukherjee, "Donald Trump Says Obamacare Is a 'Total Disaster.' Here's the Truth," *Fortune*, October 11, 2016 [https://fortune.com/2016/10/10/donald-trumpobamacare-debate/]（May 1, 2021）.

25）　トランプ当選の思想的背景については以下を参照。会田弘継『破綻するアメリカ』岩波書店、2017 年。

26）　生田綾「オバマケア廃止案が否決、ジョン・マケイン議員らが反対に回る ── 共和党が抱える問題の根幹とは？」『ハフポスト』2017 年 7 月 30 日 [https://www.huffingtonpost.jp/2017/07/29/obamacare_n_17623898.html]（May 1, 2021）.

27） Judy Woodruff and John Yang, "The GOP tax bill deals a blow to the Affordable Care Act. Here's how," *PBS*, December 20, 2017 ［https://www.pbs.org/newshour/show/the-gop-tax-bill-deals-a-blow-to-the-affordable-care-act-heres-how］（May 4, 2021）.

28） Rachel Fehr, Daniel McDermott, and Cynthia Cox Follow, "Individual Insurance Market Performance in 2019," Kaiser Family Foundation, May 13, 2020 ［https://www.kff.org/private-insurance/issue-brief/individual-insurance-market-performancein-2019/］（May 1, 2021）; United States Census Bureau, "Health Insurance Coverage in the United States: 2019 ［https://www.census.gov/content/dam/Census/library/publications/2020/demo/p60-271.pdf, 5］（May 4, 2021）.

29） 山岸敬和「新型コロナ、治療代が 820 万円！？ 試されるアメリカ医療保険制度」SPF アメリカ現状モニター、2020 年 4 月 14 日 ［https://www.spf.org/jpus-j/spf-americamonitor/spf-america-monitor-document-detail_48.html］（2021 年 5 月 1 日）。

30） Tami Luhby, "Fact Check: Are Obamacare's deductibles more than $7,000?" *CNN*, April 2, 2018 ［https://edition.cnn.com/2019/04/01/politics/fact-check-obamacaredeductibles/index.html］（May 4, 2021）.

31） Karyn Schwartz, "Limitations of the Program for Uninsured COVID-19 Patients Raise Concerns," Kaiser Family Foundation, October 8, 2020 ［https://www.kff.org/policy-watch/limitations-of-the-program-for-uninsured-covid-19-patients-raise-concerns/］（May 1, 2021）.

32） Margot Sanger-Katza dn Reed Abelson, "Obamacare Markets Will Not Reopen, Trump Decides," *New York Times* ［https://www.nytimes.com/2020/04/01/upshot/obamacare-markets-coronavirus-trump.html］（May 4, 2021）.

33） 大西淳子「米国のワクチン開発支援プロジェクトの概要」『日経メディカル』2020 年 7 月 23 日 ［https://medical.nikkeibp.co.jp/leaf/mem/pub/report/t344/202007/566496.html］（2021 年 5 月 1 日）。

34） バイデンの医療保険制度改革については以下を参照。山岸敬和「静かすぎるバイデンケア」SPF アメリカ現状モニター、2021 年 3 月 8 日 ［https://www.spf.org/jpus-j/spfamerica-monitor/spf-america-monitor-document-detail_85.html］（2021 年 5 月 4 日）。

第**4**章

ブラック・ライヴズ・マター運動から振り返るアメリカ黒人の歴史
―ステレオタイプに対するグローバルな闘い―

荒木　圭子

は じ め に

　まずは想像してみてほしい。一人で歩いているときに、向こうからフードを被った黒人男性が歩いてきたら、どう感じるだろうか？　歩いてきたのが白人だったら？　または、コンビニの入り口で数名の黒人男性がたむろしていたらどう感じるだろうか？　たむろしているのが白人だったら？

　2012年2月末、フロリダ州サンフォードのゲーテッドコミュニティに滞在していた17歳の黒人少年トレイヴォン・マーティン（Trayvon Martin）は、コンビニでスナックと飲料を購入したあと滞在先の家に向かって歩いていた。その様子を見ていたジョージ・ジマーマン（George Zimmerman）は彼を不審者と決めつけ、警察に通報したあと、自らの手でマーティンを射殺した。翌年7月、ジマーマンに無罪判決が下ると、これに衝撃を受けたアリシア・ガーザ（Alicia Garza）、パトリス・カラーズ（Patrisse Cullors）、オパール・トメティ（Opal Tometi）の3人の女性はSNS上でブラック・ライヴズ・マター（Black Lives Matter：BLM）運動を立ち上げた。

　この事件は、それまでにも繰り返されてきた黒人への過剰暴力の一例にすぎない。1991年3月にはロサンゼルスで、スピード違反容疑のため停車させられたロドニー・キング（Rodney King）が、警察官4人に路上で暴行された。この映像がメディアで放送されると、全米で警察の過剰暴力を批判する声

が高まった。1年後、4人の警察官が無罪判決を受けると抗議デモが行われ、一部の参加者が暴徒化して警察署や裁判所を攻撃するロサンゼルス暴動が発生した。1999年2月には、ギニア出身23歳のアマドゥ・ディアロ（Amadou Diallo）が、ニューヨーク市ブロンクスで捜索中のレイプ犯と間違えられ射殺された。このとき、非武装のディアロに対し、4人の警察官によって合計41発もの銃弾が発射されていた。翌年、彼らに対して無罪判決が出されると大規模な抗議デモが行われ、当時のニューヨーク市長ルドルフ・ジュリアーニ（Rudolph Giuliani）の強権的な治安政策に批判が集まった。

　ジマーマンや上記の警官たちの過剰暴力の背景には、黒人、特に若い黒人男性を犯罪者として見るステレオタイプが存在する。一人ひとりの黒人男性を個人として認識しない状況下でなされた権力行使は、極めて非人道的な結果をもたらした。しかし、われわれは彼らを単純に非難できるだろうか。ジマーマンは、警察への通報の中で、マーティンが「手をズボンのウエストバンドに入れ」「フード付きの服を着て」おり、「用もなく歩いている」と告げ、不審者だと決めつけた。われわれの中にもジマーマンと同じような黒人へのステレオタイプが存在していないだろうか。

　本章では、20世紀のアメリカ黒人たちの抵抗の歴史を振り返る。なかでも、黒人に対する差別やステレオタイプ化がアメリカ国内のみならずグローバルに行われてきたことから、黒人たちの抵抗運動が国境を超えた連帯の中で展開されてきた点に注目する。その上で、グローバルな人種主義と決して無縁ではない日本に住むわれわれが何をすべきなのか考えたい。

1.　人種とステレオタイプ

　そもそも人種とはなんであろうか。『広辞苑第七版』には「人間の皮膚の色を始め頭髪・身長・頭の形・血液型などの形質的な特徴による区分単位」とある[1]。これを読むと、生物学的な分類であるように感じるかもしれないが、そうではない。人種とは社会的に構築された概念である。竹沢泰子は、「遺伝的に異なった身体的特質をもつと社会的に信じられてきた集団」と簡易的な定義

を与えている[2]。

　たとえばバラク・オバマを例に挙げてみよう。彼の母親はカンザス州出身の白人、父親はケニア出身の黒人である。単純化して、母親を100％白人、父親を100％黒人とすると、オバマが「黒人」である割合は「白人」である割合と同じ50％となる。しかし彼は「アメリカ合衆国初の黒人大統領」と呼ばれてきた。アメリカには20世紀初頭から「黒人の血が一滴でも入っていれば黒人」という「血の一滴ルール」が存在してきたからである。「一滴」というのは象徴的な表現であるが、20世紀アメリカにおいては混血層のための人種カテゴリーが存在しなかったことから、黒人の祖先をもつ場合にはすべて「黒人」とされたのであった[3]。

　プロゴルファーのタイガー・ウッズ（Tiger Woods）にいたっては、さらに多様なルーツをもっている。それらを単純に数値化すると、母親は50％がタイ人、25％が中国人、25％がオランダ人であり、父親は50％が黒人、25％が中国人、25％がアメリカ先住民である。よって、ウッズ自身はタイ人25％、中国人25％、黒人25％、オランダ人12.5％、アメリカ先住民12.5％となる。現代アメリカにおいて、タイ出身者と中国出身者はアジア系とまとめられることが多いため、ウッズは「黒人」であるよりも「アジア系アメリカ人」である割合の方が高い。しかし、既述の「血の一滴ルール」により、「黒人プロゴルファー」と言われるのである。ウッズ自身は単なる「黒人」として簡略化されることを嫌い、自らのルーツを示す白人（Caucasian）、黒人（Black）、アメリカ先住民（American-Indian）、アジア系（Asian）をミックスさせた新たな人種カテゴリー「カブリネイジアン（Cablinasian）」を作り出したが、この呼び名が社会に浸透することはなかった。

　「黒人」や「白人」といったカテゴリーが社会的構築物であることは、異なる国の人種カテゴリーを比較するとさらにわかりやすい。たとえば2016年からアメリカの人気番組「デイリー・ショー」のホストを務めている南アフリカ出身のトレヴァー・ノア（Trevor Noah）は、母親が黒人（ネルソン・マンデラと同じコーサ人）で、父親がスイス系の白人である。単純化して考えるとオバマと同じ50％ずつの割合となるが、南アフリカにおいては混血層のカテ

ゴリー「カラード」が存在するため、彼は「黒人」ではなく「カラード」である。しかし、アメリカにおいては既述のように「カラード」に相当するカテゴリーがなく、「血の一滴ルール」があるため、「黒人」となる。人種が生物学的に決定され、科学的に定義しうるものであるならば、場所によって人種のカテゴリーが変わることはありえない。ノアが南アフリカでは「カラード」、アメリカでは「黒人」と類型化されることは、人種が社会的に構築されてきた概念であることを示す何よりの証拠である[4]。

　人種は国民国家において、十全なる権利を享受すべき「正統な」国民を規定し、そうでない人々を排除する要素の一つとして機能してきた。国家によって人種カテゴリーが異なるのは、「正統な」国民を規定する境界線の引き方が国によって異なるためである。しかし、黒人は多くの国家で底辺に位置付けられ、排除の対象となってきた。その背景には、奴隷貿易と奴隷制の歴史のほか、19世紀後半国際社会に流布した社会進化論の影響がある。社会進化論は、頭蓋骨の形態などから人種の優劣を「科学的に証明」したとして、黒人を劣等的地位に据える人種ヒエラルキーを固定化した。実際にはここで提示された人種間の優劣の「証拠」は、故意に事実を捻じ曲げたものであったが、社会進化論によって裏付けられた人種ヒエラルキーは普遍化し、各国で黒人を「正統な」国民から排除しただけでなく、ヨーロッパ諸国によるアフリカ植民地化をも正当化した。

　そもそもわれわれは、様々な事象に対して固定観念を持ちがちである。日々多くの情報に接する中、合理的にそれらの情報を処理するため、人は常に情報をカテゴリー化している。カテゴリー化によって、様々な事象の境界線が明確化されるが、その中でカテゴリー化された情報が固定化してしまうことがある。たとえば「リンゴは赤い」といった観念がある。一般的に黄色や緑色のリンゴもあるが、多数を占めるのは赤いリンゴである。ゆえに「リンゴ」と聞いて赤いリンゴを思い浮かべるのは合理的である。しかし「赤くなければリンゴではない」という考えに固執してしまうと、それは固定観念となる。

　このような個人がもつ固定観念が社会で共有されるとステレオタイプとなる。ステレオタイプは特定の文化によって類型化されたもので、事実を過度に

単純化あるいは歪曲化し、往々にして善悪の価値観と結びついて特定集団に対する差別や偏見につながる。アメリカ黒人に対しては、これまでその劣等的地位に結びつく様々なステレオタイプが作り出されてきた。黒人男性を犯罪者とみなすステレオタイプはその一つで、19世紀末から20世紀前半に広く共有されるようになり、白人による黒人のリンチを正当化した。リンチがほぼなくなった現在においてもこのステレオタイプはなくならず、それに基づく警察官の人種プロファイリングは黒人の大量収監をもたらしている[5]。

　ステレオタイプは、日常生活のあらゆる面で顕在化する。2005年夏、アメリカ南東部を襲った超大型のハリケーン・カトリーナによって、ニューオーリンズの街の大部分が冠水した。食料不足の中、人々は無人の商店に押し入り、食料品を持ち出したが、後日その様子を伝える2本の写真付き記事が拡散された。1本目の記事には若い黒人男性が手に商品を抱えて胸まで水に浸かって歩いている写真、2本目には白人の男女が同様に飲料やパンを手にしながら水の中を歩いている写真が使われている。問題はここで両者の状況を説明する際に使われた単語である。この3人はみな商店から勝手に商品を持ち出すという類似の行為をしていたにもかかわらず、白人の2人には「パンとソーダを見つける（finding）」という中立的な単語が使われたのに対して、黒人男性には「商店を略奪する（looting）」という暴力的な意味合いを含む単語が使われていたのである[6]。実はこれら2つの記事は通信社が異なるため、これらをもって一概に人種差別と断ずることはできない。執筆した記者が異なるからである。しかし、上述のように黒人男性は暴力的なイメージと結びつけられてきた歴史があり、そのイメージは現在においても払拭されていない。この2本の記事の比較は、ステレオタイプに基づく無意識的な言葉の選別が日常的に見られる一例として提示されたのである。

　警察暴力に関するデータを公開しているMappingPoliceViolence.orgによると、黒人が警官に殺害される割合は白人の約3倍に上っている[7]。また、就職活動において、典型的な黒人名の履歴書よりも典型的な白人名の履歴書の方が、返事のくる確率が50％程度高いことも明らかにされている[8]。このような統計は、アメリカ社会において人種差別的な社会構造が存在することを示し

ている。そして、この構造的な人種差別は、上記の言葉の選択に見られるように無意識的に行われることが多く、それを下支えしているのが人種ステレオタイプなのである。

　黒人たちはひとりの人間ではなく集団として認識されがちであり、様々なステレオタイプを当てはめられてきた。黒人たちの権利獲得運動は、ステレオタイプに対する闘いでもある。そして、このようなステレオタイプはグローバルに共有されてきたことから、アメリカ黒人の権利獲得運動も脱国家的な枠組みの中で展開される傾向が強い。以下で、黒人たちの闘いがどのように国際化されてきたのか、そしてそれがBLM運動にどうつながるのか見ていきたい。

2.　パン・アフリカニズムの発展

　アメリカ大陸に初めてアフリカ人が「奴隷」として連れてこられたのは1619年とされている。17世紀中頃からは、各州で黒人を白人の年季奉公人とは異なる終身奴隷とすることが定められ、1787年の合衆国憲法には「5分の3条項」と呼ばれる規定が盛り込まれた。各州の下院議員数と直接税は州人口に基づいて算出されることになっていたが、南部諸州において下院議員数を確保するため、本来なら州人口として数えられない「奴隷」であった黒人たちも「5分の3」人分の人口として加算することが決められたのである。これはアメリカ史において、黒人が一人前の人間として位置付けられてこなかったことを示す象徴的な規定である。奴隷制以降、アメリカの黒人たちは自分たちが「5分の5」の人間であることを訴え続けてきたともいえる。

　黒人たちは奴隷制度のなかにあっても、「主人」の食料を盗んだり故意に労働を遅滞させるなどの様々な抵抗を行った。また、南部の奴隷州から北部へ逃亡する者もいた。2016年、米20ドル札のデザインに黒人として初めて採用されることが決定したハリエット・タブマン（Harriet Tubman）は、「奴隷」たちの逃亡を組織的に手助けすることで、19世紀の黒人解放を先導した人物である。しかし、南北戦争を経て奴隷制が廃止されても、南部では黒人の権利を制限するジム・クロウ法が制定された上、1896年には俗に「分離すれども

平等」と言われる人種隔離政策を是認する最高裁判決が出され、黒人を「正統な」国民から排除する政策が続いた。

第一次世界大戦を機に、アメリカの人種関係は転換期を迎える。大戦の影響でヨーロッパからの移民が減少するなか、北部産業都市で労働力が不足し、黒人による南部からの「大移動（Great Migration）」が行われたのである。これまで比較的黒人人口の少なかった北部都市への黒人の移住は、各地で人種の軋轢を引き起こし、多くの黒人が暴動やリンチの犠牲となった。1915 年に再組織化された白人至上主義団体クー・クラックス・クラン（Ku Klux Klan）は、北部都市でも支持者を獲得し、活動を活発化させた。

1919 年の夏は 25 もの町で人種暴動が発生し、「赤い夏（Red Summer）」と呼ばれたが、この時期の変化として、黒人たちが反撃するようになったことが挙げられる。その背景には、第一次世界大戦に従軍した黒人兵士が、ヨーロッパの戦場で戦うなかで自尊心と自意識を高め、帰国後の母国における変わらぬ人種差別に異議を唱え始めたことなどが指摘できる。大戦で世界の民主主義のために戦った黒人たちは、アメリカ国内での民主主義の真の実現を求めたのである [9]。

国際秩序が再編されようとしていたこの時期、パン・アフリカニズム（Pan-Africanism）と呼ばれる思想も盛り上がりを見せた。パン・アフリカニズムとは、アフリカの外に居住する黒人とアフリカ人を共通の歴史や経験をもとに集団化し、運命共同体とするものである。社会進化論によってひとまとめにされた両者が経験してきた人種差別は根底でつながっているものであり、これに抵抗するためには両者が団結して闘わなければならないという認識に基づいている。欧米の黒人の劣等的地位はアフリカの植民地化と結びつけられ、彼らの地位向上のためにはアフリカの独立が必要という考えが導き出された。

「パン・アフリカニズムの父」と呼ばれる W・E・B・デュボイス（W. E. B. Du Bois）は、欧米のエリート黒人や植民地エリートとともにパン・アフリカ会議（Pan-African Congress）を開催した。1919 年 2 月の第 1 回パン・アフリカ会議には 57 名の代表がアメリカやカリブ海地域などからパリに集まった。講和会議に参加する欧米首脳に対して黒人たちの声を伝えることが目的であっ

たが、渋るフランス政府を説得して会議開催にこぎつけたセネガル出身の代議士ブレイズ・ディアーニュ（Blaise Diagne）は、開会の挨拶でフランスの植民地支配を賛辞した。ここからうかがえるように、会議の内容はヨーロッパ諸国を刺激しない穏健なもので、最終決議の内容も、戦勝国がアフリカ人を国際的に保護する法典を作成することと、国際連盟がその法典のアフリカ人への適用に対して責任を負うことを求めたのみであった。

　欧米の植民地支配自体への実質的な挑戦はなされなかったものの、本会議では黒人の地位向上のためのパン・アフリカニズム的連帯が訴えられた。パリ講和会議の代表でもあったリベリア共和国のC・D・B・キング（C. D. B. King）は、ほぼ全土が植民地化されていた当時のアフリカでエチオピアとともに独立を保っていた同国に対し、すべてのアフリカ系人が誇りを持つこと、そして将来的な発展のため可能な限りの援助をすることを求めた。この中でキングは、黒人の故郷であるリベリアを助けることはアフリカ系人にとっての義務であり責任でもあるとした[10]。

　1921年にはロンドン、ブリュッセル、パリの3都市で、総勢110名の代表が集って第2回パン・アフリカ会議が開催された。最初のロンドンにおいては欧米諸国の植民地支配への批判もみられたが、ブリュッセルとパリにおいては融和的な内容が主流となった。ヨーロッパの植民地政府代表も参加する中、ディアーニュは植民地支配をあからさまに批判することを拒絶した。その結果、最終的な決議は具体性を欠き、平等や民主主義について抽象的に述べられるのみとなった[11]。会議終了後にはデュボイス自身がジュネーヴの国際連盟に赴いて嘆願書を提出したが、その内容も黒人労働者問題への注意喚起のほか、委任統治委員会への黒人の任命を求めるだけのシンプルなものであった[12]。

　エリート黒人らによるパン・アフリカ会議が、黒人の地位向上やアフリカの独立を実現するための具体的な方策を欠いていた一方で、同時期ジャマイカ出身のマーカス・ガーヴィー（Marcus Garvey）は、アメリカを拠点に黒人大衆が主体的に参加する運動を起こした。ガーヴィーは黒人の自決権を求め、ヨーロッパ列強によるアフリカの植民地化を批判した。彼は国際社会を国家間のパワーをめぐる戦いの場としてリアリスト的に理解し、黒人全体を代表する

「強い国家」の後ろ盾によってのみ、各地の黒人たちの権利は守られると考えた。そしてそのような国家を建設すべく、国際社会に対して旧ドイツ領アフリカの黒人たちへの引き渡しを求めた。

　ガーヴィーは黒人たちを脱国家的な一つの集団とした上で、自決権の担い手として提示した。既述のように、黒人たちは多くの国家において「正統な」国民として認められず、様々な権利を剥奪されていたが、ガーヴィーはそのような黒人たちを集団化して、「主権」を認められるべき一つの「人民」として提示し、彼らの帰属すべき「アフリカ共和国」の建設を目指したのである [13]。

　旧ドイツ領アフリカが国際連盟によって委任統治されることが決定すると、ガーヴィーは、すでに独立していたリベリアを「強い国家」にすべく、「アフリカ帰還」運動を開始した。リベリアに技術者を送り、産業発展の手助けをするというものであった。しかし最終的に、国境を接する英仏植民地政府からの圧力や欧米諸国への経済的依存といった問題を抱えるリベリア政府から拒絶される。当時リベリア大統領となっていたキングは、「リベリアの当面の目標は人種主義ではなく国家主義、すなわち人種ではなく国家を作り出すこと」と述べ、パン・アフリカニズムの中心となることを拒絶した [14]。この運動の挫折は、黒人にとっての自決権の限界を示していたといえよう。

　ガーヴィー運動で特筆すべきなのは、黒人たちの政治的独立だけでなく経済的自立をも実現しようと、黒人大衆によって支えられるブラック・スター・ライン（Black Star Line）汽船会社を運営したことである。黒人にのみ株の購入を認める同事業はパン・アフリカニズムの実体化であり、黒人大衆が自ら汽船会社を運営しているという事実は、彼らに大きな自尊心を与えた。

　ガーヴィーは機関紙『ニグロ・ワールド（*Negro World*）』を通してその活動を世界の黒人に伝えた。世界の黒人に対し、各国の国民としてよりも「黒人」としての意識を優先させようとしていた同運動は、『ニグロ・ワールド』を通して、世界の黒人たちの間にベネディクト・アンダーソン（Benedict Anderson）のいう「想像の共同体」を形成していたのである [15]。その結果、カリブ海諸国やアフリカ大陸でもガーヴィーに影響を受けた抵抗運動が行われた。このような各地における黒人大衆の動員は欧米諸国に危機感を抱かせ、最

終的にガーヴィーはアメリカから国外追放された。

　しかし、この運動の影響は時空を超えて広がり、1950 ～ 60 年代に本格化するアフリカ諸国の反植民地運動に大きな影響を与えた。たとえば 1957 年アフリカ植民地の中で最初に独立したガーナの初代大統領クワメ・ンクルマ（Kwame Nkrumah）は、米英に留学する中でガーヴィーの思想に大きな影響を受け、「アフリカ合衆国」の設立を目指すなど、パン・アフリカニズムの実体化に取り組んだ。1945 年には、のちにケニア大統領となるジョモ・ケニヤッタ（Jomo Kenyatta）ら他地域のアフリカ人ナショナリストとともに第 5 回パン・アフリカ会議を開催し、かつて欧米の黒人が主体となっていた同会議の主導権を握って、実質的な反植民地運動と融合させていった。彼らアフリカ人ナショナリストたちは 1960 年代以降、アメリカにおける黒人の抵抗運動と関係を強化していくようになる。

3.　公民権から人権へ

　1960 年代の公民権運動で第 1 に目標として掲げられたのは、アメリカ国内における法的平等の獲得であった。しかし、その闘いのなかでもパン・アフリカニズム的な協調路線がとられ、黒人の権利獲得問題はアメリカに限定された国内問題ではなく、より普遍的な人権問題であると認識されるようになっていった。その背景として、1960 年が「アフリカの年」と言われたように、当時はアフリカ諸国の独立が相次いでいたことや、同年、南アフリカで抗議活動をしていた黒人約 70 名が白人警官に殺害されるというシャープヴィル事件が発生し、アパルトヘイト体制に対する国際的批判が高まっていたことがある。公民権運動はこれらアフリカの動向と共鳴しながら展開していたのである。

　1960 年、マーティン・ルーサー・キング・ジュニア（Martin Luther King Jr.）は大統領選に出馬していたジョン・F・ケネディ上院議員と面談したのち、民主党に対して 7 月の党大会で採択すべき事項を提案した。そのなかでアメリカ黒人への投票権の保障と並べて、アパルトヘイトなどアフリカにおける植民地主義と人種主義に反対する立場を明確に打ち出すことを求めた[16]。ベ

トナム戦争が深化する 1960 年代後半になると、植民地主義と人種主義は第三世界とアメリカ黒人に通底する問題であり、彼らの共通の闘いは公民権ではなく人権の獲得にあると強調するようになっていった[17]。

キングは、生前最後となる演説で、合衆国憲法で保障されている集会の自由、言論の自由、報道の自由などを挙げながら、「われわれがアメリカに対して言うことは、紙に書いたことに忠実であれということです」と、黒人への公民権付与を訴えた。そして最後に「私は山頂に登って…約束の地を見てきた」と叙情的に語り、「私は一緒に行けないかもしれないが…、われわれは人民として（as a people）、その約束の地へたどり着くのです」と、平等な社会の到来を予言した[18]。この演説をした翌日、キングは滞在先のホテルで暗殺された。

キングが黒人を「人民」として提示したのは、合衆国憲法前文の冒頭で「われら合衆国の人民は、…われらとわれらの子孫のために自由の恵沢を確保する目的をもって」憲法を制定すると述べられていることに呼応している[19]。黒人たちが白人たちと同様、憲法上の権利を認められるべき存在であり、「5分の5」の人間であることを訴えているのである。ただし、キングはアメリカ国内での権利獲得のみを訴えていたわけではない。

同演説において、キングは次のようにも述べている。「大勢の人々が立ち上がっています。そして今日、南アフリカのヨハネスブルク、ケニアのナイロビ、ガーナのアクラ、ニューヨーク市、ジョージア州アトランタ、ミシシッピ州ジャクソン、テネシー州メンフィスなど、彼らがどこに集まっていようとも、その叫びは常に同じで『我々は自由になりたい』というものであります」[20]。キングはグローバルに展開されている闘いの中にアメリカ黒人を位置付けた。キングが「人民」と言った時、そこでは世界で共闘していた人々も同時に想起されていたと考えるべきであろう。

キングと同時期に活動していた黒人指導者マルコム X（Malcolm X）もまた、国際的な闘いの中にアメリカ黒人の権利獲得運動を位置付けた。彼はかつて伝道師として仕えていたネイション・オブ・イスラムを脱退してスンナ派イスラームに改宗したのち、1964 年にアフロ・アメリカン統一機構（OAAU）を設立した。同組織はパン・アフリカニズムを掲げながらアメリカ黒人の問題

を国内問題ではなく国際的な人権問題として扱う方針を明らかにしていた。

　7月にはアフリカの地域共同体であるアフリカ統一機構（OAU）の第2回総会に招かれ、アメリカ黒人の苦境に関する演説を行った。「われわれの問題はあなた方の問題なのです」と繰り返すマルコムXは、「これは黒人の問題ではなく、アメリカの問題でもありません。世界の問題であり人類の問題です。公民権ではなく人権の問題なのです」と訴えた[21]。この呼びかけに応えて、OAUはアメリカ政府に対してあらゆる形態の差別の全面撤廃を求める決議を採択した[22]。マルコムXは国連の場でアメリカの黒人に対する人種差別について訴えることを計画していたが、翌年暗殺された。

　公民権運動がひとまず「成功」し、公民権法が制定されたのも、差別自体はなくならなかった。公民権運動の効果に限界を感じ始めていた若者たちは、公民権運動で掲げられていた非暴力を放棄し、自分たちの手で権利を手に入れるブラック・パワー（Black Power）運動を展開した。この運動は一つの統合された組織によって進められていたわけではないため、明確な定義をすることが困難である。しかし、重要な特徴の一つとして指摘できるのは、黒人の政治的・経済的自決権の獲得を訴えながら、アメリカ黒人の闘いを第三世界の人々の闘いと同格に位置付けていた点である。

　この用語を世間に知らしめたストークリー・カーマイケル（Stokely Carmichael）は、構造的な人種主義の存在を指摘している。白人テロリストがアラバマ州の黒人教会に爆弾を仕掛けて5人の子どもたちを殺害するような行為は、個人的な人種主義の表れであり、批判することも容易である。その一方で、同じアラバマ州で年間500人もの黒人の赤ん坊が十分な食料や住環境がないために死亡しているような事実は、構造的な人種主義であり、社会における主流派が永続的に進めている政策や機関の中で発生しているため認識しづらい。カーマイケルは構造的な人種主義を植民地主義と類似するものだとし、第三世界の人々とアメリカ黒人が共通して闘うべき対象であるとしている[23]。

　ブラック・パワー運動の中で行われたブラック・イズ・ビューティフル運動も、主流派の白人によって築かれてきた構造を拒絶するものである。カーマイケルは、黒人たちに対して「黒人であることを恥じるのをやめるべき」と繰

り返し述べ、黒人の身体的特徴について、「彼らが好きか嫌いかにかかわらず、われわれはこれを美しいと言う」ことを訴えた[24]。ここで「彼ら」というのは白人である。これまで劣等感を植え付けられてきた白人の価値基準に基づく自己評価から、黒人たち自身が自らを解放することを求めたのである。

デュボイスは1903年に出版した『黒人のたましい』の中で、アメリカ社会において黒人たちがアメリカ人と黒人という二重意識（double-consciousness）の中を生きていることを指摘した。これは「常に他者の目を通して自分を見る感覚」で、黒人を劣等的立場に位置付けるアメリカ主流社会の黒人に対する眼差しから、黒人たち自身も逃れられないということである[25]。アメリカ主流社会では黒人をあらゆる面において否定的に捉えてきたため、黒人たち自身も自らのことを否定的に捉えてしまう。20世紀初頭に指摘されたこの意識は、現在にいたるまで黒人社会に浸透しているといえるが、ブラック・イズ・ビューティフル運動ではそれに反旗を翻したのである。

ブラック・イズ・ビューティフル運動は、ダークな肌色やナチュラルな髪の毛を美しいものだと宣言し、自らの自尊心の源としてアフリカを位置づけた。人々は髪を直毛にするのをやめてアフロヘアを賛美し、ヨーロッパ的な服ではなく西アフリカで着用されるダシキを好んで着用した。また、西洋風の名前をアフリカ風に改名する人々もいた。カーマイケル自身も、ガーナの初代大統領クワメ・ンクルマとギニア初代大統領セク・トゥーレ（Ahmed Sékou Touré）にあやかって、クワメ・トゥーレと改名した。カーマイケルはギニアに移住し、そこで生涯を終えている。

ブラック・パワー運動で提起された構造的な人種主義という考え方は、2013年に誕生したBLM運動にも引き継がれている。アメリカの路上で行われる黒人に対する過剰暴力は、20世紀後半から進められてきた警察の軍隊化や刑罰国家化の流れの中にあると同時に、それらとセットで存在してきた産獄複合体と呼ばれる刑務所システムと密接に結びついている。産獄複合体とは、刑務所をめぐる「企業・政治家・メディア・看守組合」といった利権集団の複合体を意味する。メディアが暴力犯罪について繰り返し報道して人々の恐怖心を煽る中、政治家は厳罰主義を掲げて選挙で勝利し、再開発や雇用の機会をもたらす刑務

所を地元に誘致する。そして刑務所内では労働者としての権利が守られない環境で囚人が労働に従事し、企業に利益をもたらすのである[26]。強権化した警察が人種プロファイリングによって大量の黒人を刑務所に送り込むことで、刑務所システムは潤い続けるということである。BLM 運動で人々が「警察予算を削減せよ！」と叫ぶ時、ここでは単なる予算削減ではなく、肥大化し軍隊化した警察組織と密接に絡み合うこのシステム自体の廃絶が求められている。

さらに、このような産業発展と人種主義の相互依存構造はアメリカ国内のみにとどまるものではなく、歴史的にもグローバルに存在してきた。エリック・ウイリアムズ（Eric Williams）は、イギリスの産業革命を可能にしたのはカリブ海地域で「奴隷」とされたアフリカ人の重労働にほかならず、資本主義を支えたこの奴隷制によって人種主義が生み落とされたとしている[27]。セドリック・J・ロビンソン（Cedric J. Robinson）は、「人種資本主義（racial capitalism）」という用語を使って、資本主義と人種主義が密接不可分であることを示した[28]。人種資本主義は BLM 運動でも中心的概念となっている。

2020 年 5 月末、ジョージ・フロイド（George Floyd）の殺害によってかつてない規模で拡大した BLM 運動は、アメリカ国内において南部連合軍指導者の銅像撤去問題や奴隷制に対する補償問題を進展させたほか、他地域においても奴隷商人や植民地主義者の銅像撤去と補償問題の再興をもたらした。こういった BLM 運動の歴史認識問題への拡大は、人種資本主義への抗議という点で当然の展開であったといえよう。さらに言えば、人種資本主義は大西洋世界を超えてグローバルに展開してきたことから、BLM 運動の訴えはすべての先進資本主義国家に対して人種主義に対する責任をも問いただすものなのである。

おわりに ― 日本に住むわれわれに突きつけられた課題 ―

2020（令和 2）年初夏、日本においても BLM 運動は大きく報道され、大阪、東京、名古屋などではデモ活動が行われた。また、多くの人が同運動を支持することを示す黒い四角形を SNS に投稿した。しかし、このような投稿をした

人のうちどれだけの人が真の当事者意識を持っていただろうか。6月の『ジャパン・タイムズ』には、BLM運動に賛同するブランドによって共同製作されたTシャツのロゴが「BLMへの日本人の連帯（Japanese solidarity with Black Lives Matter）」であったことに日本人の第三者的意識を見いだし、「連帯だけでは不十分」であるとして、日本人の姿勢を手厳しく指摘する記事が掲載された[29]。BLM運動によって提起された問題は、アメリカに限られたものではなく、日本の社会にも深く根付いているのである。

BLM運動を紹介する報道の中でも、NHKの番組で制作されSNSでも公開されたアニメーションは、登場する黒人男性の描写がステレオタイプ的であるとして激しい批判を呼んだ。ジョセフ・M・ヤング（Joseph M. Young）駐日米国臨時代理大使も「侮辱的で無神経」と評したこの映像には、白いタンクトップを着た筋肉隆々の黒人男性が差別へ怒りをぶつける野卑な姿が描かれている[30]。その背景には、暴動を起こしている別の黒人たちの姿も見え、黒人男性を暴力的だとするステレオタイプそのものである。

日本においては、これまでも黒人がステレオタイプ的に描写されてきた。国際的にタブーとされているブラックフェイスも日本のメディアではたびたび登場し、その度に国内外で是非をめぐる議論が引き起こされている。2008年には大統領選に出馬していたオバマを猿に見立てたCMが放映され、アメリカのニュースチャンネルCNNが取り上げることとなった。日本における黒人の表象について長年研究しているジョン・G・ラッセル（John G. Russell）によれば、日本は開国以来、「西洋の白人至上主義が産み出した黒人のステレオタイプを再生産し」続けているのである[31]。

日本の社会においては、圧倒的多数がマジョリティの日本人ということもあり、いまだにマイノリティの人種・民族集団に対し排他的で、多様性への配慮に欠けていることがしばしば指摘されている。BLM運動は人種主義的な社会構造の問題を提起したが、この構造はグローバルに共有されており、日本も無関係ではない。BLM運動の一時的な盛り上がりが去った後、われわれが自分たちの住む実社会においてどう行動するのかが問われている。

注

1) 『広辞苑 第七版』岩波書店、2018 年。

2) 中山京子・東優也・太田満・森茂岳雄編著『「人種」「民族」をどう教えるか—創られた概念の解体をめざして』明石書店、2020 年、22 頁。

3) 19 世紀においては、ムラトなど混血のカテゴリーが存在した。青柳まちこ『国勢調査から考える人種・民族・国籍—オバマはなぜ「黒人」大統領と呼ばれるのか』明石書店、2010 年、40-48 頁。

4) なお、アパルトヘイト下の南アフリカにおいて人種間の結婚は禁じられていたため、ノアのような黒人と白人の間に生まれた人々は本来存在しえず、「カラード」のコミュニティにおいては逸脱した存在である。詳しくは以下を参照。トレヴァー・ノア『生まれてきたことが犯罪!?』英治出版、2018 年。

5) 坂下史子「人種的〈他者〉としての黒人性—アメリカの人種ステレオタイプを例に—」兼子歩・貴堂嘉之編『「ヘイト」の時代のアメリカ史—人種・民族・国籍を考える』彩流社、2017 年、34-38 頁。

6) Lisa Wade, "Racism in the Aftermath of Hurricane Katrina," *The Society Pages*, August 28, 2007 [https://thesocietypages.org/socimages/2007/08/28/racism-in-the-aftermath-of-hurricane-katrina/]（May 15, 2021）.

7) "Mapping Police Violence," [https://mappingpoliceviolence.org]（May 15, 2021）.

8) Marianne Bertrand and Sendhil Mullainathan, "Are Emily and Greg More Employable than Lakisha and Jamal? A Field Experiment on Labor Market Discrimination," *The American Economic Review*, Vol.94, No.4, Sep., 2004.

9) David F. Krugler, *1919, The Year of Racial Violence: How African Americans Fought Back*, New York: Cambridge University Press, 2015.

10) W. E. B. Du Bois, "The Pan-African Congress," *The Crisis*, Vol.17, No.6, April 1919, 271-274.

11) P. Olisanwuche Esedebe, *Pan-Africanism: The Idea and Movement, 1776-1991*, 2nd ed., Washington, DC: Howard University Press, 1994, 67-72; Imanuel Geiss, *The Pan-African Movement: A History of Pan-Africanism in America, Europe and Africa*, New York: Africana Publishing Co., 1974, 243-247.

12) "Mandates, Second Pan-African Congress, August-September 1921," 15866/13940, League of Nations Archives, Geneva; *The Crisis*, vol.22, no.3 , July 1921, 119.

13) 荒木圭子「黒人と自決権—ガーヴィー運動による国際社会へのアピールから—」『アメリカ史研究』第 43 号、2020 年 8 月。

14) "Annual Message to the Legislature, December 9, 1924," in D. Elwood Dunn ed., *The Annual Messages of the Presidents of Liberia 1848-2010: State of the Nation*

Address to the National Legislature from Joseph Jenkins Roberts to Ellen Johnson Sirleaf, vol.2, Berlin: De Gruyter, 2010, 664-66.

15)　ベネディクト・アンダーソン『増補　想像の共同体 ― ナショナリズムの起源と流行』NTT 出版、2001 年。

16)　"Joint Platform Proposals to the 1960 Democratic Party Platform Committee, Read by L. B. Thompson" July 7, 1960, The Martin Luther King, Jr. Research and Education Institute, Stanford University [https://kinginstitute.stanford.edu/king-papers/documents/joint-platform-proposals-1960-democratic-party-platformcommittee-read-l-b] (May 15, 2021).

17)　James H. Cone, "Martin Luther King, Jr., and the Third World," *The Journal of American History*, vol.74, No.2, Sep 1987, 456-57.

18)　Nikita Stewart, "'I've Been to the Mountaintop,' Dr. King's Sermon Annotated," *New York Times*, April 2, 2018 [https://www.nytimes.com/interactive/2018/04/02/us/king-mlk-last-sermon-annotated.html] (May 15, 2021).

19)　日本語訳はアメリカン・センター・ジャパンのサイトから引用した。[https://americancenterjapan.com/aboutusa/laws/2566/] (May 15, 2021)。

20)　Stewart, "'I've Been to the Mountaintop.'"

21)　Malcolm X, *Malcolm X Speaks: Selected Speeches and Statements by Malcolm X*, New York: Pathfinder Press, 1965, 72-87.

22)　Organization of African Unity Secretariat, "Resolutions Adopted by the First Ordinary Session of the Assembly of Heads of State and Government Held in Cairo, UAR, from 17 to 21 July 1964," [https://au.int/sites/default/files/decisions/9514-1964_ahg_res_1-24_i_e.pdf] (May 15, 2021) .

23)　Kwame Ture (formerly known as Stokely Carmichael) and Charles V. Hamilton, *Black Power: The Politics of Liberation*, New York: Vintage Books, 1967, 3-6.

24)　William L. Van DeBurg, *New Day in Babylon: The Black Power Movement and American Culture, 1965-1975*, Chicago: The University of Chicago Press, 1993, 201.

25)　W. E. B. Du Bois, *The Souls of Black Folk*, New York: Oxford University Press, 2007, 8-10.

26)　アンジェラ・デイヴィス『監獄ビジネス ― グローバリズムと産獄複合体』岩波書店、2008 年；上杉忍「アメリカ合衆国における産獄複合体（Prison Industrial Complex）の歴史的起源 ― 南部の囚人貸出制・チェインギャング制のメカニズム」『北海学園大学人文論集』第 50 巻、2011 年 11 月。

27)　エリック・ウィリアムズ『資本主義と奴隷制』ちくま学芸文庫、2020 年。

28)　Cedric J. Robinson, *Black Marxism: The Making of the Black Radical Tradition*,

Chapel Hill: The University of North Carolina Press, 1983.

29) Elin McCready, "Being 'Othered' in Japan is not the Same as Oppression," *Japan Times*, June 29, 2020〔https://www.japantimes.co.jp/community/2020/06/29/voices/othered-japan-racism/〕（May 10, 2021）.

30) ジョセフ・M・ヤング駐日米国臨時代理大使のツイート、2020 年 6 月 9 日〔https://twitter.com/USAmbJapan/status/12702175924189184011〕（2021 年 5 月 15 日）。

31) ジョン・G・ラッセル「黒人の『日本人問題』」『現代思想』第48巻第13号、2020年9月。

第 **5** 章

アメリカ中絶論争の歴史と現在
― ジェンダーと生命・選択の自由・正義 ―

兼子　歩

は じ め に

　2016 年大統領選挙で共和党の予備選挙に向けたキャンペーン中のドナルド・トランプは 3 月 30 日、記者に「中絶に対して罰則があるべきだと思いますか」と問われ、中絶した女性に対する「何らかの形の罰則があるべきだ」と答えた。彼は翌日、罰則は中絶施術者に課すべきだと発言を訂正したが、中絶の犯罪化を支持する立場は堅持した。他方、民主党候補ヒラリー・クリントンは 10 月の両党大統領候補によるテレビ討論会で、「政府が女性に中絶を強制する国々〔中略〕や出産を強制する国々」とは違い米国では「女性が家族について自己の信念と医学的助言に従って行う決定に、政府が口を挟むべきではない」と強調した[1]。

　両者の発言は、中絶の是非をめぐる共和党と民主党の立場、そして中絶禁止を支持するプロライフ（pro-life、生命権派）と中絶の合法性を支持するプロチョイス（pro-choice、選択権派）の典型例である。近年のアメリカでは、中絶の是非は連邦レベルでも州レベルでも選挙の重要争点の一つと化している。2020 年大統領選挙でも、中絶をめぐりトランプとジョー・バイデンは対照的な立場を表明した[2]。

　本章ではアメリカの中絶論争を理解するために、歴史的経緯と近年の中絶に対する規制の状況を確認した上で、中絶論争をめぐる重要な論点を再検討する[3]。

1.　中絶の容認から犯罪化へ

アンテベラム期までのアメリカでは、堕胎罪は妊婦がいわゆる胎動初感（quickening）を得た後の中絶に対してのみ適用され、妊娠初期での中絶は罪に問われなかった。堕胎罪も母体に危害を加える罪と理解されており、胎児を人間の独立した生命とする認識は支配的ではなかった。19世紀前半の都市部の新聞には「フランス製」「ポルトガル製」の「女性用服用薬」「毎月の患い〔月経をめぐる悩みを示唆〕の治療薬」といった婉曲表現の広告が盛んに掲載され、中絶業者も数多く営業していた[4]。ただし当時の中絶が安全であったというわけではなく、有害な薬物や物理的な負荷や暴力によって流産させる危険な施術が中心で、合併症による死のリスクも高かった。

19世紀半ば以降、中絶を反道徳的行為として犯罪化する立法を求める運動が広がる。当時の運動の主な担い手は医師であった。1847年に結成されたアメリカ医師会は、中絶を犯罪とする法律の制定を要請する運動を1857年に開始した。その結果、1860年にコネチカット州とペンシルヴェニア州で中絶禁止法が制定されたのを皮切りに、19世紀末までに全州が中絶を犯罪化した。

ジェイムズ・モーア（James Mohr）の古典的研究は、19世紀後半の中絶犯罪化を促した主要因として、大学で医学教育を受けた正規医の地位を確立するという専門職としての利害、また当時登場しつつあった女性の権利を求める運動や移民の増加への反感を指摘する[5]。

19世紀半ばのアメリカでは、専門職としての医師の権威はまだ確立していなかった。中絶施術者に多かった助産師や、ホメオパシー等の代替医療は、正規医に対する有力な競合相手であった。ある医師が1873年に語った中絶否定論は、競合相手に対する正規医の優越を主張する典型的言説である。彼は「真に専門家としての道徳の持主」ならば「細胞の中に胚となりうるものを、胚の中に原初的な胎児を、そして胎児の中に7カ月の生命力のある子どもや将来は生きて動いて呼吸する男女になるであろうものを見いだす」ので、胎児を中絶してよいなどという「安易な立場」は拒否するのだと述べた[6]。中絶に携わる

助産師や代替医療は真の専門家ではないという主張である。そして、正規医こそが、受胎段階で胎児が生命であるという真理を発見し中絶に反対するがゆえに、最も道徳的で権威ある専門家だという主張でもある。正規医が医療における権威を独占することを正当化する論理であった。

　さらに当時の反中絶運動の背景には、平等を要求する女性運動の登場があった。当時の中産階級のあいだで支配的なジェンダー観は、男女の性差を本質的で対極的と仮定した上で、男性が政治・経済領域を担い勤勉と性的欲望の自己抑制を通じて経済的独立を達成し、女性が性的に無欲な存在として家庭性と純潔を美徳とし妻・母の役割に徹することを理想とした[7]。だが、1848 年のセネカフォールズ会議に端を発する女性運動は、参政権、既婚女性の財産権、雇用・教育機会の男女平等などを訴えた[8]。医師たちの反中絶論は、中絶によって妻・母親の役割から自由になった女性が、男性が独占してきた領域や機会を侵犯する可能性への懸念にも根ざしていた。反中絶運動の主導者ホレイショ・ストーラー（Horatio Stover）博士は著書において、「真の妻たる女性」ならば「公的生活における不適切な権力」や「家庭生活の諸問題における不適切な統制力」や「彼女自身のものではない特権」などを求めるはずがないと、平等を要求する女性を非難した[9]。中絶犯罪化を通じて正規医が権威を確立・独占していく過程は、ほぼ男性のみであった正規医が女性中心の助産師や女性中絶業者を排除抑圧するという、男性による医療権威の独占化の過程でもあった。

　さらに反中絶論は、レイシズムや反カトリックや移民排斥主義（nativism）とも結びついていた。ストーラーは南北戦争終結直後に以下のような人口論を展開した。極西部が米国領となり、南部では奴隷が解放されたが、これらの地域を支配するのが「我らが子どもたち」なのか「異人（aliens）」なのかは「我らが婦人たちの腰部（loins）」にかかっているのだと[10]。前者は WASP 系アメリカ人を意味し、後者は先住民や南部の解放民、メキシコ系の住民、そしてアイルランド系を中心とした移民労働者のことである。カトリック教徒のアイルランド移民は当時、激しい排斥の対象となっていた[11]。ストーラーの著作に見られるように、移民や黒人や先住民などに対する WASP の支配的地位を

維持するための人口再生産を期待された白人女性は、その存在の意味を生殖する身体へと還元され、中絶はこの期待に対する反抗と見なされたのである。

こうして19世紀末までに法的には中絶の犯罪化が確立したが、一般女性はその後も非合法に中絶をし続けた。当時の中絶禁止法は母体の生命が危機に瀕している場合には例外的に治療的中絶（therapeutic abortion）を合法としており、妊婦がその例外的状態であるか否かを判断する権限は正規の産婦人科医が独占していた。レズリー・リーガン（Leslie Reagan）によれば、医師の中には、特に家族ぐるみの付き合いがある中産階級以上の白人女性に対して、裁量を利用した治療の名目で中絶を施術する者もいた。そうした情報や伝手を持たない女性や貧困層・非白人の女性に対しては、完全に非合法な中絶提供者も存在した[12]。

警察は20世紀に入ると中絶事故の取り締まりを本格化させ、1940年代以降は事故の有無にかかわらず中絶を施術する施設に対する抜き打ち捜査を推進した。他方、病院は治療目的の中絶の正当性を審査する中絶委員会を新設するようになり、現場の医師の裁量を制限した[13]。リーガンによれば、中絶取り締まり強化の背景に、第二次大戦下で就労機会を得た女性が男性から独立しうる可能性が高まったことへの反発があった。特に1950年代には冷戦の政治的緊張の中で、専業主婦をアメリカ女性の理想像とする家庭道徳を共産主義の浸透に対する防波堤とみなす議論が強まった。異性愛セックスと生殖からの逸脱は医学的にも政治的にも危険視され、同性愛者に対する差別と排除が強化された。ソ連で中絶が合法だったことも、反共主義と反中絶の結びつきを強化した[14]。

中絶の犯罪化と取り締まり強化の歴史は、中絶の是非をめぐる論争の始まりからその根底にジェンダー・人種・エスニシティの秩序のあり方をめぐる闘争が存在していたことを物語っている。

2.　ロウ判決への道

　1950 〜 60 年代に、中絶犯罪化の体制は動揺した。まず医学界において、中絶制限に関する医師の見解の相違が深刻化した。病院の中絶委員会が産婦人科医の裁量を制約することに対する現場の不満が高まり、精神科医は治療的中絶の要件を身体的な危険時に限定する中絶禁止法を疑問視した。合法的中絶の範囲の拡大を求める声が高まり、アメリカ法律協会（American Law Institute：ALI）は 1959 年に心身の健康・胎児の先天的障害・レイプおよび近親姦による妊娠を理由とした中絶を合法化する法改正モデルを提唱した。また家族計画協会（Planned Parenthood：PP）は、効果的な家族計画と非合法中絶による事故のリスク軽減の観点から、中絶法緩和を提唱した。1960 年代には複数の州で中絶法が改正された [15]。

　ただし医学界・法曹界・家族計画運動のいずれも、この時には生殖とセクシュアリティにおける女性の自己決定権を積極的には擁護しなかった。その役割を担ったのは、1960 年代に勃興した第二波フェミニズム運動であった。1960 年代のアメリカは公民権・ブラックパワー運動、ベトナム反戦、学生運動、ゲイ・レズビアン解放運動、チカーノ運動など、従来の支配的規範や道徳観に対する多様な抗議運動が勃興し、ある運動の参加者が別の運動との交流や連携・共闘を通じて相互に影響を受けた時代である [16]。フェミニズム運動もまた、そうした時代の状況の中で若い女性アクティビストたちが、他の運動の刺激を受けつつ立ち上げていったのである [17]。

　第二波フェミニズム運動は、母性を女性に強制する家父長制の抑圧と搾取から解放され、自己の身体を自分のものとして自己決定する権利として、中絶の合法化を要求した。サンフランシスコでは中絶禁止法撤廃を要求する女性活動家たちが 1962 年に「人道的中絶協会（the Society for Humane Abortions：SHA）」を結成し、公に中絶合法化論の普及をはかる啓蒙活動を展開した。SHA は 66 年に「中絶法撤廃協会（The Association to Repeal Abortion Laws：ARAL）」を創設し、メキシコや日本など外国の合法中絶ク

リニックの一覧を作成して中絶希望者に提供し、同時に女性が自分で中絶する方法の講習会を開催した。シカゴでは69年にフェミニスト集団「女性解放中絶カウンセリングサービス（the Abortion Counseling Service of Women's Liberation）」が、中絶希望女性に中絶施術者を紹介する活動を開始し、やがて自分たちで施術する活動へと発展した。この集団は、秘密保持のために電話口で「ジェーン（Jane）」と名乗ったため、のちにこの名で記憶された。ニューヨークでは、フェミニスト団体「レッドストッキングズ（Redstockings）」が1969年に、中絶禁止法に関する州議会公聴会で女性が不在であることに抗議するため、州議事堂に乗り込んで中絶問題の当事者として証言する機会を要求した[18]。

　彼女たちの目標は、中絶サービスの要求以上に、保健領域におけるフェミニズムの追求であった。フェミニストは、妊娠中断の可否を決定すべきは生殖する身体を有する女性自身であり、医師や国家ではないと主張することで、医療分野においても女性を客体化し支配する家父長制的権力を克服し、女性患者自身が主体となる医療を実現することを目指した。こうした運動の積み重ねが、1973年1月22日に合衆国最高裁「ロウ対ウェイド」判決[19]をもたらしたのである。

　ロウ判決は、合衆国憲法に明記されていないが、個人的な事項の決定に対して国家の干渉を受けない自由としてのプライバシー権が憲法上の権利であるとし、その中に女性の中絶も含まれるとした。さらに未出生の胎児と妊婦の利害の対立に関して、憲法上の「人」を表す言葉が「未出生の者に適用できない例がほとんどであり、確かに適用できるとみなしうる例は一つもない」とし、胎児は法の下の平等保護の対象ではないと宣言した。

　しかしロウ判決は、妊娠出産に関する女性の自己決定権を全面的に認めたわけではなかった。判決は妊娠期間を3つに分ける三分期（trimester）概念を導入し、第1三分期では女性の中絶権を絶対的に認めるが、第2三分期には「母親の健康の維持と保護」のための州政府による介入を認め、胎児が母体から独立生存する可能性（viability）を獲得する第3三分期には「胎児の生命を保護」するための中絶禁止を可能とした。第1三分期における中絶は女性の憲

法上のプライバシー権として保障された反面、中絶が絶対的な権利ではないことも確認されたのである。

3. プロライフ運動の興隆

ロウ判決が（少なくとも第3三分期以前の）胎児を人間の生命ではないとしたことは、中絶合法化に反対していた人々に衝撃を与えた。

1960年代にはすでに、古くからレイプによる妊娠の中絶をも否定していたカトリック教会の信徒を中心に、中絶法改正の流れに抗するプロライフ運動が組織化されていた。アメリカ・プロライフ運動の最も代表的な組織である「全国生命権委員会（National Right to Life Committee：NRLC）」は、67年にカトリック教会により設立され、73年に教会から独立して教派を超えた汎キリスト教的非営利団体へと再編された。また、カトリック系の法律家たちは71年に「生命のためのアメリカ人同盟（Americans United for Life：AUL）」を結成した。これらの団体は主に宣伝・啓蒙活動、訴訟、ロビー活動などの手段を通じて、当初は中絶禁止の維持、ロウ判決以後は中絶の再非合法化を目標とした[20]。

ロウ判決直後は、プロライフの政治的動員は決して大規模ではなかった。NRLCはロウ判決直後から会員数を急増させたが、教派を問わない立場の表明にもかかわらず当初はプロテスタントには広がらなかった。それは男女平等の訴えが福音派のあいだでもある程度支持を受けていたからであり、またカトリックに対する福音派の歴史的な不信感が依然として根強かったという事情もある。

福音派がプロライフ運動に積極的に参加するようになったのは、福音派の指導者や組織が「家族の価値（family values）」を旗印に掲げて、教派の壁を超えた中絶反対運動を促したためであった。神学者フランシス・シェファー（Francis Schaeffer）、南部バプテスト教会の伝道師で1979年に政治団体「モラル・マジョリティ（the Moral Majority）」を創設したジェリー・フォルウェル（Jerry Falwell, Sr.）、福音派の著述家で「フォーカス・オン・ザ・

ファミリー（Focus on the Family, 77 年創設）」や「家族研究評議会（Family Research Council, 81 年創設）」を創設したジェームズ・ドブソン（James C. Dobson）らは、異性愛主義に基づく法的な夫婦と子どもからなる家族形態のみをアメリカ社会の基盤としての「正しい」伝統家族として擁護し、中絶・フェミニズム・同性愛がその脅威であると主張した。そしてかれらはキリスト教徒に、「家族の価値」を防衛するための教派を超えた共闘を訴えた[21]。

　以下のフォーカス・オン・ザ・ファミリーの趣旨文は、福音派の反中絶・反同性愛・反フェミニズムのイデオロギーの典型的な表れである。

　　　我々は、子どもが神からの贈り物であると信じる。〔中略〕出生前、高齢、精神障害、魅力的でないとみなされた人々、身体障害をもつ人など、すべての次元で、そして、単一の細胞から自然死に至るあらゆる人間の段階において計り知れぬ価値と重要性を帯びており、キリスト教徒はあらゆる人間の生命を守り、保護し、価値を見出す使命がある。〔中略〕
　　　我々は、神が意図して男と女を創られたと信じる。男と女は固有かつ補完的な性質を、セクシュアリティと関係に持ち込む。セクシュアリティは神からの偉大な贈り物であり、我々は生殖と結合と相互の幸福のための結婚、あるいはキリストへの徹底的奉仕のための独身のいずれかによって、神に返さねばならない[22]。

　これは、胎児はあらゆる段階で中絶から保護されるべき生命であり、異性愛主義的な結婚と生殖のみが正しい性的関係であり、男女は対極的で固定的な性質であるべきという信念である。そしてカトリック聖職者を結婚の義務の例外としているのはカトリックへの譲歩であり、1950 年代までのプロテスタント原理主義には見られなかった態度である。

　こうして 1970 年代後半以降、福音派が積極的にプロライフ運動に参加してカトリック以上に熱心な勢力となり、今日に至る。2019 年の世論調査でも、福音派では中絶禁止支持者が反対者を上回ったが、プロテスタント主流派・黒人プロテスタント・カトリックは中絶の合法性を支持する回答が反対者を上回っている[23]。

　他方、中絶権を擁護するプロチョイス組織としては、1969 年に ARAL を模範に結成された「全国中絶法撤廃協会（National Association for the Repeal

of Abortion Laws：NARAL)」がある。同団体は73年に「全国中絶権行動連盟（National Abortion Rights Action League：NARAL)」、2003年に「NARALプロチョイス・アメリカ（NARAL Pro-Choice America)」と改称して現在に至る。また、PPなどの家族計画運動や、1966年に結成された大手フェミニスト団体「全国女性機構（National Women's Organization：NOW)」なども中絶権の防衛に精力を傾けている。

　カリフォルニア州のプロライフとプロチョイスの活動家に関する社会学者クリスティン・ルーカー（Kristin Luker）の古典的研究は、ロウ判決以降にプロライフかプロチョイスの運動に参加した活動家の大半が既婚女性であったことを指摘し、彼女らの特徴とその世界観を詳述している[24]。ルーカーは社会経済的特徴を、両運動の平均的な活動家像として表5-1のように示し、社会経済的状況と生活経験に由来する世界観の違いが、プロライフ女性とプロチョイス女性の違いを形成していると指摘する。

表5-1　K・ルーカーによる、中絶をめぐるアクティビスト女性の相違点

	プロライフ女性	プロチョイス女性
職業	専業主婦、あるいは女性職とされてきた仕事（教師や保育士、ソーシャルワークなど）	専門職や管理職・中小企業経営者が多い
学歴	大卒未満が多い	大卒以上が多い
所得	相対的に低い	相対的に高い
子どもの数	多い（5、6人以上も）	少ない（1〜2人）
信仰	重要である	重要でない

（K, Luker, *Abortion and the Politics of Motherhood*, 1984 を基に筆者作成）

　プロチョイス女性は、歴史的に男性領域とされてきた専門職やビジネスの世界で機会を得て活躍し、経済的にも自立している。それゆえに男女平等を信奉し、女性に固定的な性別役割を要求することを不公正と感じる。中絶の制限や禁止は、女性が母親という役割を強制されうることを意味するので許容できない。

　プロライフ女性は、男性領域とされてきた経済・政治活動からは距離を置

き、妻・母の役割を優先することに自己の存在価値を見いだす。それはキリスト教信仰によって普遍的価値として正当化された、男性による扶養・保護を求めるための道徳的な梃子でもある。中絶合法化は、母親役割の価値を相対化し、梃子としての価値を損ないうると認識するがゆえに、許容できない。

　つまり、中絶合法化をめぐる対立は、それ自体の是非を問うものである以上に、ジェンダーを軸とした世界観の相違に根ざしているのである。なお、ルーカー自身は立ち入った分析をしていないが、調査対象のプロライフ・プロチョイス活動家はほぼ全員白人である。

4. 中絶論争と中絶の権利の展開

　ロウ判決以後、NRLC や AUL などの反中絶派は、70 年代後半までは合衆国憲法の改正による中絶禁止を目指したが失敗し、その後の運動は 2 つの路線を追求した。第 1 は、連邦裁判所への保守派裁判官の任命を増やし、ロウ判決を覆す憲法解釈の変更によって中絶を再度非合法化する戦術であり、第 2 は中絶のコストとベネフィットを比較してコストの大きさを指摘することで、中絶への制限強化立法による実質的中絶禁止状態を達成する戦術である。いずれの戦術も政治力の獲得が重要であり、そのためプロライフ運動は明確に共和党と結びつき、また中絶権擁護派は民主党と結びつくという、中絶をめぐる政党の二極化が進んでいった[25]。

　1976 年には、連邦政府がメディケイドなどを通じて中絶に対して支出することを禁じる「ハイド修正（Hyde Amendment）」が、共和党穏健派のジェラルド・フォード（Gerald Ford）大統領の拒否権を乗り越えて連邦議会で成立し、最高裁判所は中絶権自体を直接制限しないという理由でこれを合憲とした。ハイド修正は「納税者の反乱（tax revolt）」や「大きな政府」批判という当時の政治的潮流に後押しされた、貧困層の中絶を困難にする政策である。プロライフを自任し福音派の支持を得て 1980 年選挙に勝利した共和党右派のロナルド・レーガン大統領は、国外で中絶を宣伝・支援・実践する非政府団体に対して国際開発庁が支出することを禁じる「メキシコシティ政策（Mexico

City policy)」と呼ばれる行政命令を発した（同政策はその後、民主党の大統領が撤廃、共和党の大統領による復活というサイクルを繰り返した。2017 年にはトランプが同政策を復活、2021 年にバイデンが撤廃）。

　1980 ～ 90 年代初頭には、共和党政権が続いたにもかかわらず中絶禁止が達成されなかったことへの苛立ちから、プロライフ派の一部は中絶クリニックの周囲でピケを張るなどの急進的な直接抗議行動を展開し始めた。白人男性活動家ランドール・テリー（Randall Terry）は、1986 年に「オペレーション・レスキュー（Operation Rescue：OR）」を結成し、中絶クリニックに女性患者が入るのを座り込み（sit-in）によって妨害する違法行為を大規模に展開して世論の注目を集めた。OR は、公民権運動の遺産を継承していると称して非暴力直接抗議行動をプロライフ運動に導入し（ただし OR 活動家のほとんどは白人であった）、そして活動を正当化するために「殺人」としての中絶から生命を「救出」するという論理を前面に打ち出したことに特徴があった[26]。80 年代末～ 90 年代初頭には、過激化した一部のプロライフ活動家により中絶クリニックが爆破され医師らが暗殺されるテロ事件が相次ぎ、OR 等のプロライフ直接行動への世論の支持は衰えた。

　直接行動への批判の高まりと、1992 年の最高裁「南東ペンシルヴェニア家族計画協会対ケイシー」判決は[27]、中絶権をめぐる論争の流れを変える契機となった。ケイシー判決は、ロウ判決のなかのプライバシー権としての中絶権は擁護したが、中絶規制の可否を三分期ではなく「不当負担（undue burden）」原則により判定する新基準を導入した。これはロウ判決で用いられた「厳格審査（strict scrutiny）」よりも緩く、中絶への様々な規制を合憲化しうる原則であった。

　プロライフ派は胎児の生命権の主張に加えて、法廷戦術および世論への訴求のための新たな議論を展開し始めた。それは、法学者レヴァ・シーゲル（Reva Siegel）によれば「女性保護としての反中絶論（Woman-Protective Antiabortion Argument：WPAA）」である。ベトナム帰還兵に多く見られる症状として概念化された PTSD になぞらえ、プロライフ派の医師が 1980 年代に、中絶は女性に深刻なトラウマを残すとする「中絶後症候群（post-

abortion syndrome：PAS)」論を提唱した。中絶を望む女性にカウンセリングを通じて中絶を諦めるよう説得する「危機妊娠センター（crisis pregnancy centers)」運動の活動家たちがこの概念の普及に尽力し、その後、一部のプロライフ運動指導者が、中絶の制限が女性をPASの被害から保護し女性の利害を推進するというWPAAを唱え始めた。WPAAは、OR等の直接妨害行動への批判の高まりとケイシー判決後という環境のなかで、NRLCなど大手プロライフ団体内でも支持を得ていった。女性の利益を代弁するというフェミニズム的な語彙の流用によって、WPAAはプロチョイス的フェミニズムに対抗する論理として機能したと、シーゲルは指摘している[28]。

　ケイシー判決以降、南部を中心として、共和党政権の州が中絶規制立法を次々と導入していった。表5-2は、主な規制法の種類をまとめたものである[29]。

表5-2　ケイシー判決以降に導入された、主な中絶制限の州法

①クリニックが中絶できる条件の厳格化	・中絶には執刀医のほか立会い医師も必要とする ・医師／施設が中絶手術を拒否することができる ・中絶後に入院可能な病室の設置を義務付け（後に違憲判決）
②中絶を躊躇させるための規制	・事前のカウンセリングの義務付け ・中絶前に胎児の画像を見ることを義務付け ・待機時間（waiting time）の義務付け…最大72時間 ・未成年の中絶には、親権者への告知や同意を得る義務
③中絶への助成を抑制する規制	・中絶手術への公費支出の拒否および制限 ・民間保険の中絶への適用に制限をかける
④特定の胎児の中絶を差別として禁じる規制	・出生前診断により胎児にダウン症の可能性が発見された以降の中絶を禁止 ・出生前診断で胎児の性別が判明した以降の中絶を禁止

（Guttmacher Institute のウェブサイトを基に筆者作成）

　①②は、パターナリスト的なWPAAによってプロライフ派が正当化した規制法である。③は、コスト・ベネフィット論を新自由主義的な「小さな政府」論や納税者の利害と結びつけた議論による。④は、プロライフ派が障害者差別や性別による差別を禁止するという論理によって正当化した規制である[30]。

　こうした規制により、特に南部を中心にいくつかの州で中絶が実質的に不可能といえるほど困難になってきた。たとえば 2020 年 4 月時点で、ミシシッピ州法下で合法の中絶クリニックは 1 つだけである。テキサス州では合法の中絶クリニックが規制によって激減し、米墨国境付近ではメキシコで購入された胃潰瘍治療薬ミソプロストール（misoprostol）が蚤の市などで流通している。この治療薬は子宮を収縮させ流産のリスクを高める副作用があり、妊婦への投与が禁じられているが、この副作用を逆に利用した堕胎が広まっているのである[31]。

　さらに 2017 年以降、トランプ大統領が合衆国最高裁に生じた空席に保守派判事を任命していった結果、共和党政権州のいくつかはこの状況に勢いを得て中絶を事実上禁止する法律を制定するようになった。サウスカロライナ州などは「心臓の鼓動法（heartbeat bill）」と通称される法律を制定した。これは胎児の心臓が鼓動を始めた段階（およそ妊娠 6 週目）以降の中絶を禁止する法律であり、女性が自分の妊娠を確認できた頃には中絶が不可能になるため、事実上の中絶禁止法を意味する。2019 年にはアラバマ州などでほぼすべての中絶を禁止する法案が成立した。アラバマ州の法案に署名した共和党のケイ・アイヴィ（Kay Ivey）知事は以下のような声明を発表した。

　　　個人的中絶観にかかわらず、少なくとも短期的にはこの法案が〔ロウ判決により〕執行不可能になりうることを皆が認識しています。〔中略〕1973 年にロウ判決が下された時、私を含む多くのアメリカ人が反対しました。本法案の提出者は、いまや合衆国最高裁がこの重要争点を再検討すべき時であり、本法案がその検討の絶好の機会になると信じております[32]。

　同法は差し止めのための違憲訴訟を挑発し、訴訟が最高裁に至ることでロウ判決を覆す「絶好の機会」にしようとする、共和党とプロライフ派の戦略に基づいていた。2021 年 4 月末現在、同法をめぐる裁判は未決であるが、最高裁判事の構成がリベラル派 3 名対保守派 6 名とバランスが大きく保守派に傾いているため、今後ロウ判決が覆される可能性は少なくないと見られている。

　新型コロナウイルス感染症（COVID-19）も、共和党とプロライフ派は中絶禁止のための奇貨として活用した。テキサス州やオクラホマ州の知事は、

COVID-19 対策に医療資源を集中させる必要性という名目で、緊急性が高い場合を除いて中絶をパンデミック終息まで停止する行政命令を発した[33]。

　そして 2022 年 6 月、最高裁がドブス対ジャクソン女性保健機構判決を下してロウ判決を破棄し、中絶の合法性を州に委ねた結果、2023 年 2 月時点で南部を中心に 12 州がほぼすべての中絶を禁止した。他方でヴァーモント州やカリフォルニア州などでは、中絶を権利として保護する州憲法改正を行った。

5.　プロライフとプロチョイスが見えなくするもの

　プロライフ派の論理は、胎児の生命権の名の下に、中絶禁止を通じて特定ジェンダー規範 ―― 女性が果たすべき第一義的役割は母親であり、母性を回避することは許されないという論理 ―― に、すべてのアメリカ人が順応することを必然的に要求する。これはシーゲルが指摘するように、女性の役割を母性に固定し、さらに他の可能性を実質的に制限するという点で家父長的であり、ジェンダー平等に反している[34]。

　90 年代以降にプロライフ派が掲げた WPAA は、女性の利益の尊重を謳ってきた。だがその論理は、中絶する女性はプロチョイスに騙されているという、女性の主体的な自己決定能力を否定する前提に立脚している。また出産を「真の」女性の利益として本質化する点でも[35]、やはり女性ステレオタイプを強化する論理である。

　胎児の生命権の絶対性を謳うプロライフの論理は、形式上は明示的に家父長主義的なレトリックを使用せずに、家父長主義的な結果をもたらす中絶禁止政策を正当化する。だが、生命の尊重というプロライフの論理自体の欺瞞性も指摘されている。主要プロライフ・福音派諸団体は胚から死に至るすべての生命を尊重すると主張するが、生まれた乳幼児の生命と健康のための出生前・出生後ヘルスケア拡充政策には無関心なかれらの姿勢は、生命尊重が中絶禁止を正当化する方便にすぎないのではないかという疑念を生む。また、プロライフ派のほとんどは軍備拡大や軍事力の行使に反対しない。1970 年代にはプロライフと反戦・反核運動の連携を目指したカトリック女性活動家もいたが、彼女

らは80年代にはプロライフ運動の主流から疎外されていった[36]。2014年にミシガン州フリントの水道水汚染が主にアフリカ系アメリカ人を中心とした低所得層に甚大な健康被害をもたらし、流産・死産が顕著に急増したと報道されても、プロライフ団体は支援もしなければ声明も発表しなかった[37]。

さらに、中絶の犯罪化は、女性に中絶を余儀なくさせている社会経済的な構造を不問に付すため、結果として、外国での合法中絶を受ける等の安全な代替手段を取りにくい非白人・貧困層女性の犯罪者化を推進する政策である。その論理にレイシズムが内在していると指摘する議論もある[38]。

他方、プロチョイス運動の論理は、プロライフ派に比して一貫しており、また性別役割の固定化を拒否する点で、より非家父長主義的である。だが、主流プロチョイス運動が「個人」としての女性の「選択権」に議論と資源を集中させることにより、重要な問いを不可視化してきた面もある。

一つは、主流プロライフ運動が胎児の生命権を理由に中絶を道徳的に否定するのに対して、プロチョイスは中絶を選択できる権利を憲法上のプライバシーとして擁護するが、中絶そのものの道徳性を積極的には擁護しない傾向があるという点である。プロライフは胎児を可視化しシンボル化する宣伝戦略を通じて有権者の感情を喚起してきたが、感情より論理に訴えがちなプロチョイスは動員力で後手に回りがちであった。その理由の一部は、中絶が歴史的にスティグマ化されてきたことに由来している。

だが近年、中絶のスティグマ化自体に対抗するアクティビズムがSNSを中心に登場している。インターネットという公的空間で中絶経験の当事者が個人的体験を語ることを通じて、彼女たち自身の生にとっていかに中絶が重要で、それゆえに道徳的に肯定的な経験であったかを伝える試みである。この試みに携わる活動家たちは、中絶のスティグマを払拭することが中絶権擁護のための政治的関与を促す文化的基盤の整備につながると認識している[39]。

もう一つの問題として、主流プロチョイス運動が生殖をめぐるより広い問いを、中絶の合法性の問題へと狭隘化しているという批判がある。選択肢としての中絶は、その実践に必要な資源を有する者にとってのみ恩恵である。NARALなどの主流プロチョイス団体は、中絶を国家からのプライバシーと

して防衛することに集中し、生殖の選択権の行使を実質的に保障する制度の構築には向かわなかった。この戦略は「大きな政府」批判の高まりという政治状況下で中絶の合法性を維持することには貢献したが、それは女性解放というよりもリバタリアンの論理であった[40]。この「『自由な』選択という、個人主義的で消費者主義的な概念」[41]下で中絶を権利として行使しうるのは、一定以上の経済力を持った白人の女性に限られる可能性が高い。

　近年の「生殖の正義（reproductive justice）」論は、生殖権利論が産むことを強制されないという消極的自由にとどまりがちな現状を批判する。産まない選択肢の存在を認める以上に、その行使を実質的に保障すること、産みたいときに安全に子を産む権利や産んだ子を健全な環境で育てる権利の行使をも実質的に保障することを生殖の権利に含めるべきという訴えである[42]。

　生殖の正義の主張は、主にアフリカ系などの非白人フェミニストから提示されてきた。それは、すべての人のための生殖の正義を実現するには、ジェンダーと同時に人種や階級に基づく不平等や搾取・排除の構造を是正することが不可欠だからである[43]。

　そして、貧しい移民や労働者階級、アフリカ系、先住民などのマイノリティ女性たちは、20世紀を通じて断種を強制されたり、経済的インセンティブ等を通じて健康上問題の大きい長期持続的不妊薬の投与の標的にされたり、近年でも十分な同意を確認されないまま刑務所内で不妊手術を受けさせられたり、実質的な養子縁組の強制によって子どもの親権を剥奪されるなど、白人中産階級女性であれば被らずに済んだであろう生殖の自由への侵害を、歴史的に経験してきたのである[44]。

　中絶論争は、プロライフとプロチョイスの論理の形式的な比較にのみ目を向けていると、アメリカ社会においてその意味が見えなくなりがちである。しかしより大きな社会・文化的文脈に位置づけることで、論争がいかなる社会構造や権力関係と結びついているのかが見えてくる。終わりない論争を乗り越える道は、そうした視点が示してくれるのではないだろうか。

注

1) "Trump Advocates Abortion Ban, Walks Back Punishment for Women Remark," *MSNBC*, March 31, 2016 [https://www.msnbc.com/msnbc/trump-advocates-abortionban-walks-back-punishment-women-remark-msna824216]; "Clinton, Trump Clash on Abortion Rights," *MSNBC*, October 20, 2016 [https://www.msnbc.com/hardball/watch/clinton-trump-clash-on-abortion-rights-789765699977] (August 14, 2021).

2) Maggie Astor, "How Trump and Biden Differ on Abortion," *New York Times*, September 29, 2020 [https://www.nytimes.com/interactive/2020/09/29/us/elections/trump-biden-abortion.html] (August 14, 2021).

3) 中絶論争に関する優れた邦語文献として、荻野美穂『中絶論争とアメリカ社会——身体をめぐる戦争』岩波書店、2001 年；緒方房子『アメリカの中絶問題——出口なき論争』明石書店、2006 年。ただし、いずれも人種をめぐる問題には言及が少ない。

4) James C. Mohr, *Abortion in America: The Origins and Evolution of National Policy*, New York: Oxford University Press, 1979, chapters 1-2.

5) Mohr, *Abortion in America*, chapter 6.

6) James Whitehead, "Criminal Abortion," *Chicago Medical Journal*, 31, July 1874, 392.

7) Barbara Welter, "The Cult of True Womanhood: 1820-1860," *American Quarterly* 18, Summer 1966, 151-174; Nancy F. Cott, "Passionlessness: An Interpretation of Victorian Sexual Ideology, 1790-1850," *Signs* 4, Winter 1978, 219-236; E. Anthony Rotundo, *American Manhood: Transformations in Masculinity from the Revolution to the Modern Era*, New York: Basic Books, 1993.

8) Ellen Carol Dubois, *Feminism and Suffrage: The Emergence of an Independent Women's Movement in the U.S., 1848-1869*, Ithaca: Cornell University Press, 1978.

9) Horatio R. Storer, *Is It I ?: A Book for Men*, Boston: Lee and Shepard, 1867, 134.

10) Horatio R. Storer, *Why Not ?: A Book for Every Woman*, Boston: Lee and Shepard, 1866, 85.

11) John Higham, *Strangers in the Land: Patterns of American Nativism, 1860-1925*, New Brunswick: Rutgers University Press, 1955.

12) Leslie J. Reagan, *When Abortion Was a Crime: Women, Medicine, and Law in the United States, 1867-1973*, Berkeley: University of California Press, 1997, chapters 1-2.

13) Reagan, *When Abortion Was a Crime*, chapters 3-6.

14) Reagan, *When Abortion Was a Crime*, 160-164 ; Elaine Tyler May, *Homeward Bound : American Families in the Cold War Era*, New York: Basic Books, 1988; David K. Johnson, *The Lavender Scare: The Cold War Persecution of Gays and Lesbians in*

the Federal Government, Chicago: University of Chicago Press, 2006; Carolyn Herbst Lewis, *Prescriptions for Heterosexuality: Sexual Citizenship in the Cold War Era*, Chapel Hill: University of North Carolina Press, 2013.

15)　Reagan, *When Abortion Was a Crime*, 216-222.

16)　油井大三郎編『越境する一九六〇年代――米国・日本・西欧の国際比較』彩流社、2012年；西田慎・梅﨑透編『グローバル・ヒストリーとしての「一九六八年」――世界が揺れた転換点』ミネルヴァ書房、2015 年。

17)　Sara M. Evans, *Tidal Wave: How Women Changed America at Century's End*, New York: Free Press, 2003, chapters 1-2.

18)　Leslie J. Reagan, "Crossing the Border for Abortions: California Activists, Mexican Clinics, and the Creation of a Feminist Health Agency in the 1960s," *Feminist Studies 26*, Summer 2000, 323-348; Laura Kaplan, *The Story of Jane: The Legendary Underground Feminist Abortion Service*, Chicago: University of Chicago Press, 1995；栗原涼子「ニューヨークの女性解放運動とラディカル・フェミニズムの理論形成」油井前掲書、201-222 頁。

19)　*Roe v. Wade*, 410 U.S. 113, 1973.

20)　Robert N. Karrer, "The National Right to Life Committee: Its Founding, Its History, and the Emergence of the Pro-Life Movement Prior to *Roe v. Wade*," *Catholic Historical Review* 97, July 2011, 527-557.

21)　Seth Dowland, "'Family Values' and the Formation of a Christian Right Agenda," *Church History* 78, September 2009, 606-31.

22)　Focus on the Family, "Our Vision, [https://www.focusonthefamily.com/about/foundational-values/#mission]（August 14, 2021）.

23)　"Public Opinion on Abortion," Pew Research Center, August 29, 2019［https://www.pewforum.org/fact-sheet/public-opinion-on-abortion/]（August 14, 2021）.

24)　Kristin Luker, *Abortion and the Politics of Motherhood*, Berkeley: University of California Press, 1984.

25)　Mary Ziegler, *Abortion and the Law in America: Roe v. Wade to the Present*, New York: Cambridge University Press, 2020, chapters 1-3. また、70 年代後半の共和党内では反フェミニズムの保守女性運動が台頭し、ジェンダー平等立法に積極的だった穏健派が退潮していった。Marjorie J. Spruill, *Divided We Stand: The Battle Over Women's Rights and Family Values That Polarized American Politics*, New York: Bloomsbury, 2017.

26)　Ziegler, *Abortion and the Law*, 98-101.

27)　*Planned Parenthood of Southeastern Pennsylvania v. Casey*, 505 U.S. 833, 1992.

28)　Reva B. Siegel, "The Right's Reasons: Constitutional Conflict and the Spread of

Woman-Protective Antiabortion Argument," *Duke Law Journal* 57, April 2008, 1641-1692.

29) ガットマッカー研究所のウェブサイトに掲載されたデータに基づく。Guttmacher Institute, "State Laws and Policies," [https://www.guttmacher.org/state-policy/lawspolicies] (August 14, 2021).

30) Stefanija Giric, "Strange Bedfellows: Anti-Abortion and Disability Rights Advocacy," *Journal of Law and the Biosciences* 3, December 2016, 736-742; Sital Kalantry, "Sex-Selective Abortion Bans: Anti-Immigration or Anti-Abortion?" *Georgetown Journal of International Affairs* 16, Winter/Spring 2015, 141-158.

31) Erica Hensley, "Mississippi's Only Abortion Clinic Still Open, but a Legal Battle Could Be on the Horizon," *Mississippi Today*, April 16, 2020; Erica Hellerstein, "The Rise of the DIY Abortion in Texas," *The Atlantic*, June 27, 2014.

32) "Governor Ivey Issues Statement after Signing the Alabama Human Life Protection Act," May 15, 2019 [https://governor.alabama.gov/newsroom/2019/05/governor-iveyissues-statement-after-signing-the-alabama-human-life-protection-act/] (August 14, 2021).

33) Sarah McCammon, "In Texas, Oklahoma, Women Turned Away Because of Coronavirus Abortion Bans," *NPR*, April 2, 2020 [https://www.npr.org/2020/04/02/826369859/in-texasoklahoma-women-turned-away-because-of-coronavirus-abortion-bans] (August 14, 2021).

34) Reva B. Siegel, "Dignity and the Politics of Protection: Abortion Restrictions Under Casey/Carhart," *Yale Law Journal* 117, June 2008, 1694-1800.

35) Glen A. Halva-Neubauer and Sara L. Zeigler, "Promoting Fetal Personhood: The Rhetorical and Legislative Strategies of the Pro-Life Movement after Planned Parenthood v. Casey," *Feminist Formations* 22, Summer 2010, 101-123. 危機妊娠センター運動については、"Why Crisis Pregnancy Centers Are Legal but Unethical," (Amy G. Bryant and Jonas J. Swartz, *AMA Journal of Ethics* 20, March 2018, 269-277)。

36) Karissa Haugeberg, "'How Come There's Only Men Up There?' Catholic Women's Grassroots Anti-Abortion Activism," *Journal of Women's History* 27, Winter 2015, 38-61.

37) Christopher Ingraham, "Flint's Lead-Poisoned Water Had a 'Horrifyingly Large' Effects on Fetal Death, Study Finds," *Washington Post*, September 22, 2017; Jill Filipovic, "The Stunning Hypocrisy of Pro-Life Movement," *Cosmopolitan*, September 27, 2017.

38) Andrea Smith, "Beyond Pro-Choice Versus Pro-Life: Women of Color and

Reproductive Justice," *NWSA Journal* 17, Spring 2005, 121-127.

39) Elizabeth Arveda Kissling, *From a Whisper to a Shout: Abortion Activism and Social Media*, London: Repeater Books, 2018.

40) William Saletan, "Electoral Politics and Abortion," Rickie Solinger (ed.), *The Abortion Wars*, Berkeley: University of California Press, 1998, 111-23.

41) Smith, "Beyond Pro-Choice Versus Pro-Life," 127.

42) Robin West, "From Choice to Reproductive Justice: De-Constitutionalizing Abortion Rights," *Yale Law Journal* 118, May 2009, 1394-1432; Loretta J. Ross and Rickie Solinger, *Reproductive Justice: An Introduction*, Berkeley: University of California Press, 2017.

43) Kimala Price, "What is Reproductive Justice? How Women of Color Activists Are Redefining the Pro-Choice Paradigm," *Meridian* 10, October 2010, 42-65.

44) Wendy Kline, *Building a Better Race: Gender, Sexuality, and Eugenics from the Turn of the Century to the Baby Boom*, Berkeley: University of California Press, 2001; Dorothy Roberts, *Killing the Black Body: Race, Reproduction, and the Meaning of Liberty*, New York: Vintage, 1997 ; Laura Briggs, *Somebody's Children: The Politics of Transracial and Transnational Adoption*, Durham: Duke University Press, 2012, chapters 1-3；貴堂嘉之「20世紀初頭のアメリカ合衆国における優生学運動と断種―世界初の断種法制定からサンガーの産児調節運動まで」『ジェンダー史学』第17号、2021年。近年でもカリフォルニア州刑務所で1997〜2010年に女性囚人約150人に対し十分な同意なしに不妊手術が行われており、その多くが貧困な非白人女性であった。Bill Chappel, "California's Prison Sterilization Reportedly Echo Eugenics Era," *NPR*, July 9, 2013 [https://www.npr.org/sections/thetwo-way/2013/07/09/200444613/californiasprison-sterilizations-reportedly-echoes-eugenics-era] (August 14, 2021).

第Ⅱ部

外交

第 **6** 章

アメリカはアジアをどう見ているか
― 乖離する相互イメージ ―

伊藤 　剛

は じ め に

　アメリカのアジアを見る視点は、中国台頭に伴って明らかに変わった。1970 年代、米中の交流が始まった際に、日本を除くアジアは「貧困」の代名詞であった。同時に、冷戦が進行していくにつれて、米中のイデオロギー対立は米ソ対立よりも過激化していった。アメリカにとって中華民国こそが中国であって、中華人民共和国は「国家」として認められていなかったからである。

　もちろん中国が台頭する以前においては、日本がアジア国際秩序の要として位置づけられていたため、日本は長い間アメリカからの恩恵を受けてきた。アメリカと太平洋を挟んだ中国・日本との間の力関係が対等でないこともあって、アメリカが日中双方に対して優勢なポジションを占めてきたのである。これは、アメリカ自体が軍事的にも経済的にも大きな国力を日中両国に対して有していたことと同時に、第二次世界大戦後の東アジアが、アメリカを中心として延びる放射線状の 2 国間同盟によってその安定を保ってきたことと密接に関係している。

　この結果、東アジア国際政治の安定は、日米間、米中間や日中間の勢力均衡によるものでなく、アメリカの力の一方的な優越、すなわち覇権的構造によって保持されてきた。冷戦期の安定が、米ソそれぞれのブロックが有する利権をお互いに認知する「勢力均衡」的発想から維持されてきたことから考えれば、東アジア地域の安定は、およそそれとは異なるアメリカの「覇権」によっ

てもたらされたものであったと言える。

　しかし、この「覇権」的構造の受益者でありながら、そのネットワークの中に従属しようとしない動きが中国の台頭とともに顕著となりつつある。当のアメリカ自身も、つい最近までは「中国を国際社会の中に取り込むことが肝要」と発言していたが、近年はそれを諦めたような動きである。トランプ大統領時代には「中国がアメリカの富を奪っている」と対中貿易に莫大な関税を上乗せするようになり、バイデン政権期になると同盟国と連携して中国と対立するようになった。

　このアメリカが提供する「覇権」による秩序像は、その秩序の「提供者」と「受益者」との間で、乖離する傾向が見られた。秩序の「提供者」であるアメリカは、冷戦期前半は日本を同盟国として取り扱ってきたが、1970年代以降「対ソ連カード」のために中国を味方に引き入れ、時に対ソ連カードとしての準同盟国として扱うようになった。とはいうものの、日本をおざなりにしていたわけでなく、1978年のガイドラインで強固な同盟関係を再確認したり、日本の長年の懸案であった中国との政治的関係の改善や貿易促進に向けて働きかけをしてみたり、また中国に対しては、一党支配の共産主義国としてときに突き放してみたりと、適度に日中間をバランスさせてきたという方が正確である。

　そして、秩序の「受益者」である日中両国は、このアメリカの「覇権」をどう認識したのだろうか。まず日本は1970年代の「ニクソン・ショック」よろしく、アメリカと中国との関係が親密になるのを見るたびに不安を感じることが多くなり、他方、米中間が天安門事件直後のように疎遠になると安心感を得るという「三角関係」的な感情を繰り返してきた。他方中国は、冷戦終結までアメリカと日本との関係を対ソ連防波堤として認識していたため、1980年代には日本との関係を構築することに意を注いできた。その意味で、中国にとってアメリカとの関係改善は、日本との関係を良好にするのにも役立ったのである[1]。それが冷戦後において対ソ連への防波堤が必要なくなると、1997年の新ガイドライン合意、2004年の新防衛計画大綱、2015年日米防衛協力のための指針（新版）への反応に見られるように、日米の堅固な同盟を警戒視す

る傾向が往々にして見られるようになった。以上のことから、日本、中国双方
ともに、アメリカの影響力を自国の都合の良い方向に取り入れて、お互いの外
交政策をうまく進めようとしていると言える。

　これらの結果、米中日の3国間には、実際の国力とはかけ離れたイメージ
によって外交政策が形成されるという事態が生じることとなる。日中関係が険
悪になることによって、構造的に日中それぞれはアメリカに依存するようにな
り、アメリカも離間された日中関係を前提としてアジア政策を構築することと
なる。その結果、アメリカの対中・対日政策は、「送り手」のアメリカ政府に
おいてはそれぞれ別個に立案されながら、その政策の「受け手」である中国と
日本では、お互いを意識し合っているのが現状である。その意味で、外交政策
の「実際」と「認識」との間には、懸隔が存在している。

　本章は、このような問題意識にたって、アメリカにとって日中関係はどの
ような政策的意義を有しているのかを概観するものである。中国に期待した第
二次世界大戦直後のアメリカは、共産革命によって幻滅させられ、敵国であっ
た日本への占領政策を転換した。1970年代に主には対ソ連封じ込めの一環と
して中国を仲間に入れたが、その結果日本との関係に調整を迫られた。中国の
開放政策が始まって10年ほどして、世界的な冷戦が終わり、アメリカは中国
を「国際社会に組み入れる」政策を行ったが、時に関与と封じ込めの間で揺れ
れていった。そして21世紀に入り、日本を追い越して世界第2位の経済力を
中国が持つようになると、この「国際社会に組み入れる」政策の再構築を余儀
なくされている。ジョージ・W・ブッシュ（George W. Bush）大統領の「戦
略的競争相手」から始まり、オバマ大統領の対中融和路線が次第に変容したこ
と、その後トランプ政権期の関税引き上げ競争、そして現在のバイデン大統領
による「有志連合」的中国封じ込め政策といった一連のアメリカの対中政策
を、日本、そして東南アジア諸国連合（ASEAN）の外交態様も含めて概観す
るのが、本章の目的である。そこには、アメリカの国益の実現のために、アジ
ア諸国はどのような秩序を形成して欲しいかについて、政策の「送り手」と
「受け手」の間で誤認、離齬が存在し、それらを徐々に調整してきたことが明
らかにされる。

1. 「中国＋日本＝ゼロ」の視点―アメリカにとっての「日中離間」―

そもそも、アメリカにとって対中・対日政策は、お互いがリンクされたものではなく、別個の政策として構想されてきた。冷戦時代に日本を用いることによってアジアの共産主義と対抗したものの、これは取り立てて中国だけを意識して作られた政策ではない。米ソ冷戦というイデオロギー対立が主軸であったからこそ、アメリカの対中政策は、中ソ離間を行って、中国を自国陣営に引き入れるチャンスをうかがってきたのである。すなわち、日中関係と同様、中ソ関係も懸隔が存在していただけに、アメリカの対中政策は日本に対してと言うよりも、ソ連への対抗策として展開していった[2]。

アメリカ政府の対日政策と対中政策は、それぞれ別個に形成されてきたが、これは、アメリカが日本に期待する事柄と、中国に期待する事柄が異なっていたことを表している。まず、日本に対しては、堅固な日米同盟関係を礎にして、冷戦時代には共産圏に対抗するための、冷戦後にはグローバルな脅威を封じ込めるための「日米パートナーシップ」が要請されてきた。言葉を換えて言えば、日米関係に関しては、「モノと人の交換」が冷戦時代に、「人と人の交換」が冷戦後に要求されるようになったのである。1980年代の日米経済摩擦の時代を経て冷戦後になると、日本側も「安保ただ乗り」を継続することができなくなった。アメリカは日本に同盟国としてほぼ対等の負担を人的にも物的にも求めるようになり、それが今日の米軍再編議論における日本政府負担へとつながっている。つまり、アメリカは、「世界の中の日米同盟」に相応しい「同盟国」としての貢献を日本に求めてきたのであった[3]。

他方、アメリカの中国政策は、日本に対してほど万全な信頼に立脚しているものではない。しかし、中国の潜在的能力に関しては、それがアメリカとの友好関係を育むものであれば「期待感」を表明し、他方、アメリカの国益を侵す可能性があると判断する場合には「脅威」として中国をみなす傾向が往々にして見られた。1970年代以降、対中接近・国交正常化が進むにつれ、アメリカの対中政策は、過大なる期待を中国に抱くようになる。アメリカが、中国を

その一人当たり GDP には拘泥せずに、世界的な「極」の一つとして扱おうとした経緯は明らかに見て取れるし、また、連絡事務所設立を経て国交正常化に至る時点で米中貿易は 20％増加している。それだけ、中国の経済的利益は、歴史的にも、そして今日の観点から見ても、アメリカには大きな恩恵であることがわかる[4]。

　このようにアメリカが中国と日本に対して期待する役割が異なるために、アメリカの中国に対する接近が、日本国内で根拠のない憶測をよび、逆に、日米関係の堅固さを訴えることが、日中間の離間につながってきたことが往々にして存在した。長期的視点からは、「中国＋日本＝ゼロ」と言えるだろう。つまり、日本が中国より強く見えるとき、アメリカは中国に肩入れして、日本とのバランスを保持し、逆に今日のように中国の力が強大になってくると、アメリカは日本に肩入れして、同盟堅持、役割拡大を目指すというようになる。それは、アメリカの意図的な政策である面も存在するが、同時に日米中 3 国間関係の構造的な特徴でもある。隣国同士である日中は、アメリカの意図にかかわらず様々な問題を抱えている。地理的に近い国が様々に政治・外交問題を抱えるのは、米加、米墨、独仏、英仏、そしてアジアでは豪州・インドネシア、シンガポール・マレーシア等枚挙に暇がないが、歴史問題の面倒なところは、時を経て問題そのものが癒されることもあれば、一部の事実と感情が増幅され、過度な政治問題と化すことである。「中国＋日本＝ゼロ」の構図は、この意図と構造との双方が折り重なって、20 世紀アメリカの対アジア政策の特徴となってきたのである。

　まず、日米関係に関しては、戦後直後に中国期待論を唱えたアメリカが占領政策を転換して日本をアジアの中心に据えた。その後、1970 年代に入って、米中関係が和解から国交正常化に至る時期に、アメリカの重点が中国に移行したと考えることが可能である。アメリカが日中の疎遠な関係を巧みに利用することによって自国の優位を期せずして維持することとなった。ニクソン・ショックに代表されるように、米中の接近は、アメリカが意図した以上の衝撃を日本に与えることとなった。冷戦開始以降の同盟関係によって日本の対中政策は相当程度アメリカによって拘束されていると日本政府側は感じていた。ベ

トナム戦争が開始された以降、日本の佐藤栄作政権は発足当初の認識とは異なり、アメリカのジョンソン政権に倣って対中脅威論を宣伝する傾向にあった。その結果、日中間の懸隔は拡大するばかりで、1971年にニクソン大統領が対中接近を突如として発表した際に、日本は大きな「ショック」を受けることとなってしまったのである[5]。

　この日米同盟からの「捨てられる恐怖」は、今日の日米同盟関係においても当てはまる。1990年代以降中国の経済成長が顕著になってくると、1980年代の「ジャパン・バッシング」が「パッシング」に代わり、米中貿易が増大するにつれて自国の重要性に対する心配や不安が生じることとなった。このように、日本が「頭越し」の米中協調の下で感じる不安感は、今でも大して変わっていないだろう。

　次に、後者の日米同盟が中国に与える不安感であるが、これは、同盟関係が強すぎても、逆に弱すぎても、どちらの場合においても中国を不安にさせてきた。日米関係の堅固さを強調する1997年の日米新ガイドラインや、「中国が脅威である」と明言した2004年の新防衛計画大綱、そして近年の「自由で開かれたインド太平洋（FOIP）」にしても、「グローバルな日米同盟」や「有志連合」が強調されているからこそ、中国は自国が封じ込められていると感じている。他方、日米同盟の堅固さが失われて、日本が自主防衛に傾いていくことにも、中国は懸念を持っている。1970年代に明らかであったことは、中国側が要求した台湾と日本からの駐留米軍の撤退・削減は、日米同盟に被さっている「ビンの蓋」を外すことになるので、アメリカ政府は、日本の軍事大国化を招くことになるかもしれないと返答したことであった。自国の安全保障は、自国の軍事力を高める「自強」か、良き友人を作る「同盟」かの2つによってしか基本的に担保されない状態で、さしたる「同盟」国も持っていない中国が安全に対する心情を確実にしようと思えば「自強」の最たるものである軍事力の拡大しか選択肢がなく、今日では中国の年次軍事予算は日本の5倍程度になっているというのが現状である。日本が戦後70年間戦争をしていないという事実とは裏腹に、中国が日本の意図通りの認識をしていないのは、1970年代に限らず、今日にも言える事柄である。

　このようにアメリカが日本に期待することと、中国に期待する事柄には懸隔が存在している。日本に対しては同盟を堅固にすることを要求するが、その背景には、日本がアジア地域におけるアメリカの利益を牽引するものであるとの認識が存在しており、その意味で、日本はアメリカにとって「予測できる」範囲の行動様式を取っている[6]。他方、中国の行動様式は、その地理的大きさ、経済成長率の急激さをも相まって、中国を国際社会にどのように迎え入れるかを探る一方、もしも中国が軍事大国になって、アメリカのコントロールの利かない政策を取り始めたら、どのように対処するかということも考えており、その意味で、「ヘッジ戦略」が基本である。そして、その「ヘッジ戦略」をアメリカが展開する際に、アジアにおいて最もアメリカに協力的なのが日本となっているのである。

　では、そのアメリカが中国に対して有する不安というのは、どのように分類できるだろうか。以下の２つのジレンマに分類できる。

　第１に、経済と人権とのジレンマである。元来アメリカの建国理念は自由と民主主義であるから、ヨーロッパと違って外交政策に価値的な要素が入り込む。しかし、1990年代クリントン政権のときにアメリカ政府は人権よりも最恵国待遇を優先させ、自国の経済利益を優先した。この米中経済エンゲージメントは、アメリカにとって「予期しなかった」経済成長を成し遂げた中国が米中相互依存という「構造的変化」をもたらしたことに起因するものであって、クリントンとかブッシュとかいった大統領のパーソナリティが生み出したエンゲージメントではない[7]。

　そもそもアメリカの対中政策に関して、経済的関係を前面に出して相互依存関係を巧みに操作しつつ、中国を国際社会に取り込んでいくといった政策は、冷戦初期には考えられなかったことであるし、また、米中が接近した1970年代でも大きくは期待されていなかった。また、中国のみならずアジア諸国全体の経済成長率が上昇し、アジアが世界の「成長センター」として認識され始めたことによって、中国を「対ソ連カード」として手段的に用いるよりも、一国家として対等に扱うようになっていったのである。つまり、「米中パートナーシップ」は1990年代を通じて両国間の経済的連携を探ると同時

に、2001年以降はテロ対策の点でもグローバルなものとなり、そこでは「人権」問題は米中両国の2国間関係のイシューとなっていったのである[8]。

　第2は、安全保障と民主主義との間にジレンマが存在することであり、これは中台関係に当てはまる。台湾は1970年代以降、アメリカに「捨てられた」同盟国として扱われてきたために、アメリカの注意を引くような政策を実施しなければならなかった。アメリカの台湾関係法第2条に「本法律に含まれるいかなる条項も、人権、特に約1,800万人（現在は2,300万人、筆者注）の台湾全住民の人権に対する合衆国の利益に反してはならない。台湾のすべての人民の人権の維持と向上が、合衆国の目標である」と書かれているが、これは台湾の人権状況が近い将来改善されることをアメリカが期待して作成したものであり、その意味で民主化は台湾がアメリカの関心を維持するために残された「宿題」であった。

　しかし、台湾が1990年代李登輝のリーダーシップの下で国際的に大きな賛美を受けたのは、その当時に独特の国際環境が存在していたからである。第1に、冷戦の終結によってアメリカの対中利用価値が減退したこと、そしてそれに伴って分断国家である台湾の政治的地位が相対的に上昇したこと、第2に、中国が1989年の天安門事件によって、その権威主義的政治体制をちらつかせたことである。これに対して李登輝は台湾の民主化を進めていることを内外にアピールして大陸中国との差別化に成功したのである。こういった時代背景が存在したからこそ、台湾の民主主義は国際的な説得力を持ったのである。より一般化して言えば、民主主義のような「価値的」な要素がアメリカに対して説得力を持つのは、近隣諸国（この場合は大陸中国）があからさまな砲艦外交（gunboat diplomacy）をしている間だけであった。

　以上のように、アメリカにとっての対アジア安定のための基本方針が「中国＋日本＝ゼロ」であることによって、アメリカの覇権外交は成功を収めてきたと言える。アジア諸国には今でも冷戦型イデオロギー対立が残存している国があるが、大国間外交という見地からは米中の資本主義・社会主義二分論によるイデオロギー対立が1970年代初頭で終焉し、それと相まってアメリカによる

中国への肩入れ政策が始まったのである。それまでの日本をアジアの中心として描いてきた対アジア政策の転換である。まさに、「中国＋日本＝ゼロ」の構図が内容的に変容したと言える。

2. 「東アジア共同体」と、中国による「覇権」

アメリカを中心とする対アジア外交の覇権的構造が、日本・中国との間に様々な誤認を生じさせたことを前節で述べた。次に論じなければならないのは、政策の「送り手」であるアメリカが日中両国による協力の可能性と、それを進めたアジアの統合をどのように見ているかということである。

米中日の３国間関係において、アメリカの影響力の源泉は、その圧倒的な国力のみならず、疎遠な日中関係という「国力」とは別の構造的要因によって規定されてきた。実際、第二次世界大戦後のアメリカの政策は、日本を共産主義に対する主要な盾と見なし、自国の市場を開放して日本商品を購入することに余念がなかった。そこで得た経済成長と日本の技術力は、今日においてもアメリカと日本とが経済的に相互依存関係を深く有していることにつながっている。

同時に、戦後1970年の端々でアメリカは中国に対して、その実像以上に大きな期待を抱いてきた。太平洋戦争終結の頃からアメリカは広大な領土を有する中国を戦後の拠点にする予定であったが、国共内戦のためにそれが果たせず、1960年代になると中国の核兵器を恐れ（特に、ジョンソン大統領による「中国脅威論」はよく知られている）、同時に中国の経済的潜在力に魅了されてきたことは事実である。1970年代の米中接近から国交回復に向かう過程、1980年代の「対ソ連カード」の名の下の米中連携、そして冷戦後に生じた中国の経済成長を使用して、最恵国待遇を人権よりも優先したクリントン政権、「戦略的競争相手」と言いながら、中国をアメリカ主導の国際秩序に導こうとしたブッシュ政権期、オバマ政権期は記憶に新しい。このようにアメリカの対中・対日政策が別個に組み立てられ、そこには「東アジア」という地域概念は重要視されてこなかった。アメリカの意図が有るなしにかかわらず、構造的に

日中離間がアメリカの政策の中で形成されていたと言ってよい[9]。

　同様の事柄は、東南アジア地域に対してもそうであった。元来はインドシナ共産3国に対抗する意味で、それに対抗する自由主義堅持のASEANが形成されたが、ではASEANを創設した5カ国がアメリカにもろ手を挙げて賛成したかと言えばそういうわけでもない。タイは植民地には偶然ならなかったが、その他4カ国は複数の異なるヨーロッパ諸国によって植民地支配されたため、1950年代の「ドミノ」が倒れるのにも抵抗感があったし、同時に「ドミノ」とならないためにアメリカに依存し過ぎるのにも違和感があった。だからこそ、1950年代のSEATOでなく（あまりにもメンバー間に共通の目標がなかった）、1960年代になって団結してASEANを形成し、アメリカ主導の南ベトナムの二の舞いにはならないことを目指したのである。

　それでも、インドシナ共産3国との心理的距離は大きかった。1980年代に入り、マレーシアはルック・イースト、ベトナムはドイモイといった成長戦略を実施するに至り、冷戦という世界的イデオロギー対立が終わるに至って初めて東南アジア10カ国は相互内政不干渉を原則としながらも、一つの「共同体」を形成することができた。そこには、日中の対立からも、アメリカの覇権戦略からも一定の距離を取ろうとする「アセアン・ウェイ」が根付いていったのである。その結果、アジアの「共同体」は、EC（欧州共同体）とは異なり、とりあえず懸念材料について討議は行うが、各国とも関税、通貨、人の移動といった主要な政策は各国の主権に委ねるという機能的、かつパッチワーク的な地域主義が広がることとなったのである。

　つまり、アメリカから見れば、自国の優位を維持するための戦略は、アジア地域をさまざまな理由をつけて分断することであった。あるときは「イデオロギー」による対立が、あるときは「歴史」認識による対立が東アジアにも存在したし、またそれを意図的に惹起することによって、アメリカによるコミットメントが根拠を与えられてきたのである。冷戦終結後30年を経た現在でも、共産主義体制はいくつか残り、また過去の歴史問題がアジアの国家間協調を妨げている。アジアの域内貿易の比率が上昇したことは事実だが、それが政治的協調にまで到達していないのは、「政冷経熱」という言葉からもうかがえ

る。

　他方で、アジア諸国とアメリカとの貿易依存度もかなりの分量である。30年以上経済成長を続ける中国こそ、そのアメリカに対する貿易依存度は抜きん出ており、アメリカこそ、アジア地域での貿易利権を保持していると言ってもよい。つまり、アメリカがアジア地域を政治的に分断しておきたいのは、現在受けている経済的利得を保持し続けたいからとも言える[10]。

　21世紀に入って間もないころ、東アジア地域の「統合」や「共同体」や「サミット」といった動きが存在した。現在では中国の力が巨大になり過ぎていて、対等な形での「共同体」形成はできないものの、依然として「ワン・アジア」的な議論は存在する[11]。このようなアジアの地域主義は、従来のアジア太平洋地域の構造に変更を加えようとするものであるからこそ、アメリカは、東アジアが一つにまとまる構想である「共同体」構想に疑問を呈してきた。ブッシュ政権時のリチャード・アーミテージ（Richard Armitage）前国務次官が「アメリカ外し」と言って批判を加えたことが典型例だが、近年では「共同体」概念が中国主導の国際秩序形成につながっていくのでないかという懸念とも相まって、アメリカがアジア地域に対して持っていた優位が揺らぐ可能性も秘めていると言える[12]。

　これに対するアメリカの対処法は、以下の2点にわたっている。第1は、東アジアに残存する対立要因を巧みに利用して、地域の一休化に向けてのスピードを遅くすることである。そのためには、北朝鮮問題をも含めてアジアに存在する脅威を強調することである。その意味で、日中がある程度対立状況にあることがアメリカとしては、最も好ましい状態となる。

　第2に、日本と一緒になって、「共同体」へのメンバーを拡大することである。アジア通貨危機が起きたのが1997年、これを契機に始まったのが日中韓の3国にASEAN諸国を加えたASEAN＋3会議である[13]。中国が先導したこの会議に、日本はインド、オーストラリア、ニュージーランドを加えたASEAN＋6を構築した。そのような日本とともにアメリカは、近年ではオーストラリアとインドを引き入れてQUADを形成し、拡大する中国に対抗しようとしている。いずれにせよ、「共同体」の構成員を多くし、その機能を多元

化してアップグレードしようとしているように見える。また、ブッシュ政権期にはアジア太平洋経済協力（APEC）が、オバマ政権期には先進国を増やしたG20 が、国際社会の全体的な案件を討議する場として活用された。つまり、具体的な中身のない「ハコモノ」として「共同体」が維持され、単に加盟国の討議が定期的に行われる類のものであれば、アメリカの利益は依然として保持できると考えていることとなる。

　つまり、「共同体」や「統合」に向かおうとしているアジアにおいて、アメリカのプレゼンスは、徐々に低下しているか、または、低下しているとアメリカが危機感を抱いている。ならば、これまで続いてきたアジアの分断化戦略は、今後どのように推移していくのだろうか。次に、それを検討したい。

3. 米中対立と台湾海峡の安全

　前方展開「10 万人体制」は、クリントン政権時代の所産である。冷戦が終結して共産主義の勢力が減退したにもかかわらず、アメリカの前方展開は必要なのかという問いかけに対応して提出された。しかし、その基本前提は、アジアにおける 1970 年代の国際関係を引き継いだものであった。元来、今日の日米中 3 国間関係の基本構造は、1970 年代、米ソ冷戦と中ソ対立が混在するという国際政治構造の中で構築されている。アメリカも日本も「一つの中国」を堅持することに相違ないものの、アメリカは国内法として台湾関係法を制定し、中台関係の平和的解決を双方に促してきた。

　しかし、トランプ政権以降、台湾へのコミットメントについて、従来のアメリカのスタンスを逸脱する声明が続けられている。2021 年に入ってバイデン政権の下、日米首脳会談で台湾海峡の平和と安定について言及があり、同様の声明が G7 においても行われた。ブッシュ政権期には、対中「脅威論」から「活用論」まで、様々な意見が存在しており、中国を「国際社会の中に入れる」という類の議論が多かったが、今日このような議論はほとんどなくなり、中国を「国際社会に入れるのは困難」という意見が大勢を占めるようになった。

　このようなアメリカ主導のグルーピング形成に対し、中国が手をこまねい

ていることはない。21世紀初めの上海協力機構で仲間を形成すると同時に、平和的台頭論、孔子学院増設といった広報外交を繰り返している。すでに15年ほど前の段階で朱成虎将軍が「中国の核ミサイルはロサンゼルスを火の海にすることができる」と述べたように、中国共産党の公式見解とは異なる強硬な意見も聞こえている。今日では、戦狼外交とでも言うのか、正義は自分たちだけで、それを邪魔する国には制裁を加えるという、自国に賛成してくれるグルーピング形成をほぼ拒否するような大国意識（恐怖の裏返しでもあろう）が垣間見えるようになった。

　そもそも米中が国交を正常化した1978年以来、アメリカは中国の将来における軍事力行使の可能性を完全に否定することなく今日までやってきた。台湾関係法第3条には、中国からの非平和的手段に対し、台湾が「十分な自衛力を維持（maintain a sufficient self-defense capability）」できるようにアメリカの能力を維持することを行政府に義務付けており、大統領と議会が協力して「適切な行動（appropriate action）」を取ることが明記されている。ここには、外交交渉から軍事力行使に至るまで様々な手段が包含されており、そのアメリカの包括的なコミットメントが後の「戦略的あいまい性」の起源となったのである。

　この「戦略的あいまい性」は、中国と台湾の紛争にアメリカがどの程度介入するかを意図的に「あいまい」にすることによって、中台双方に自制的な外交態様を求めたものであった。しかし、アメリカによる台湾への過度の防衛コミットメントは、台湾の自律的傾向と同時に、それを力で押さえ込もうとする中国のタカ派的な態度を生むことになるため、その度合いは必ず一定限度内に抑えなければならない [14]。このような微妙なバランスがうまく機能するためには、いくつかの条件が整っている必要があった。

　第1に、中国と台湾とは、ともに「一つの中国」の正当性をめぐって争う分断された政権同士であり、「中国統一」と「台湾独立」との間に中間的な選択肢は存在しないということである。すなわち、「中国」という一つの「椅子」をめぐって大陸と台湾とがゼロサム・ゲームを繰り返すということが前提となっていた。

　第2に、その中国が台湾を統一する際の方法は、武力による可能性が大きいというものである。中台が別個の政治権力によって統治されている以上、現状の打破は武力によって行われる以外にないというものである。

　そもそも、今日のように経済的相互依存が当然となった中台関係において、中台双方ともに自己完結型の「両岸政策」を取りにくくなっている。特に2000年総統選挙以降、国民党を中心とした勢力は、民進党封じ込めのために大陸共産党との融和を図っており、台湾の内政は中国大陸とも密接に絡み合っている[15]。

　台湾関係法で規定されていた「1970年代体制」の中で想定されていなかったもう一つのものは、台湾で国民党以外の政党が政権を担うことであった。確かに台湾関係法の第2条においてアメリカは台湾に「人権状況」の改善を訴えていたが、この政権交代が民主進歩党という台湾の独立を標榜する政党によって実現することとなったために、大陸中国との間で「一つの中国」をめぐって緊張関係が生じることとなった。

　2000年3月の民進党候補陳水扁の総統選挙での勝利は、台湾における平和裡な政権交替と二大政党制の登場を意味した。5月20日の就任演説では、独立派総統と言われた陳水扁が、両岸関係の安定を第一に考える意図から、台湾の独立を早期に宣言することはないという「非独立」宣言を行うこととなった。同様の視点は、馬英九国民党政権を経て2016年に発足した蔡英文総統の際にはなおさら一層アメリカとの関係に気を遣っている。確かに中国の一党独裁に対抗して台湾の民主主義をアメリカも称える。しかし、アメリカ政府が求めるのは、何よりも台湾海峡の「安全」と「安定」であって、いたずらに台湾人アイデンティティを覚醒するような「民主化」を進展させることではない。「民主化」と「安保」は双方ともに実現すれば好ましい原則であることには変わりないが、それが二者択一の選択肢になったときに、台湾海峡の現状維持を目指す意味での「安保」を優先することとなったのである。

　しかし、この「安保」を優先して「台湾海峡の平和と安全」とを表明しないといけないくらい、中国の軍事力、そして戦狼外交で用いられる用語が、当の台湾、日本を含めた周辺諸国、そしてアメリカを不安にさせている。台湾から

発議する台湾独立には警戒感を示すものの、同時にアメリカは中国発の中台統一には大きな懸念を表明している。いずれにせよ、アメリカの関心はアジアの「安全と安保」であって、自国が必要以上にコミットメントすることをできる限り回避しようとする基本方針は、冷戦時も冷戦後も同様である[16]。

　もっとも、この「現状維持」と「戦略的あいまい性」がクリントン時代に採用され、W. ブッシュ政権・トランプ政権の共和党において放棄されたと単純に考えることはできない。「戦略的あいまい性」の度合いは、「あいまいさ」を保持する国際環境が形成されているかどうかから判断されるべきである。というのは、クリントン政権時の「戦略的あいまい性」は、1996 年 3 月の台湾海峡危機によって、アメリカ政府の台湾海峡コミットメントへの意思を明確にするチャンスを得たのに対し、ブッシュ政権の台湾防衛に関する声明は、それを実証する機会が政権発足以来存在していないために、どの程度クリントン時代の「あいまい性」が転換したのか検証の方法がない。また、そもそも「中台関係」自体が経済優先である限り、有事が起きる蓋然性は相対的に小さい。つまり、どの程度「あいまい」であるのかを実際に試す機会がないために、文言上のレトリック以外の実質的内容を判断することは難しいと言わざるをえない。

　また、それと同時に重要なことは、アメリカ政府にとっての政策変更の度合いと、それを認知する中国・台湾の認識の度合いが、必ずしも同程度ではないことである。圧倒的な軍事力と政治力を有するアメリカ政府の政策変更はたとえその程度が希少なものであっても、政策変更が行われたと認知する中国や台湾の認識度合いはかなりの程度異なっているはずである。アメリカの外交政策にとってみれば大きな変化でなくとも、政策の対象となる中国・台湾にとってみれば大きな政策変更として捉えられる可能性がある。「戦略的あいまい性」の終焉はその客体である中国・台湾側の認識を強調したものともいえるのであり、それが今後どの程度「中台紛争」に適用される可能性があるのかが議論されなければならない。

　つまるところ、中国の「軍国主義」に対抗して台湾が「民主化」を対外的に主張している間は、アメリカによる安全保障コミットメントと、それへの意

思の表明は有効であった。しかし、冷戦終結以降のアメリカは、「中国の経済成長」という新しいファクターによって経済的関与を行ってきた。この「経済的関与」に加えて戦略的に米中協力をする機会を与えたのが、9・11テロであり、新疆ウイグルとチベット問題を抱える中国にとって、テロ対策は、地方の独立運動を封じ込めるにはもってこいであった。この状況が、21世紀も20年経った今日、米中対立の火種となっているのである。

おわりに ― 再び「中国＋日本＝ゼロ」の視点 ―

　これまで見てきたことは、長期的視点から見れば、近年の「自由で開かれたインド太平洋」も、日米豪印によるQUADも、「中国＋日本＝ゼロ」の観点から、強くなり過ぎた中国を抑えにかかるアメリカの伝統的外交政策とも言えるかもしれない。とりわけ、リーマン・ショック、新型コロナウイルスといった懸案が国際社会で蔓延していく中で、中国のような一党独裁政権が効率的に経済回復を成し遂げると同時に、新型コロナウイルスに対しては勇猛果敢に取り組むことによってウイルスの拡散を抑えるのに、ある程度成功しているということである。

　中国の経済成長は、アジアの国際関係のみならず、アメリカのコミットメントの前提まで変容させてしまったというのが本章の主旨である。「1972年体制」は、中国の共産主義体制と、その軍事介入的イデオロギーをして台湾や周辺諸国に干渉するであろうという前提の下で作り上げられてきた。それだけに、台湾の「民主主義」が、中国の「権威主義」に対抗しえたのであり、また、アメリカの安全保障コミットメントも意味があったのである。

　しかし、その前提が崩れようとしている。これまでのアメリカの「アジア分断戦略」を敷衍すれば、今日において日中関係を適度に仲良く、適度に仲悪く保持することが、アメリカの国益に最も合致することになる。すなわち、「世界の成長センター」としてのアジアが、アメリカの経済権益を下支えできる程度に安定的で戦争を誘発しない環境であると同時に、アメリカによるコミットメントが必要だと認識される程度に不安定であることが、アメリカにとって最

も好都合な状態、すなわち、一方で、日中関係において万が一にでも武力行使が起きるような事態を避けることがアメリカの役割であるが、他方で、日中間の経済関係がうまくいっている限り、アメリカとしては特別な介入を行うのは、むしろ自国の利益の後退につながるのである。

　さて、問題は、この「アジア分断戦略」は、日中間ではある程度適合できているが、アジア地域全体に用いることができるかである。また、小泉時代以降、民主党政権を経て安倍・菅政権に移行し、日中関係が急速に改善しているように見えるが、果たして、過度に良好な日中関係に対してアメリカがどのような認識をしていくかが、今後の焦点である[17]。日中関係において、首脳間の会談や相互訪問が行われない状況は確かに憂慮すべき事柄であり、とりわけ日中間の場合、「歴史」を道具としてお互いにナショナリズムを煽りやすい体質を有している。だからこそ、ブッシュ政権とトランプ政権とが、日中関係に対してある程度の関心と憂慮を表したのである。しかし、アメリカが席次を有していないアジア地域での首脳会談や経済共同体の話が進展するにつれ、アメリカの安全保障コミットメントの前提は、崩れていっているのである。

　２国間関係の成熟度を考えてみれば、以下の３つの段階に分類することができるだろう。お互いが知り合いになるためにちょっと遠慮しながらも、少しずつ主張をし始める（概して主張の強い方の意見が通る）第１段階、互いに遠慮がなくなってきて、言いたいことを主張し合う（うまくいかなければ、そこで関係は終了する）第２段階、そして、酸いも甘いも了解した友好の第３段階である。そうならば、日本にとって、アメリカとの関係と、中国との関係とには、明らかに２国間関係の成熟度に差があると言える。果たして、アメリカにとって、中国との関係と、日本との関係はどうなのであろうか。日本は新安保条約で自由主義陣営にコミットしてから60年、同盟関係から「信頼できるパートナー」であるが、中国のように将来性を感じさせるような「戦略的パートナー」ではない。中国が将来「脅威」になるのか、「活用」できる対象になるのかわからない現在では、アメリカにとってみれば、日本をアジア地域における「見張り役」として、対中国外交を「ヘッジ」していく以外にない。その意味で、アメリカの対中・対日戦略は、依然として「アジア分断論」を引き

ずった「中国＋日本＝ゼロ」なのである。伝統的なアジアにおける「軍事安全
保障」を中心とした秩序像と、「経済的繁栄」を基盤とした秩序像との間で、
アメリカ外交も揺れているのである。しかし、いずれの秩序像も、その秩序に
大きな影響を及ぼしているのは、中国の将来像である。米中対立も、日米パー
トナーシップも、このような大きなフレームワークで見ると、秩序の維持に大
きな影響を及ぼすアメリカの真意が見えてくる。アメリカの対アジア戦略は、
その意味で、日本の対アジア戦略の課題でもある。

注

1) すなわち、中国にとって、アメリカとの関係が改善することは、日本との関係をアメリカ
の意思次第で動かすことができることを意味するのに対して、日本は、米中関係が良好にな
ることに対して不安感を持つという傾向があった。ただ、この前提は、冷戦後半期のよう
に、米中日３国が対ソ連という共通の目標で合致している間だけであった。

2) 中ソ離間に関しては、数多くの研究書があるが、代表的なものとして、John Lewis Gaddis,
The Long Peace: Inquiries into the History of the Cold War（New York and London:
Oxford University Press, 1989)、chap. 4 という古典を挙げておく。

3) 伊藤剛「国際政治の変動と日米中関係」川口順子・秋山昌廣編『アジア太平洋の未来図―
覇権ネットワーク』中央経済社、2017 年。

4) Nancy Bernkopf Tucker, "If Taiwan Chooses Unification, Should the United States
Care?"*Washington Quarterly*, Vol.25, No.3（Summer, 2002), 15-28.

5) ニクソン・ショックの再考に関しては、伊藤剛『同盟の認識と現実』有信堂、2002 年。

6) この類の発言は、筆者がリチャード・アーミテージ氏にこれまで数回会って実際に何度も
聞いたことがある。日本への多少のリップサービスはあると思うが、中国が生じさせる不確
実性への困惑は、彼が常に述べることではある。

7) このような「封じ込め」と「関与」とのバランスについては、鈴木健人・伊藤剛編著『米
中争覇とアジア太平洋』（有信堂、2021 年）に冷戦後のアメリカの対アジア外交についての
論稿を収めている。

8) Robert Ross（ed.）, *After the Cold Ear: Domestic Factors and U.S. -China Relations*
（New York: M.E. Sharpe, 1998).

9) つまり、日中が構造的に疎遠なために、アメリカの意図とは無関係に、アメリカの日中両
国に対する優位が確立されてしまうのであり、同時に、日中それぞれがアメリカに対して過
度な期待をしてしまう。とくに日中関係の場合、それぞれが太平洋戦争当事において「攻め
た国」と「攻められた国」であるとともに、また、戦後においては「敗戦国」と「戦勝国」

というレッテルが貼られてしまい、日中関係は、「戦後」が出発した時点からぎくしゃくした構造をもつこととなった。

　　実際、冷戦を経た今日においても、日中間において生じる摩擦は過去に遡及されて論じられる。近年の中国の戦略の一つに、アメリカを味方に引き入れて戦前の戦争責任の追及をアメリカを介して行おうするものがある。自国に賛成してくれる国家の数を増やして、日本の影響力を相対的に減少させようとするものである。他方、日本も日米同盟の「国際化」を宣伝し、中国や北朝鮮が東アジアの潜在的脅威になることをアメリカに伝えることによって、自国の立場をアメリカに理解してもらう方法を依然として取っている。

10)　同様な主張は、Amitav Acharya, Regionalism and Multilateralism: *Essay on Cooperative Security in the Asia-Pacific*（Singapore: Times Academic Press, 2003）.

11)　ただ、中国が近年「共同体」と主張する際には、単純にアメリカを排除して、地域覇権を成立させようとする意図が存在するだけに、そこには対等な関係を基とした共同体は存在しないこととなる。

12)　他方で、アジア諸国も地域内の紛争を利用し、アメリカを自己の権益の中に取り込もうとすることによって、利益を得てきた面も大きい。「対岸の火事」をどのように利用するかは、依然としてアジア諸国の外交態様の大きな特徴である。

13)　主に中国が提起して始まったこの ASEAN＋3 会議は、政府間によるトラックⅠ、民間の研究機関・組織によるトラックⅡともに現在も続いている。筆者自身も参加したことのあるトラックⅡにおいては、実質的に ASEAN 諸国のほとんどは政府代表を派遣してきているので、トラックⅡとしての独自性は薄れてしまっている。また、会議では、「これらの諸国間の連結性、能率性、生産性、持続性といった課題が、今後の課題だ」と問題を羅列して話を先送りすることが多い。

14)　その意味で、中国の台湾への軍事力行使は、台湾を接収できる程度に厳しいものでなくてはならず、アメリカの介入を招かない程度に緩いものでなければならない。現実問題として、そのような微妙な軍事力行使が可能かどうか疑問である。

15)　伊藤剛「9・11 後の米中台関係 ― 中国『脅威論』と『活用論』の狭間で」『国際問題』2004 年 2 月号。

16)　この態様は、アメリカの南シナ海政策にも見て取れる。アメリカはこれまで「自由の航行（FON）」作成を南シナ海において年に何度か実施しているが、海洋法の観点から考えれば、南シナ海に船を停泊させて碇を下ろしても問題はないはずである。しかし、それは行われない。つまり、南シナ海の関係諸国であるベトナム、フィリピン、マレーシア、インドネシアの 4 カ国には、常にアメリカに対する期待と不安という 2 つの感情が混在している。このアメリカによる「誰のものかは明確にしないが、少なくともあなたのものでない」という FON 戦略は、一種の「あいまい戦略」と言える。

17)　ただ、アジアの地域主義に関して、日中の間で、そのアメリカの包含の仕方について、

意見が分かれている。まず、中国が「周辺外交」「平和的台頭」といった言葉で主導する地域主義は、①アジア地域の主権国家同士によるマルチラテラルな討議（つまり、台湾を排除）、②アメリカを入れない形でのアジア共同体の推進にある。他方、日本が構想する地域主義のフレームワークは、①アメリカを含んだアジア太平洋経済協力（APEC）の推進、②さもなくば、できるだけアメリカと友好関係を持った国家をアジアの中に入れて、「中国色」を薄めることの2点に特徴がある。

第 **7** 章

アメリカの通商摩擦と
世界貿易機関（WTO）改革

松本　明日香

は じ め に

　2021年1月20日に就任したジョー・バイデン新大統領は、通商協定を推し進めた米民主党のバラク・オバマ政権時の元副大統領であるが、諸外国との通商摩擦を深刻化させたドナルド・トランプ大統領の保護貿易政策を継続している。トランプ前大統領は2016年1月の就任時のTPP離脱に始まり、中国を中心に多くの国との通商摩擦を深刻化させ、世界貿易機関（World Trade Organization：WTO）からの離脱もほのめかせてきた。2018年3月23日には通商拡大法232条に基づき、中国をはじめ日韓・ヨーロッパの同盟国に対しても鉄鋼・アルミ関税を適用した。2018年4月3日には1974年通商法301条（スーパー301条）に基づき、中国からの輸入に対して25％もの関税を課していった。これらの通商戦争ともよばれる経済摩擦を厭わない姿勢は、オバマ政権時代にとっていた、環太平洋連携協定（TPP）や包括的貿易投資協定（TTIP）など複数の多国間通商協定締結を目指して貿易促進権限（TPA）を法制化した姿勢からの大きな転換であった。

　これらの通商摩擦を調停する国際的な機関がWTOであるが、近年機能不全に陥ってきた。WTOトップの事務局長として、2021年2月15日にナイジェリアのンゴジ・オコンジョ＝イウェアラ（Ngozi Okonjo-Iweala）元財務相が承認を受け、3月1日に就任したが[1)]、ようやく約半年間に及ぶWTOトップの不在がようやく解消する形だった。2020年8月末にアゼベド（Roberto

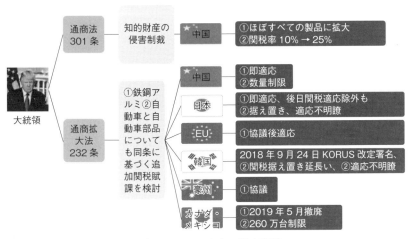

図 7-1　アメリカの通商摩擦
（筆者作成）

Carvalho de Azevêdo）前事務局長が突然辞任して以来、長くトップの不
在期間が続いていた。アメリカのトランプ前政権は、日本、中国、EU など
WTO 加盟国の大半が票を投じたオコンジョ＝イウェアラ候補ではなく韓国
のユ・ミョンヒ（兪明希）候補への支持を表明していた。2020 年 11 月の最終
選考でもアメリカが反対したことで加盟国間のコンセンサスが形成できず、事
務局長の選出は延期された。最終的に米国の政権交代と WTO に関する政策
転換に伴い、ユ候補が立候補を辞退したことで決着した。

　ほかにも WTO 内で貿易に関する紛争を処理する上級委員会（Appellate
Body）が機能不全に陥ってきた。2011 年の米国・中国産品 AD 税および相殺
関税事件（DS379、2011）による国有企業の補助金をめぐる上級委員会の判断
などに米国は反発し、2016 年にオバマ政権は韓国のチャン・スンファ（張勝
和）委員の 2 期目選任を拒否し、張委員は 1 期で退任を余儀なくされていた[2]。
トランプ政権においても 2017 年 7 月以降、アメリカは個別の委員の忌避だけ
ではなく、ついに全委員の後任指名を拒否するようになった。WTO 上級委員
会委員（いわゆる「判事」）定員 7 人に対して、2019 年 12 月 10 日には審議に
必要な最低人数である 3 人中 2 人の任期が満了を迎えたが、トランプ政権は

新しい委員任用を認めず、委員は 1 人だけとなってしまい、上級委員は実質的に機能停止していた[3]。バイデン新政権は発足後の 2021 年 1 月 25 日もこの判断を撤回しなかった[4]。

通商における紛争の当事国は、全加盟国により構成される紛争解決機関（Dispute Settlement Body：DSB）に対して、加盟国が全会一致して反対しなければパネル（小委員会）の設置を要請できる。パネル（小委員会）の判断に不満がある場合には、さらに上級委員会に申し立てをすることができるが、上級委員会のメンバーが米国の反対によって決まらないため、主に米国に関わる紛争解決の処理がなされない状態がつづいている。上級委員はアメリカからも選ばれていることは多いが、2016 年から 2020 年まで紛争摩擦が拡大した中国からもホン・ザオ（Hong Zhao）がメンバーとなっていた。

このように機能不全に陥っている WTO であるが、そもそもは WTO の元となる組織の創設はアメリカが主導した。それにもかかわらず、なぜトランプ前政権は WTO の運営を阻害したのか。そしてそれはバイデン新政権においてどの程度変化しうるのか？ なぜ米国の通商摩擦に変化しうる部分があるのか。本章では、米国の通商摩擦に対応する WTO 改革をめぐる動向を検討していく。

国際制度の組織化や機能不全に関しては、たとえば山田（2018）や細谷（2012）ら[5] によると、外的要因としては新興国の台頭、戦争の存在、科学技術上の発展などが挙げられている。内的対応としては改組、補助機関の設置・改廃などが挙げられている。それでは、WTO の組織化はどのようになされ、機能不全の根源はどこにあるのだろうか。それにはまず歴史的背景を知る必要がある。以下で簡単に WTO の歴史解説文書、および関連する調査分析を参照してみよう[6]。

まず、WTO の前身たる「関税および貿易に関する一般協定」（General Agreement on Tariffs and Trade：GATT）の設立経緯が関係する。第一次世界大戦により欧州を中心に世界経済が疲弊、そこから立ち直らないうちに米国発で大恐慌が起き、米国の保護貿易的なスムート・ホーリー法（Smoot-Hawley Tariff Act）をはじめ各国がブロック経済化・保護貿易に陥った。そ

れにより恐慌が世界的に伝播したことが第二次世界大戦の発生要因の一つとなったと考えられた。

　しかしながら、GATT 体制下では十分な法的強制力のある国際機関を作ることはできず、国際機関的な行動を行うプルリ（複数国間；plurilateral）条約にとどまった。その結果、保護貿易の波に翻弄されてきた。たとえば、1960年代末から 1970 年代前半米国の保護主義的政策、1980 年代の日米貿易摩擦時にみられる先の米国の 301 条やスーパー 301 条による一方的措置と GATT パネルのブロックなどが続いた。そうした中でも、ある程度の制度的な発展はみられてきた。たとえば、ケネディ・ラウンド（1964 ～ 1967 年）、東京ラウンド（1973 ～ 1979 年）では、一括引き下げ方式を主体とした関税交渉のみならず、多国間貿易体制の下のルールとして、アンチ・ダンピング、補助金、相殺関税、関税評価の基準等が形成されていった。しかし、GATT にも紛争解決手続きは存在したものの脆弱な構造であった。たとえば、パネルの設置・勧告等にはコンセンサス方式での合意が必要なため、勧告が十分に実施できなかった。

　したがって、米国の一方的措置に WTO が対抗できないため、ウルグアイ・ラウンド（1986 ～ 1994 年）において米国の措置に対応することが先進国・途上国の共通の目標となっていった。ウルグアイ・ラウンドにおいては、途上国も含めすべての国にルールメイキングにおける一括受諾を義務付けるシングル・アンダーテイキング（single undertaking）の原則が確立、導入された。同ラウンドの結果、紛争解決については全員が反対しなければ設置されるネガティブ・コンセンサス方式が採用されたことによって、当事者がパネルの設置や報告書の採択を阻止することができなくなった。

　しかしながら、プロセスが迅速化した一方で、途上国がメンバーの大半を占めるようになり、かつ途上国のスタンスも単一でなく意見が集約困難となった。また WTO の意思決定方法は GATT 時代の慣習を引き継ぎコンセンサス方式であるため、WTO 成立以降もそのルールメイキング機能は一部（政府調達協定、貿易円滑化協定など）を除きほぼ停止状態である。また、一部の分野のみルールメイキングを先行して進めることにも反対が出るため、なかなか

進展しづらい状況が続いた。

2001年のドーハラウンド以降、複数国間のみの通商協定（Free Trade Agreement：FTA）が増加してきたが、WTOは様々なレベルのFTAに一貫した基準を下すことができていない。また、近年の新興国の台頭に伴い、先進国からの不満が噴出しており、なかでもアメリカは中国やインド、東南アジア諸国への優遇措置を廃止することを主張していった[7]。前述のような事務局長と判事の不在による貿易の紛争解決機関の機能不全もみられ、米中通商摩擦が極度に悪化した2019年以上に、関税などの貿易阻害措置が続く上に新型コロナに伴う医療物資の制限が重なった2020年度監視報告書（monitoring report）においては、貿易制限的措置の数が歴史的な増大をみた[8]。一方で、人道目的の部分的な緩和措置もみられた。新型コロナの世界的な感染拡大と労働者の移動が困難になったことに伴って、医療品や農産物の輸出規制に踏み切る国もあり、世界的な危機的状況下における経済安全保障の危うさと必要性が浮き彫りになった。

以上のことから、米国の通商摩擦に対応するWTO運営への阻害要因は3つ挙げられるだろう。

要因1：先進国対新興国の対立（国際機関に対する外的要因）。

トランプ政権が批判したように、中国をはじめとする新興国の途上国待遇が大きな原因と考えられる。適切な基準に基づいた優遇措置の廃止で解決するのではないだろうか。背景としては、覇権国が新興国の成長に迫られると攻撃的になるという権力移行論もさらに関連しているだろう。その場合、日米の貿易摩擦時とは異なり、米国への安全保障の依存が低い中印などの新興国は今後どのように動いていくのか。その場合、安全保障の観点でバイデン新政権でも懸念が示される米国から中国などへの技術移転や直接投資は、安保と経済の政策リンケージがみられるのではないだろうか。

要因2：組織制度・運用の対立（国際機関における内的要因）。

異なるイデオロギーに基づく法制度運用がWTOの機能不全に影響しているとも考えられる。冷戦期、米ソ間の通商はほぼ途絶えていたが、米中間ではイデオロギーが異なるにもかかわらず経済相互依存が進んできていた。しかし

現在の米中間でも関税を相互にかけあう摩擦によってデカップリング化（分断）が進んでいるが、これは妥協が可能なのだろうか。たしかにトランプ政権の終盤でも米中間で部分的合意もなされ、バイデン新政権での部分的合意の維持も確認されている。しかし、どの程度中国の法制度の改善はなされるのだろうか。また、特にアメリカの対中関税の多くは知財侵害に由来するが、どの程度 WTO などで改革が進むだろうか。

要因３：米国内支持基盤の変容（そのほかの要因）

　アメリカの国内情勢の変容も要因と考えられる。アメリカでは対外政策に関して大きな権限が大統領にあるため、トランプ大統領固有の問題もある。しかし、日米貿易摩擦を激化させたレーガン政権や環太平洋パートナーシップ（TPP）協定を推進したオバマ政権でさえも類似の保護貿易的な行動はしていた。そうであれば、支持基盤の要望に基づいているのだろうか。通商政策においてバイデン新政権は果たして異なるのだろうか。また、政治任用する関連政府高官にはどのような人物が選ばれるだろうか。

　以上の３点から WTO 改革と米国の通商摩擦を検証したのち、今後の展望を考察する。要因１の先進国対新興国の対立に関しては、新興国の状況を整理した上で、各国の争点や優遇措置への対応などを比較検証する。要因２の組織制度・運用の対立に関しては、米中などが焦点とする非妥協的な国内法や国際制度部分を比較検証する。要因３の米国内支持基盤の変容に関しては、トランプとバイデン・オバマ政権の方針や政治基盤を検証する。

1.　先進国対新興国間の対立

　トランプ大統領（当時）は、2019 年 7 月 26 日、中国やインド、韓国や台湾等、経済発展の進んだ新興国が WTO で途上国として特別扱いを受けていることについての見直しを改めて要求し、対応を USTR に指示し、対象国が 90 日内に受け入れない場合、米国は一方的に途上国として扱わないこととするとした[9]。WTO では先進国と途上国とを分け、「特別な扱い（The special provisions, special and differential treatment provisions：SDT）」

を行い、義務を軽減している。たとえば、セーフガード措置、関税引下げ
（Generalized System of Preferences：GSP）、輸出補助金、紛争解決手続等
を優遇している。

　途上国としての特別扱いを取りやめる基準として、米国は下記の４つを改め
て挙げた[10]。

　①　OECD 加盟国であること[11]

　②　G20 メンバーであること[12]

　③　「高所得国」であること[13]

　④　世界貿易量の 0.5%以上であること[14]

　このトランプ政権からの要求に対して、台湾、ブラジル、シンガポール、ア
ラブ首長国連邦、韓国は途上国としての待遇を放棄したが、中印は反発した[15]。
表 7-1 の中ではインドは下位中所得国（一人当たり GNI が 1.006 〜 3.955 ドル）
だが、中国とブラジルは上位中所得国（一人あたり GNI 3.956 〜 12.235 ドル）
である。しかし、ブラジルは WTO での優遇措置を放棄しており、中国の途
上国待遇措置の維持は議論が分かれるところである。なお、ブラジルは引き換
えに OECD 加盟を要請した。また、遅かれ早かれ中国の一人当たり GDP も

表 7-1　新興国と途上国待遇

	① OECD 加盟国	② G20 の メンバー	③世銀の 「高所得国」	④世界貿易量の 0.5%以上	WTO 内での 位置づけ
中国	×	○	△（上位中）	○	途上国待遇維持
インド	×	○	×（下位中）	○	途上国待遇維持
韓国	○	○	○	○	途上国待遇放棄 2019 年 10 月
台湾	×	×	○	○	途上国待遇放棄 2018 年 9 月
ブラジル	×→○	○	△（上位中）	○	途上国待遇放棄 2019 年 9 月
シンガ ポール	×	×	○	○	途上国待遇放棄 2019 年 9 月

（各種統計より筆者作成）

数年内に高所得に当てはまる見込みである[16]。

　また、中国は途上国待遇の維持を主張しているが、中国は表4②のG20メンバーであり、④では2009年以来世界で最大の輸出国である。中国外交部の華　春　瑩報道局長は、2019年7月29日に反論を行っており、途上国としての地位は加盟国で広く協議されるべきととしている[17]。しかし、近年、中国はハイテク製品の最大の輸出国となり、3,800％増加（1995～2016年）である。また、世界の大企業上位500社のうち120社が中国に拠点を有する。たしかに中国は農村と都市の格差が大きいが、国家としては米国に次ぐ2番目のGDPを有している。中国は一帯一路（OBOR）のように近年国際援助にも熱心であり、国家的振る舞いは途上国としてはもはや言えない。

　したがって、要因1の先進国対新興国の対立1に関しては、途上国としての優遇措置をめぐって、先進国と途上国の溝は深まっていたが、近年急激に改善していた。中印の問題は残るが、他の新興国と同様に中国は途上国待遇を破棄しうるだろう。

2.　組織制度・運用の対立（内的要因）

　トランプ大統領はWTOに関して、「上級委員会が、与えられた権限を超えた手続的裁量の行使と協定解釈を繰り返すことで、加盟国の協定上の権利を侵害している」と批判していた[18]。たとえば、①上級委員会の権限は本来法的な問題の解釈に限定されるが事実認定も審査している、②上級委員の任期終了後の移行措置が不十分で、加盟国の了承を得ずに担当事案の審理を続けるケースがある、③規定では上訴から90日以内に判断が出されなければならないとなっているにもかかわらず、これを超えて判断が出されているなどである。

　これに対し、EUなどは上級委員会をいわば超国家的な司法機関と捉え、独立性を尊重すべきと考えている。そしてEUは上級委員の行動がWTO協定から逸脱しないようにするために上級委員の任務（Dispute Settlement Understanding：DSU）[19]自体を改正しようとWTOに提案し、上級委員会が任務を続けられるよう直ちに委員任命手続きの開始に合意するようアメリカ

に求めている。

　しかし、バイデン新政権は、表7-2のような広範にわたるWTO改革がされないまま上級委員を承認することは困難であるとしている。EUなどの一部の加盟国の間では、上級委員会が機能不全に陥っている中でも二審制を担保するために、上級委員会の代わりに仲裁手続き（MPIA）を活用するなどの対応に取り組み始めている。また、WTOは上級委員会だけでなく、通常委員会の改革として、紛争処理の前に議論の場を強化することを目指している。

表7-2　WTO改革案への議論

	三極（日米欧）	オタワ閣僚会合（日加欧＋α）	トランプ	バイデン	中国	EU
貿易政策における透明性と報告義務化	○	○	○	○	×[21]	○
WTO委員会・理事会の機能強化	○	○	○（EDB）		○	○（EDU）
紛争解決手続き		○	○	○		○
交渉機能の再活性化		○				○
貿易政策の監視		○				
途上国待遇から卒業	○	○	○	○	×	○

（中川（2020年）に米バイデン政権と中国を筆者が追加）[20]

　また、各国の産業補助金などの透明性向上のため、WTOでは罰則規定などについても議論がされてきている。補助金協定第25条は加盟国に補助金の報告を義務付けているが、中国をはじめ多くの加盟国が報告義務を十分に、あるいはまったく履行しておらず、加盟国の補助金の透明性が確保されていない[22]。

　また、本章冒頭で述べた事務局長の不安定な立場にも問題がある。一方的関税引き上げ措置がWTO協定・DSU23条違反と指摘されるが、トランプ大統領は特に中国の途上国待遇や政府補助金・著作権問題を批判し、WTOからの脱退も辞さないと当時のWTO事務局長に電話会談で脅していた[23]。当時の

事務局長が辞任するも、トランプ大統領は次期候補の承認にも反対していた。次期候補オコンジョ＝イウェアラは米市民権も有するが、前オバマ政権時のUSTRのロバート・ゼーリック（Robert Zoellick）に近い人脈の自由貿易主義者であった。また、オコンジョ＝イウェアラ新事務局長は、事務局長選で早い段階から支持を表明してきた中国の存在も無視しにくい。実際に、近年中国はWTO事務局長の母国ナイジェリアに巨額の投資を行っている[24]。

　WTO改革の議論の過程としては、以下のように勧められていった。まず、米中通商摩擦が徐々に深刻化するなかで、日米欧での三極会議が設けられ、WTO改革に向けた協議も進められてきていた。2017年12月12日、日本、EUと米国の通商閣僚がWTO改革について意見を交換した。三極通商閣僚会合はその後も会合を重ね、WTO改革に向けた提言を次第に具体化させていった[25]。具体的には、貿易に関わる産業補助金、国有企業、途上国待遇、強制的な技術移転、通報と透明性、安全保障に関わる貿易管理などが広範に論題として挙げられた。ただし、前述のように途上国待遇はともあれ、共産主義国家である中国の国有企業体制に伴う産業補助金それ自体の完全な変更は困難であろう。

　その後、カナダと有志国12カ国と地域（オーストラリア、ブラジル、カナダ、チリ、EU、日本、ケニア、韓国、メキシコ、ニュージーランド、ノルウェー、シンガポール、スイス）からWTOへの提案も行われた[26]。このオタワグループでの閣僚会合でも途上国待遇や上級委員会、貿易政策の監視および透明性が議論されたのに加え、漁業補助金や新型コロナに伴う医療物資の流通なども具体的に議論された。ただし、ここには中印のみならず米国も入っていない。

　WTOが機能不全であるために、改革が要請されるテーマは表7-3のように多数にのぼる。トランプ前政権が中国の知財権侵害を理由に発動した制裁関税について、WTOの一審判決は「不当」と判断している[27]。中国製の鉄鋼製品に課した追加関税も係争中である[28]。しかし、「中国の知財権侵害、鉄鋼過剰生産に対処する国際ルールの方向性が固まるまで、バイデン政権は関税解除に応じない」とも議論していた通り[29]、現段階でバイデン政権は対中関税を維持し、上級委員任用も受け入れていない。なぜなら、現状では対中関税などに

表7-3 WTOの懸案事項

	三極	EU	オタワ閣僚会合	トランプ	バイデン	中国
産業補助金への制限	○	○	○	△ （安保と知財）	△ （継続）	×
国有企業への制限	○	○	○	○	○	×
強制的技術移転制限 知的財産権の保護	○	○		○	○	×（△）
電子商取引の自由化	○	○（△）		○（△）	○	○（△）
投資障壁の撤廃		○				
サービス障壁		○				
漁業補助金の制限	○	×	○		○	×

（中川（2020年）に米中などを筆者が追加）

おいてアメリカは上級委員会で敗訴する可能性が高いからである。

　なお、バイデン新政権は炭素税や環境に関わる補助金導入を公約としているが、広義には「環境保護のための補助金」はWTOにおいて認められている。実際に、日本やヨーロッパでも省エネ関連の補助金は導入され、オバマ政権期にも電気自動車への補助金などが採用されてきた。

　新しい時代におけるデジタル化についてもWTOで議論がもとめられている。2017年12月、第11回WTO閣僚会合において電子商取引について有志国の会合が立ち上げられ、71カ国・地域による共同声明を発出した[31]。その後、有志国会合が継続的に開催された。この流れを受けて2019年1月の世界経済フォーラム（ダボス会議）に集まった76カ国・地域が、交渉開始の意思を確認する共同声明を発出している。2019年6月のG20大阪サミットでは中国も主要参加国として議論し、「デジタル経済に関する大阪宣言」を発出し、大阪トラックの立ち上げが宣言された。このG20大阪サミット共同宣言には、「信頼性のある自由なデータ流通（Data Free Flow with Trust：DFFT）」という考え方が盛り込まれた[32]。

　しかし、デジタルに関するルール作りでも立場が分かれる。日米は自由化、EUは個人情報保護、中露は国家秩序維持重視と、三者三様に対立している。

中国は越境データ流通やデータ・ローカライゼーションについての議論は時期尚早だと主張している。

　以上のように、仮説 2 の検証結果としては、WTO 内の組織制度・運用においても国有企業への補助金などをめぐり、上級委員会やルールメイキングにおいて機能不全がみられた。複数国間での提案や取り決めはなされているが、各国の政治体制に関わる分野において加盟国全体での合意形成は困難である。それでも、2021 年 1 月 29 日の WTO 閣僚会合でバイデン政権は WTO 改革への積極的な関与を公言しているため、改善の余地はあるだろう。

3. アメリカ国内党派性・支持基盤の違い[33]

　もともとバイデンは以下で述べるように自由貿易主義を支持してきたにもかかわらず、2020 年選挙時には自由貿易主義は封印して、当選後も実際に対中関税を維持し、WTO 上級委員を承認しないでいる。これはなぜだろうか。本節ではバイデン大統領、その支持基盤、および政権内の関係者の認識を、トランプ政権と比較しながら分析する。

（1）バイデン大統領

　WTO に関しては、バイデンの指針はある程度一貫している。バイデン現大統領が副大統領として支えたオバマ政権当時から批判をしてきてはいた[34]。上級委員の指名阻止を最初に行ったのは前述の通りオバマ政権であり、上級委員会批判には超党派の支持がある。この時は特定の委員の再任拒否のみ行っていた。

　しかし通商協定に関しては、バイデンは近年立場を変えている。バイデン大統領およびジェイク・サリバン（Jacob "Jack" Sullivan）大統領補佐官（国家安全保障）らは「中間層のための外交（Foreign Policy for Middle Class）」を掲げ[35]、現在、新規の FTA には雇用投資やインフラ投資を含むか、環境・労働条件などをつけない限り署名しないと述べている[36]。

　バイデンは過去に、メキシコ・カナダとの通商協定である旧 NAFTA に関

して議員時代に賛成票を投じている。また、2000年にアメリカで決断された対中通商正常化にも賛成票を投じている。そして日本を含む多国間通商協定であるTPPに関しては、所属する米民主党議員は反対派が多数だったが、オバマ政権は副大統領のバイデンも含めて推進してきていたが、現在は留保を示している。

しかし、2016年大統領選挙において、当初は民主党の勝利が予想されていたにもかかわらずトランプ前大統領に中西部の白人労働者層を奪われ敗北した教訓から、2020年予備選挙ですら苦戦したバイデンに元々の支持基盤であった白人労働者階層を見捨てる選択肢はなかった。つまり、WTOでの敗訴は国内産業基盤に影響を与えるため、WTO改革を要求せざるをえなかった。議会構成に影響を与える2022年中間選挙も控えている。

また、バイデンは2020年選挙期間中、対中通商に関して強硬な発言をする一方で[37]、報復関税を招くような対中関税については逆に米国内産業に悪影響であるとして強い懸念を示してきていた[38]。しかしバイデンは議員時代に中国のWTO加盟を承認している。一方でトランプ前大統領は80年代以来一貫して通商摩擦問題を重視し、2000年頃からは米中の通商上の不公平さを批判してきていた。

以上のように、バイデン現大統領はいかにも職業的政治家らしいバランス調整型の政治家であるが、対中関係と通商政策に特に強い信条はない。したがって、バイデン自身は最終的にWTO改革が進み対中政策もふくめて国内的支持を得ることができるならば、WTO上級委員の承認や対中通商政策を緩和させることはありえるだろう。

（2）　支持基盤：白人労働者と労働組合

トランプによる対中関税の理由として、米国内の雇用が中国をはじめとする海外に流れることや米国内の政府の財政や社会における言説が中国政府に握られることへの危機感が支持者向けには語られてきた。これらを訴えながら、トランプは2016年大統領選挙において民主党の地盤といわれた中西部を切り崩していった[39]。そして、関税摩擦を起こしたことによってWTOで訴えられ

ていったトランプ前大統領は、歴代大統領に輪をかけて WTO を批判した。

　バイデンも、地方の白人労働者を取り込もうとしたのは事実である。米民主党穏健派であるバイデンは、この流れのなかで白人労働者や中間層を奪いにいくために、民主党左派の対立候補であったサンダースから大統領選挙を託された。しかし、結局、白人労働者階級はバイデン大統領を支持したのだろうか。出口調査結果などから、その実態を手短に検証する。

　結果として 7 割を占める白人層有権者全体では出口調査において、2016 年に比べて 2020 年の方が共和党支持者 − 民主党支持者の幅が縮まり [40]、バイデンは白人男性 38%、白人女性 44% を獲得した。また「国家がより不景気になった」と感じる層については、バイデンへの支持が多くなる傾向がみられた。しかしながら、白人非大卒層でみると、根強いトランプ支持がみられた。白人内での投票行動の変化としては、実際のところ通商政策によって白人工場・農業労働者のバイデン支持が大幅に増えたというよりも、新型コロナの蔓延により、失業・休業した白人層、休校問題が起きた激戦州郊外の白人家庭、罹患した際の重症化率が高い白人高齢者などにおいて幅広く少しずつトランプ支持離れがみられたためだった。

　通商に関しては、民主党支持者の方が共和党寄り支持者よりも自由貿易を肯定する傾向にあるものの、支持基盤である労組を意識して民主党政治家が自由貿易を忌避する傾向にある [41]。したがって、ある程度米国内支持基盤で受け入れられる WTO 改革が進まなければ、バイデン政権が WTO 上級委員会における多数の敗訴を受け入れることは困難であろう。

（3）政権内関係者の認識

　2021 年 2 月 25 日、バイデン新大統領が次期通商代表部（USTR）代表候補に指名していたキャサリン・タイ（Katherine Tai）の議会公聴会が実施された。台湾系アメリカ人のタイは、白人以外の女性として初の USTR トップに就任した。

　第 2 節でみたように、いま WTO では、知的財産侵害、強制技術移転、未報告の政府補助金などの中国の不公正通商慣行について問題になっているが、

タイはオバマ政権下のUSTRにおいて法律顧問として、中国関連のWTO訴訟を担当した実績があり、これらの問題についてのエキスパートであるといえる。具体的には、中国が2010年から行ったレアアースの輸出禁止に対し、タイは、カナダ、欧州、日本も巻き込んでWTOに提訴し、2014年に勝訴した。中国について「中央集権的で経済が統制されている」と批判し、民主主義や市場経済の促進を目指す国際ルールにそぐわないとの見方を示している。タイは中国に是正を求める際は、厳しい見方をする米連邦議会との合意形成や、アメリカの同盟国との連携が欠かせないと強調している。

　また、タイは米議会下院でも貿易担当の法律顧問を務め、米国・メキシコ・カナダ協定（USMCA）を当時の民主党下院と共和党上院で交渉した際に労働環境条項を入れ込んで超党派で合意する際に活躍したとされる[42]。これらの背景や実績から、タイは中国への見方は厳しいが、WTOにおける訴訟の効果を否定する人物ではないため、WTO改革には積極的であると考えられる。

おわりに

　以上のように、米国の通商摩擦を本来調停すべきWTOが機能不全を起こしている要因に関して、3つの要因をそれぞれ検討した。

要因1：先進国対新興国の対立（国際機関に対する外的要因）

　中国の途上国待遇の返上によって事態は前進すると思われる。実際に同等の立場のブラジルは返上しているので、引き続き要求が可能ではあろう。また、数年内に一人当たりGDPも高所得入りする見込みである。また、中国の経済発展とともに、中国自身も知財保護が徐々に必要となってきている。中国が地位の見直しに取り組まないまま、トランプ政権期のように中国の上級委員が紛争解決に携わろうとすると、引き続き妥協はされにくいだろう。ただし、貿易に関わる中国国有企業に対する政府補助金など、中国の国内体制に関わる部分はすぐさま大幅に変更を迫ることは困難であろう。

要因2：組織制度・運用の対立（国際機関における内的要因）

　米国の対中関税はバイデン新政権でも継続されており、知財侵害などを理由

とした対中関税について、WTO や米中間の合意形成が必要となる。国内のハイテク企業が育成されつつある中国は、知財の管理を強化していくことは可能だろう。しかし、貿易に関わる国有企業や政府調達、産業補助金は中国の統治システムの根幹に関わってくるため大幅な合意は困難だろう。

要因 3：米国内支持基盤の変容（そのほかの要因）

バイデン新政権は国際協調主義を訴えており、WTO にトランプ政権よりもコミットすることが期待される。しかし、トランプから白人労働者を取り戻すことを重視したため、WTO の上級委員や対中通商方針における大きな転換はみられていない。しかしながら、USMCA のような労働者条項や環境条項を入れ込んだ協定等は模索できるだろう。USTR 代表は WTO 上級委員会にも、対中通商における訴訟にも、労働者・環境条項にも精通しており、今後のバイデン政権の方針が垣間見られる。

米中通商摩擦においても一部合意が見られた。2020 年 1 月に米中は経済・貿易協定に署名し、2 月に発効した。合意内容は、中国が米製品の輸入を 1.5 倍に増やすことや、知的財産権の保護など 7 項目。米政権は 2020 年 2 月に制裁関税の一部を下げた。2020 年は前年 2019 年比で大豆、乗用自動車、石油、半導体が軒並み 2 桁増となった。上位 15 品目中、6 品目（大豆、乗用自動車、石油、美容用調製品、液化プロパンガス、実綿）が追加関税の対象とされていたが、いずれもすでに適用除外となっている。ただし、中国は産業政策の抜本見直しを拒んだままで、米国も中国製品の 7 割弱に制裁関税を課したままである。

これは、要因 3 でみたように、アメリカ国内構造もすぐには変化しないため、保護貿易的な潮流は続くとみられる。また、トランプ政権からバイデン政権にかけて、特に議会で超党派的に人権・民主主義法が多数成立しており、部分的な経済制裁が中国などに対して多数発動されてきている。そのため、バイデン政権になっても、オバマ政権時の水準にまで対中関税がすぐさま下げられる見通しは暗い。

以上から、現実的に可能な路線としては、短期的には組織内の代替措置を取りつつ、可能な範囲で米中を WTO 内での国際協調に巻き込み、中期的には

中国が途上国待遇を放棄した上で、アメリカとともに各種改革を進めることである。

　一方で、トランプ前政権と異なり、バイデン新政権は新型コロナ対策にも特に力を入れおり、この点ではWTOが未曽有の危機の中で医薬品に関わる世界的な制限措置を改善することも期待される。新型コロナのパンデミック化に伴い、関税の引き下げや輸入手続きの簡素化といった緩和措置も数多く、たとえば2020年5月時点の累計件数としては97件と、貿易制限措置数の82件を上回ってしまった[43]。しかし、トランプ政権下で進められたワープスピード作戦によりアメリカは新型コロナワクチンの開発に成功し、WTOでは特許一時放棄も議論され、バイデン政権は前向きな発言をしている。

　WHO脱退を宣言したトランプ政権から一転して、バイデン政権は離脱を撤回し、WHO傘下の新興国向けワクチン普及プログラムCOVAX（コバックス：COVID-19 Vaccine Global Access）をも推進しており、アメリカからWTOでワクチン技術をもとめるインドへの技術援助や、新興国への今後のワクチン普及拡大が期待されている。アフリカ出身のWTO新事務局長は発展途上国へのワクチン普及に携わる国際組織「Gavi（Global Alliance for Vaccines and Immunization）ワクチンアライアンス」の理事長も務めてきたのだった。

注

1) WTO, "History is made: Ngozi Okonjo-Iweala chosen as Director-General", February 15, 2021 [https://www.wto.org/english/news_e/news21_e/dgno_15feb21_e.htm]（August 22, 2021).

2) 川瀬剛志「WTO上級委員会危機の現在 —— 国際通商関係の『法の支配』は維持されるか？」『Wedge』2019年12月19日 [https://wedge.ismedia.jp/articles/-/18182?page=2]（August 22, 2021).

3) WTO, "DSB" [https://www.wto.org/english/tratop_e/dispu_e/ab_members_descrp_e.htm]（August 22, 2021). Hong Zhao については以下。WTO, "Biography — Hong Zhao（China）（2016-2020)" [https://www.wto.org/english/tratop_e/dispu_e/popup_hong_zhao_e.htm]（August 22, 2021).

4) World Trade Online, "U.S. continues WTO appellate block in Biden admin's first

DSB meeting" Inside Washington Publishers, January 25, 2021 [https://insidetrade. com/daily-news/us-continues-wto-appellate-block-biden-admin% E2% 80% 99s-first-dsb-meeting]；*Bloomberg*, "U.S. Delays Effort to Restore WTO's Key Decision-Making Power", January 25, 2021 [https://www.bloomberg.com/news/articles/2021-01-25/ u-s-delayseffort-to-restore-wto-s-key-decision-making-power]（August 22, 2021）.

　現在の制度については以下。WTO, "Dispute Settlement Body" [https://www.wto. org/english/tratop_e/dispu_e/dispu_body_e.htm]；外務省「世界貿易機関（WTO）紛争解決制度とは」[https://www.mofa.go.jp/mofaj/gaiko/wto/funso/seido.html]（2021年8月22日）。

5）　山田哲也『国際機構論入門』東京大学出版会、2018年、157-170頁；細谷雄一『国際秩序―― 18世紀ヨーロッパから21世紀アジアへ』中央公論新社、2012年、168-188頁。

6）　詳細は以下など。西田勝喜『GATT ／ WTO 体制研究所説――アメリカ資本主義の論理と対外展開』文眞堂、2002年；池田美智子『ガットから WTO へ――貿易摩擦の現代史』筑摩書房、1996年；WTO, "The History and Future of the World Trade organization" [https://www.wto.org/english/res_e/booksp_e/historywto_e.pdf]（August 22, 2021）；木村藍子「WTO 設立の歴史と課題 アメリカは脱退するか？」国際経済政策研究会『トランプ政権の国際経済政策』No.5、中曽根康弘世界平和研究所、2018年9月 [http://www. iips.org/research/trumpipep_5.pdf]（2021年8月22日）；山田、2018年、139頁。

7）　松本明日香「アメリカとアジア ― 貿易摩擦の深刻化とインド太平洋戦略の模索 ―」『アジア動向年報2020』日本貿易振興機構アジア経済研究所、2020年。

8）　米中通商摩擦が激しかった2019年当時も貿易制限的措置は歴史的増大をみたが、2020年はそれ以上の増大となった。WTO, "Report shows trade restrictions by WTO members at historically high levels", December 12, 2019 [https://www.wto.org/english/ news_e/news19_e/dgra_12dec19_e.htm]；WTO, "Report shows marked decline in trade restrictions by WTO members amidst COVID-19 pandemic", December 11, 2020 [https://www.wto.org/english/news_e/news20_e/trdev_11dec20_e.htm]（August 22, 2021）.

9）　Administration of Donald J. Trump, "Memorandum on Reforming Developing-Country Status in the World Trade Organization", July 26, 2019 [https://www. govinfo.gov/content/pkg/DCPD-201900511/html/DCPD-201900511.htm]（August 22, 2021）.

10）　WTO, "Draft General Council Decision: Procedures to Strengthen the Negotiating Function of the WTO", February 15, 2019 [https://docs.wto.org/dol2fe/Pages/ FE_Search/FE_S_S009-DP.aspx?language=E&CatalogueIdList=251580&CurrentCatalo gueIdIndex=0&FullTextHash=371857150&HasEnglishRecord=True&HasFrenchRecor

d=False&HasSpanish］（August 22, 2021）.

11）　OECD は欧州経済協力機構（Organisation for European Economic Co-operation: OEEC）が改組されたものである。OEEC は戦後のヨーロッパ復興と冷戦期の封じ込め政策の一環のマーシャルプラン受け入れのために形成された。近年ロシアが加盟申請をしたが、クリミア問題の発生によって中断している。OECD, "Member countries"［https://www. oecd.org/about/members-and-partners/］; OECD, "Convention on the OECD"［http:// www.oecd.org/about/document/oecdconvention.htm］（August 22, 2021）.

12）　G20, "G20 Members"［http://g20.org.tr/about-g20/g20-members/index.html］

13）　ODA を受ける国の基準は低所得国として下記の通り。OECD, "DAC List of ODA Recipients: Effective for reporting on 2020 flows"［http://www.oecd.org/dac/ financingsustainable-development/development-finance-standards/DAC-List-of-ODA-Recipientsfor-reporting-2020-flows.pdf］（August 22, 2021）.

14）　WTO, "Trade maps"［https://www.wto.org/english/res_e/statis_e/statis_maps_e. htm］; WTO, "World Trade Statistical Review 2020"［https://www.wto.org/english/ res_e/statis_e/wts2020_e/wts20_toc_e.htm］（August 22, 2021）.

15）　経済産業省「途上国地位～特別かつ異なる待遇（S&D）をめぐる論点」2020 年［https://www.meti.go.jp/policy/trade_policy/wto/3_dispute_settlement/32_wto_ rules_and_compliance_report/322_past_columns/2020/2020-1.pdf］（2021 年 8 月 22 日）。

16）　Statistics, "Gross domestic product（GDP）per capita in China 1985–2025", Jan 22, 2021［https://www.statista.com/statistics/263775/gross-domestic-product-gdp-percapita-in-china/］（August 22, 2021）.

17）　人民網「外交部、米国の WTO 規則見直し要求について」2019 年 7 月 30 日［http:// j.people.com.cn/n3/2019/0730/c94474-9601706.html］（August 22, 2021）.

18）　Administration of Donald J. Trump, "Memorandum on Reforming Developing-Country Status in the World Trade Organization", July 26, 2019［https://www. govinfo.gov/content/pkg/DCPD-201900511/html/DCPD-201900511.htm］（August 22, 2021）.

19）　WTO, "Understanding on rules and procedures governing the settlement of disputes Annex 2 of the WTO Agreement"［https://www.wto.org/english/tratop_e/ dispu_e/dsu_e.htm］（August 22, 2021）.

20）　中川淳司「WTO 改革の動向と課題」令和元年度外務省外交・安全保障調査研究事業、日本国際問題研究所、反グローバリズム再考：国際経済秩序を揺るがす危機要因の研究「世界経済研究会」報告書、2020 年［http://www2.jiia.or.jp/pdf/research/R01_ World_Economy/08-nakagawa.pdf］；日本貿易会月報オンライン「WTO 改革の方向と可能性」特集『WTO 改革』国際貿易投資研究所との共催セミナー、2019 年 10 月号、No.782

［https://www.jftc.jp/monthly/feature/detail/entry-1550.html］（2021 年 8 月 22 日）。

21）　ナショナル・ジオグラフィック「世界の漁業補助金の 64% が『有害』、中国が最多」2019
　　年 10 月 11 日［https://natgeo.nikkeibp.co.jp/atcl/news/19/101000585/］（2021 年 8 月 22 日）.

22）　中川淳司「WTO 改革の動向と課題」令和元年度外務省外交・安全保障調査研究事業、日
　　本国際問題研究所、反グローバリズム再考：国際経済秩序を揺るがす危機要因の研究「世界
　　経済研究会」報告書、2020 年［http://www2.jiia.or.jp/pdf/research/R01_World_Economy/
　　08-nakagawa.pdf］（2021 年 8 月 22 日）。

23）　Bob Woodward, "Fear: Trump in the White House", NY: Simon & Schuster, 2018.

24）　CRI「中国とナイジェリア、協力強化に向け 7 項目で合意」2021 年 1 月 6 日［http://
　　japanese.cri.cn/20210106/b870cbb3-c2a5-b9f9-c52a-c000af91e4b1.html］（2021 年 8 月 22
　　日）。

25）　松本明日香「米国の通商政策転換」経済産業研究所・京都大学『貿易、環境、エネルギー
　　の国際制度形成に係る調査研究報告書』2020 年 3 月、24-54 頁。

26）　外務省「WTO 改革に関するオタワ閣僚会合共同声明」［https://www.mofa.go.jp/
　　mofaj/files/000412770.pdf］（2021 年 8 月 22 日）。

27）　WTO, "DS543: United States — Tariff Measures on Certain Goods from China", 26
　　October 2020 ［https://www.wto.org/english/tratop_e/dispu_e/cases_e/ds543_e.htm］
　　（August 22, 2021）.

28）　WTO, "DS544: United States — Certain Measures on Steel and Aluminium Products"
　　［https://www.wto.org/english/tratop_e/dispu_e/cases_e/ds544_e.htm］（August 22,
　　2021）.

29）　時事通信「米、WTO 改革で中国けん制　環境や労働、新たな火種にも―」2021 年
　　［https://www.jiji.com/jc/article?k=2021021300372&g=int］（2021 年 8 月 22 日）。

30）　AFP「漁業補助金の規制へ WTO で交渉開始 米など 13 カ国、中国標的か」2016 年 9 月
　　15 日［https://www.afpbb.com/articles/-/3101017］（August 22, 2021）.

31）　Ministerial Conference Eleventh Session, "Joint Statement on Electronic Commerce",
　　December 10-13, 2017 ［https://www.mofa.go.jp/mofaj/files/000355907.pdf］（August
　　22, 2021）.

32）　World Economic Forum, "Data Free Flow with Trust（DFFT）: Paths towards
　　Free and Trusted Data Flows"［https://www.weforum.org/whitepapers/data-
　　freeflow-with-trust-dfft-paths-towards-free-and-trusted-data-flows］（August 22, 2021）.

33）　松本明日香「アメリカ大統領選挙候補者の公約とアジアへの影響 ―― バイデン陣営をト
　　ランプ政権と比較して」日本貿易振興機構アジア経済研究所『世界を見る眼』2020 年 10 月
　　［https://www.ide.go.jp/Japanese/IDEsquare/Eyes/2020/ISQ202020_028.html］（2021
　　年 8 月 22 日）。

34) CFR, "President-Elect Biden on Foreign Policy" Foreign Affairs, November 7, 2020〔https://www.cfr.org/election2020/candidate-tracker#trade〕（August 22, 2021）.

35) 2節目で「中間層のための外交」と「経済安全保障が国家安全保障」と述べている。Joe Biden, "Foreign Policy and American Leadership Plan", July 11, 2019〔https://www.google.com/search?q=middle+class+diplomacy&oq=middle+class+diplomacy&aqs=chrome..69i57j0j0i30.12565j0j7&sourceid=chrome&ie=UTF-8〕（August 22, 2021）.

36) CFR, "President-Elect Biden on Foreign Policy" Foreign Affairs, November 7, 2020〔https://www.cfr.org/election2020/candidate-tracker#trade〕（August 22, 2021）.

37) Biden Forum, "Geography can shape opportunity. Joe Biden wants to change that.", November 9, 2018〔https://bidenforum.org/geography-can-shape-opportunity-joebiden-wants-to-change-that-1617d07f02c6〕（August 22, 2021）.

38) CFR, "President-Elect Biden on Foreign Policy" Foreign Affairs, November 7, 2020〔https://www.cfr.org/election2020/candidate-tracker#trade〕（August 22, 2021）.

39) 中南米からの不法移民問題もハイライトされたが、こちらは南部などに特に関わる問題である。

40) 2020 年選挙は新型コロナ対策のため、民主党は郵便投票や事前投票が多かったにもかかわらず、共和党支持の多い出口調査において共和党から民主党への白人の移動がみられる結果は信頼にたる。CNN, "exit poll, 2020"〔https://edition.cnn.com/election/2020/exit-polls/president/national-results〕（August 22, 2021）.

　　白人労働者階級で、民主党大統領候補に投票した男性は、前回 2016 年は 23% だったが、今回 2020 年は 28% に上昇した。女性でも 34% から 36% に上昇した。ただし、どちらも共和党候補支持の方が多い。

41) 松本明日香「米国の通商政策転換」

42) Amy B. Wang & David J. Lynch, "Biden selects Katherine Tai as U.S. trade Representative" Washington Post, D ecember 9, 2020〔https://edition.cnn.com/2020/12/09/politics/katherine-tai-us-trade-representative/index.html〕（August 22, 2021）.

43) 日本貿易振興機構「『ジェトロ世界貿易投資報告』2020 年版～不確実性増す世界経済とデジタル化の行方～総論編 ポイント」2020 年〔https://www.jetro.go.jp/ext_images/world/gtir/pdf/point2020.pdf〕（2021 年 8 月 22 日）。

第Ⅲ部

文化

第8章

アメリカのオリンピック・センチュリー
と社会正義の実現

川島　浩平

は じ め に

　2021（令和3）年5月現在、東京五輪大会は開催にむけてその不安な道のり
を歩み続けている。しかし開催の是非はさておき、ここで注目すべきは過去半
世紀、いやむしろその原点から、近代オリンピック運動が政治的、経済的、そ
して社会・文化的に問題含みであったこと、そしてその存続をめぐって、とり
わけ近年に持続的で熱を帯びた論争が繰り広げられていることである。

　本章はアメリカ研究の立場から、20世紀をアメリカ合衆国（以下「アメリ
カ」）の「オリンピック・センチュリー」と捉える。そしてその歴史を「社会
正義の実現」という観点から振り返ることによって、オリンピックの存続をめ
ぐる論争に一つの切り口を提示することを目的とする[1]。

　オリンピック論争は、とりわけ最近の数年間に加熱の度を高めてきている。
その構造をあえて単純化するなら、次の3者による対立として把握することが
できる。すなわち第1は、近代スポーツ発展において制度的な要であった自発
的結社を起源とする国際オリンピック委員会、各国オリンピック委員会、そし
て開催を仕切る競技大会組織委員会による体制下での存続を支持する保守派。
第2は、現状の閉塞と矛盾を理由にオリンピックの廃止を主張する廃止派。そ
して第3は「アスリート・ファースト」や、より幅の広い層のステークホール
ダーを動員するなど、管理運営体制の改革を通しての存続を説く改革派である。

　東京五輪という一つの大会に注目するとき、議論は開催か中止か、という二

元論に 収 斂されがちである。しかし近代オリンピック運動を 鳥 瞰するとき、注目すべきは、存続か廃止かというゼロ・サム的な関係に対置されやすい第 1 や第 2 の立場ではない。そうではなく、それは論争で主役を務めてきた、修正や改革によってその実現を目指そうとする第 3 の立場なのである。

　以下ではまず、アメリカのオリンピック・センチュリーの展開を、社会正義を実践しようとする際に越えるべき、あるいは調停を通じて対処すべき「境界」として表象され、分析されてきた階級、人種[2]、ジェンダーの観点から振り返る。その上で、オリンピック論争を再考する視角を提起して本章を締めくくりたい。

1. オリンピック・センチュリーと社会正義

　アメリカナショナルチームは、オリンピック競技種目の成績で、近代オリンピック 124 年の歴史を通じて、圧倒的な優位を占めてきた。ゆえに 20 世紀は「アメリカのオリンピック・センチュリー」と呼ぶことができる。これをメダル獲得数の推移から裏付けてみよう[3]。

　アメリカは第 1 回大会から第 31 回大会まで、戦争で中止となった大会や、ボイコットした第 22 回大会を除く全大会に参加し、メダル競争の上位に君臨してきた（表 8-1）。金メダル獲得数では全参加大会中、1 位 17 回、2 位 8 回、3 位 2 回を数える。メダル総数では主催国を務めた第 3 回大会で 239 個を獲得し、一国が獲得したメダル総数のオリンピック史上最多を記録している[4]。

　同データをグラフにしたのが図 8-1 である。日本は第 5 回大会で初出場を果たしている。以来、第 7 回大会での初メダル獲得、第 9 回大会での初金メダル獲得、第 10 回大会での水泳を中心とするメダルラッシュ、アジア初の五輪となった第 18 回大会での躍進など、いくつもの画期を刻んだ。そして第 31 回大会では獲得総数 41 個という、日本にとっての史上最多記録を飾った。データはアメリカが日本にとって、オリンピック史を通して高い目標であり続けてきたことを示唆する[5]。

　アメリカは社会正義の実現という点でも、日本にとって主導的な役割を担っ

表8-1　日米オリンピックメダル獲得数

大会名	米国金	米国銀	米国銅	米国計 (a)	米国順位 (金獲得数)	授与メダル総数 (b)	a/b (%)	日本計
第1回（1896年アテネ）	11	7	2	20	1	122	16.4	
第2回（1900年パリ）	19	14	14	47	2	268	17.5	
第3回（1904年セントルイス）	78	82	79	239	1	280	85.4	
第4回（1908年ロンドン）	23	12	12	47	2	323	14.6	
第5回（1912年ストックホルム）	25	19	19	63	1	310	20.3	0
第7回（1920年アントワープ）	41	27	27	95	1	439	21.6	2
第8回（1924年パリ）	45	27	27	99	1	378	26.2	1
第9回（1928年アムステルダム）	22	18	16	56	1	327	17.1	5
第10回（1932年ロサンゼルス）	41	32	30	103	1	346	29.8	18
第11回（1936年ベルリン）	24	20	12	56	2	388	14.4	18
第14回（1948年ロンドン）	38	27	19	84	1	411	20.4	
第15回（1952年ヘルシンキ）	40	19	17	76	1	459	16.6	9
第16回（1956年メルボルン）	32	25	17	74	2	469	15.8	19
第17回（1960年ローマ）	34	21	16	71	2	461	15.4	18
第18回（1964年東京）	36	26	28	90	1	504	17.9	29
第19回（1968年メキシコシティー）	45	28	34	107	1	527	20.3	25
第20回（1972年ミュンヘン）	33	31	30	94	2	600	15.7	29
第21回（1976年モントリオール）	34	35	25	94	3	613	15.3	25
第22回（1980年モスクワ）				不参加				
第23回（1984年ロサンゼルス）	83	61	30	174	1	688	25.3	32
第24回（1988年ソウル）	36	31	27	94	3	739	12.7	14
第25回（1992年バルセロナ）	37	34	37	108	2	815	13.3	22
第26回（1996年アトランタ）	44	32	25	101	1	842	12.0	14
第27回（2000年シドニー）	38	24	32	94	1	922	10.2	18
第28回（2004年アテネ）	36	39	27	102	1	929	11.0	37
第29回（2008年北京）	36	38	36	110	2	958	11.5	25
第30回（2012年ロンドン）	46	29	29	104	1	957	10.9	38
第31回（2016年リオデジャネイロ）	46	37	38	121	1	973	12.4	41

（筆者作成）

てきた。社会正義とは、広義には「世間一般の通念から考えて正しい道理」、狭義には「法の下の平等」とされるが、ここでは後者の定義を採るものとする[6]。近現代の歴史は一面において、社会正義の実現の過程を歩んできたとする解釈

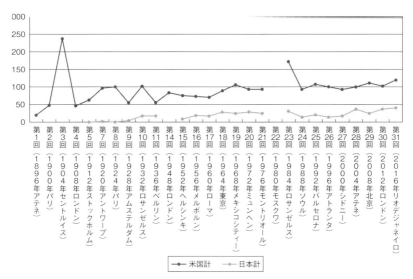

図8-1　日米オリンピックメダル獲得総数推移
（筆者作成）

も成立する。

　アメリカ史では、その重要な転換点として「すべての人間は平等に造られている」と謳った1776年の独立宣言、奴隷制度を廃止した1865年の合衆国憲法修正第13条、女性参政権を保障した1920年の同修正第19条がしばしば言及される。日本近現代史上でこれらに近似的な位置を占める事例を挙げるなら、「四民平等」を宣言した1876年の秩禄処分・廃刀令、1871年の身分解放令、そして1945年の改正衆議院議員選挙法が該当する。対応するそれぞれの制定年の間に長くて100年、短くて6年の時間差があり、そのいずれにおいてもアメリカが日本に先んじているところに、両国の力関係が反映されている。

　福澤諭吉の『福翁自伝』には次の有名なエピソードがある。咸臨丸でサンフランシスコに着いた彼が、ある人に初代大統領ワシントンの子孫はどうしているかと尋ねると「今如何して居るか知らない」と答えたというのである。ワシントンを源頼朝や徳川家康のように考えていた福澤は「是れは不思議と思うた」と記している[7]。福澤の経験は、明治維新後の社会正義実現の過程でアメ

リカが日本に対して果たす役割を、象徴的に先取りするものであったといえる。

　むろん法的な改善や改革は、社会的現実の変化を直ちにもたらしたわけではない。独立宣言後の新国家に奴隷制度が存続したように、奴隷制廃止後の南部社会に人種分離主義体制が成立したように、そして女性参政権の保障が社会、文化面での性差別を除去できなかったように、実践は法律が定めた道筋を相当遅れて歩み始めるのが常である。それゆえ近代オリンピックの歴史は、社会正義の実践の過程と重複する。そしてその過程で、スポーツは社会の変化を反映し、かつ社会の変化を促してきたのである。

　この過程には「階級格差の克服」「人種の壁への挑戦」「ジェンダーの境界と調停」の段階を、この順で見いだすことが可能である。

2. 階級格差の克服

　近代オリンピック運動は、裕福な特権階級の所産である。今日オリンピック憲章は、第六原則によって人種、性別、社会的な出身、財産、出自などによる差別を否定し、民主的な精神を高らかに謳いあげている[8]。だが現在の憲章は1914年に起草され、1925年に制定され、その後の度重なる改訂を経て練り上げられたものである。いうなれば、オリンピック運動の起点では不明瞭であった理念が、後追いで明確化され、現在のかたちに整備されて出来上がった思想的枠組みに基づいているのである。

　近代オリンピックの創始者、フランス貴族ピエール・ド・クーベルタン（Pierre de Coubertin）男爵は、1863年1月1日パリに生まれた。1871年、少年時代に普仏戦争での敗北の屈辱を味わう。しかし恵まれた環境のなかで学者の道を選択し、イギリス留学の機会を一つのきっかけとして、スポーツの、教育にとっての意義を見直した。そしてさらに、スポーツの、国家建設と国際平和への貢献の可能性に強い期待を寄せるようになった。その上で、文化の多様性を許容し、運動競技とスポーツマンシップを通じて近代国家間を連帯させる制度作りを構想する。彼はこのビジョンを、周囲の協力を得て1896年の第1回アテネ大会に結実させた。

　アメリカのオリンピック運動はヨーロッパでの動きに呼応して始まり、その出発点はエリート主義的色彩の濃いものだった。その中心人物は、プリンストン大学の歴史学教授ウィリアム・M・スローン（William M. Sloane）である。彼はナポレオンに関する研究調査で訪欧中にクーベルタンの運動を知り、国際オリンピック委員会のアメリカ代表に任じられ、選手団の選考にあたることになった。

　スローンはプリンストン大学から陸上選手を、ハーバード大学、ボストン大学、マサチューセッツ工科大学、コロンビア大学、陸軍などから有力選手を集めて14名の選手団を結成した。資金をニューイングランド地方の社交エリートが集うボストン・アスレチック協会とボルチモア・オハイオ鉄道社長ロバート・ギャレット（Robert Garrett）に調達させ、ギャレットの同名の甥に選手団のキャプテンを務めさせた。このように、第1回大会選手団は、地域色が強く、小規模で、上流社会の人々に構成された組織だった。

　しかし当時のアメリカ社会には、近代オリンピック運動のエリート主義とは対照的な思潮も存在した。それは、君主制や貴族制に対抗する共和主義と民主主義であり、文化的多元性に寛容な精神であり、これら全体としてのアメリカニズムの思想的伝統である。

　スポーツ史研究者マーク・ダイヤソン（Mark Dyreson）はこの伝統が、19世紀末に始まる革新主義という大きな改革のうねりのなかで「スポーツ共和国」の建国を目指すスポーツ奨励運動を開花させたと主張する。そしてその運動家たちが、急速に産業化と都市化が進む国家にあって、農業を基盤とする旧体制の動揺を憂慮し、新たな都市的秩序を模索するなかで、社会安定化の鍵をスポーツによる身体鍛錬と思想善導に見いだした、と指摘する。スポーツは、この運動のなかで民主主義と共和主義を支える役割を担うことになったのである[9]。

　スポーツ共和国運動の推進者には、様々な人々が含まれる。たとえば、文明化の行き過ぎへの対策として「精力的な生活」を提唱したセオドア・ローズヴェルト（Theodore Roosevelt）大統領、レクリエーションによる女性救済を主張した社会事業家ジェーン・アダムズ（Jane Addams）、スポーツによる合理的経験の構築を唱えた哲学者ウィリアム・ジェームズ（William James）、

「アメリカン・フットボールの父」ウォルター・キャンプ（Walter Camp）、
「ベースボールの父」アルバート・スポルディング（Albert Spalding）、そ
してアマチュアスポーツ界の指導者ジェームズ・E・サリバン（James E.
Sullivan）などである[10]。

　そのなかでもサリバンは、五輪代表チームを、階級的出自の異なるアスリー
ト集団へと変貌させた立役者の一人に数えられる。彼は 1862 年にアイルラン
ド移民の子に生まれ、陸上競技選手として活躍する一方、ジャーナリストやビ
ジネスマンとして出世し、スローンと共に国際オリンピック委員会アメリカ代
表やアマチュア・運動連合（AAU）事務局長を務めるに至った。1893 年には
アメリカオリンピック委員会（AOC）を設立し、AAU の人脈を通じてスポー
ツ共和国運動の同志を次々と委員に 招 聘 した。

　第 1 回アテネ大会から第 2 回パリ大会への移行は、まず大学レベルでの民
主化に特徴づけられる。人選はなお、アマチュアスポーツの拠点である大学を
中心に進められたが、代表選手の母校には、北東部の名門私立とは系統の異な
る大学が含まれるようになった。それらは、1789 年にイエズス会によって首
都ワシントンに設立されたジョージタウン大学、1870 年にメソジスト派が中
心となって設立したシラキュース大学、準州時代の 1817 年に創設され、名門
州立大学として頭角を現しつつあったミシガン大学、そして 1890 年に私立大
学として設立され、初代学長ウィリアム・R・ハーパー（William R. Harper）
の下で運動競技にも力を注いでいたシカゴ大学などである[11]。

　第 3 回セントルイス大会までには、階級の境界を越えたリクルートが始ま
り、選手団の社会的出自はさらに多様化した。それが可能になったのは、2 つ
の新興都市、シカゴとセントルイスによる激烈な誘致合戦が国民の関心を喚起
し、オリンピックがアメリカで初めて国家的行事になったからである。当初シ
カゴが優勢であったが、結局クーベルタンの介入によってセントルイスが勝利
を収めた。セントルイスは、1903 年に予定されていた「ルイジアナ購入」100
周年を記念する万博を 1 年遅延させ、パリ前大会同様に、万博の一部としての
開催を決定した。このことも、オリンピックの知名度上昇に貢献した。

　決定に至る過程でブームは過熱し、アメリカ本土のほぼ中央に位置する「フ

ロンティアへの玄関（ゲートウェイ）」の異名をとる同都市から、南北東西へ
と波及した。選手候補選定の対象は、大学から専門学校や中等教育機関へ、そ
して知育、体育とキリスト教伝道による全人教育を目指す国際的な改革団体の
キリスト教青年会（YMCA）へ、さらに職人層や労働階級へと拡大した。関
連する経営者、行政者、指導者は優れた運動能力を有するあらゆる若者をオリ
ンピック選手候補として認定し、資金調達に奔走した [12]。

　選手団の民主化が進んだ背景に、諸外国選手数の激減があったことも見落と
すことはできない。国内の過熱とは対照的に、海外の反応は冷ややかで、ゲー
トウェイ都市に対する関心や評価は低かった。そのため国際大会としての宣伝
努力もなしく、ヨーロッパ諸国から少数の非公式な選手たちを集めたにすぎな
かった。外国人選手減少による間隙はアメリカ人選手によって埋められること
になった。

　セントルイス大会で選手の顔ぶれは大きく変わった。「コモン・マン（普
通の人）」が大きく増加したからである。当時の資料は、公式の運動競技プロ
グラムに出場した94人の選手のうち、44人（46.8%）は大学とは無縁のアス
リートだったことを示している。大会の記録を詳細に紹介した『1904年オリ
ンピック大会』の著者チャールズ・ルーカス（Chalees Lucas）は、活躍の中
心が「アメリカの労働者」へと移ったことを告げ、その象徴的存在として、マ
ラソンで優勝したトーマス・ヒックス（Thomas Hicks）を称えた [13]。

　ヒックスはイギリスに孤児として生まれ、アメリカに移民して真鍮加工の研
ぎ師として働いていたときに代表選手に選ばれ、栄冠を射止めた。2位でゴール
したアルバート・コリー（Albert Collie）も類似した出自の持ち主だった。
コリーはフランスに生まれ、肉屋のストライキ破りとして移住したシカゴから
選ばれて出場し、準優勝に輝いたのである。「記録破り」と題する記事を書い
たトーマス・I・リー（Thomas I. Lee）の次の一節は、セントルイス大会で
スポーツ選手が階級の壁を超えた様子を的確に捉えたものである。「聖職者と
賭博屋、億万長者と場丁、哲学者と配達少年、陸軍士官と兵士、銀行家と日雇
い労働者、これらすべての人々が競い合い、記録を破り合っているのだ」[14]。

　階級的出自の多元化を促したスポーツ共和国の理想が、人種やジェンダー

の垣根を動揺させるものでもあったことは注目に値する。セントルイス大会では、アメリカで初の黒人メダリストが誕生した。ウィスコンシン大学のジョージ・ポアージ（George Poage）が、200mと400mのハードル種目で3位入賞を果たしたのである。ユダヤ系選手マイヤー・プリンシュタイン（Myer Prinstein）は、キリスト教の安息日であることを理由に、パリ前大会で母校シラキュース大学から走り幅跳び種目への出場を禁じられたが、今大会で念願の優勝を成し遂げた。女子選手マーガレット・アボット（Margaret Abbott）も、パリ大会のゴルフ競技で優勝している。

　しかしこの時代の人種やジェンダーでの越境は、極めて制約された環境での例外的な試みにすぎなかった。世の中の趨勢は、むしろ人種による分離と女性アスリートの封じ込めの方向へと傾いていた。ストックホルム大会（1912年）の五種競技、十種競技で2冠を達成した先住民選手ジム・ソープ（Jim Thorpe）は、大会後に、現在からみると明らかに不正な工作によってメダルを剥奪された。同時期に陸上選手として活躍した黒人アスリートのセオドア・ケーブル（Theodore Cable）やハワード・ドリュー（Howard Drew）は、ニューヨーク・イブニング・ポスト紙から「そろそろ陸上競技にも人種の線（カラーライン）を引く潮時だ」と皮肉られている[15]。

　女性ゴルフ選手アボットは、個人として優勝したにすぎず、国を代表したわけではなかった。その快挙は、後に研究者によって発見されるまで、人々の記憶から消去された。その後彼女は、1902年にユーモア作家フィンリー・ピーター・ダン（Finley Peter Dunne）と結婚し、以降趣味として以外にゴルフをすることはなかった。アメリカ人女性は1920年代まで、代表選手としてオリンピックに出場する道を閉ざされたままだったのである。

3. 人種の壁への挑戦

　1930年代は黒人オリンピアンが増加し、とりわけ陸上競技種目で抜群の記録を達成した時代である。1932年大会での黒人メダリスト数は「ミッドナイト・エクスプレス」の異名をとる短距離走者エディー・トーラン（Eddie

Tolan）を含む3人にすぎなかった。しかし1936年大会でその数は、4冠に輝いたジェシー・オーエンス（Jesse Owens）ら9人へと3倍増となる。出場競技種目数も3から8へ、そして獲得メダル数も合計5個から13個へと急増した。これに伴い、選手の出身州の数も3から7へと上昇した。ベルリン大会の黒人アスリートは、国内のより広い地域を代表するようになり、前節で述べたオリンピックに対する関心の全国的な拡大を後押ししたのである。

　主催国のドイツ人は、ロサンゼルス大会ではほとんど認知しなかった黒人アスリートを、ベルリン大会では「黒人補助部隊」として、強い揶揄をこめたにせよ、メディアで大きく取り上げる存在へと格上げせざるをえなくなる。アメリカでは、南部がなお厳しい人種分離主義体制下にあり、北部でも根強い人種的な偏見と差別が存続していたが、スポーツという舞台では、1930年代を通して黒人の承認が飛躍的に進んだのである[16]。

　当時ドイツは、急激な変化のさなかにあった。1933年、アドルフ・ヒトラー（Adolf Hitler）率いるナチス・ドイツが1933年に独裁体制を確立し、極端な自民族優越主義を標榜してその支配を強化させていた。同政権の人種・民族差別的イデオロギーは、反ユダヤ主義として顕著に政策化された。それは、ユダヤ系市民に対する度重なる迫害や弾圧を経て、ホロコーストへと過激化していくことになる。ヒトラーは当初オリンピックに無関心であったが、その広報的、戦略的価値を認めると、ベルリン大会を積極的に推進する立場に急転した。

　アメリカでは多くの市民が、ナチズム批判と国内での人種主義の横行とのジレンマに煩悶していたが、ユダヤ系ロビーが中心となってベルリン大会のボイコットを画策した。しかしAOCとAAUの分裂が災いし、その上親独的なアベリー・ブランデージ（Avery Brundage）の介入が功を奏して、ボイコットは実現しなかった。だがこうした一連の流れの中で、市民はナチス・ドイツをスポーツでのライバルとしてだけでなく、イデオロギー的な敵対者として強く意識するようになった[17]。

　この時代にアメリカ市民のアイデンティティ形成における「人種」と「国家」の相克が重要な意味を帯びるようになる。それは「人種」と「国家」それぞれの枠組みによって規定される意識の間の緊張や摩擦を通じて、いかなるアイデ

ンティティが構築されるかによって、人間関係や社会制度へのビジョンや意識
のありかたが大きく左右されることになったからである。

　一方で、植民地時代から19世紀にかけて存続した奴隷貿易と奴隷制度に立
脚した経済体制、南北に国家を二分した内戦、再建の挫折と人種による分離主
義体制の確立、1896年連邦最高裁判決による「分離すれども平等」原則の承認
など、もろもろの制度や出来事の歴史的経緯を通じて「白人」か「黒人」か、
自分がどの「人種」に属するかが、一般市民にとって価値となり、基準となり、
そして公私生活での最大の関心事となっていた。

　しかし他方、建国以来の強い孤立主義の伝統、フロンティア西進運動に伴う
独自の文化の醸成、世界大戦への参戦などの経験を通じて「アメリカ人」とし
ての強い国民意識も醸成されていた。さらに近代オリンピック運動がスポーツ
による国家間の競争を煽り、ナショナリズム発揚に拍車をかける働きをした。

　「人種」と「国家」の相克は、ベルリン大会でアメリカの黒人アスリートと
ドイツのナチスアスリートの対決によって、顕著なかたちで具現化することに
なった。前者は「黒人」という人種と「アメリカ」という国家に帰属する。そ
の彼らは「白人」という人種と「ドイツ」という国家に帰属するアスリート
と対決したことになる。この対決に注目するアメリカ市民の多数派を構成した
「白人」であり「アメリカ人」である人々は、「黒人」対「白人」という人種の
次元と、「アメリカ人」対「ドイツ人」という国籍の次元のいずれに、より多
くの注意を払ったのか。

　アメリカ史300余年にわたる人種主義の文脈は前者の次元に、共和国建国
以後150余年の国民国家の歴史は後者の次元に、注意を喚起したであろう。む
ろん南部、北部、西部という地域的多様性は、注目の傾向と度合いに大きな影
響を及ぼしていた。人種主義の根強い伝統を汲む南部人は北部人よりも「白
人」としてのドイツ人に共感を覚え、フロンティアの自由の精神に涵養された
西部人が、反人種主義の立場から「アメリカ人」としての黒人に声援を送った
としても不思議ではない。

　しかし同時に重要なのは、時代の流れのなかで、ナショナリズムの高揚を通
じて、人種的な差異により寛容な国民が形成されつつあった、ということであ

る。つまり「人種」と「国家」の相克では、後者の絆が前者のそれを凌駕して、市民をより強く結びつけるようになっていったのである。国歌を斉唱し、国旗を掲揚し、表彰台に立つ黒人アスリートを喝采する白人の姿として、それは顕在化していった。

　ベルリン大会に出場した黒人アスリートのなかでも、J・オーエンスは特筆すべき存在である。オーエンスは 1913 年アラバマ州に奴隷の孫として生まれた。9 歳の年に家族とオハイオ州へ移住し、中学生時代に陸上競技でチャールズ・ライリー（Charles Riley）の指導を受け頭角を現す。オハイオ州立大学に進学してからも次々と記録を塗り替えベルリン大会への道を邁進した。そして大会で 100m、200m、走り幅跳び、400m リレーで 4 冠を達成する。「アーリア人種の優越」を証明しようとするナチスの企てを打ち崩した快挙に、アメリカ市民は歓喜した。そこには、アメリカ国民としての勝利の共有があり、後年の公民権運動の興隆につながる反人種主義への覚醒があった[18]。

　オーエンスの活躍とほぼ同じ時期に、ボクシングヘビー級王座への階梯を駆け登ったジョー・ルイス（Joe Louis）も、ナショナリズムを高揚させ、人種主義を後景へと退かせる上で大きな影響を与えた。1914 年アラバマ州で貧農の家庭に生まれ、ボクシングの才能で身を立て、34 年にプロデビューを飾る。1935 年には元ヘビー級王者の「イタリアの巨人」プリモ・カルネラ（Primo Carnera）を 6 ラウンド KO で破った。当時ヨーロッパでは「アビシニア危機」と呼ばれる対立でイタリアとエチオピアが軍事衝突への道を突き進んでいた。ルイスは独裁者ベニト・ムッソリーニ（Benito Mussolini）に立ち向かうエチオピア兵士に準えられて話題となった。

　さらに 1936 年と 38 年にドイツ人マックス・シュメリング（Max Schmeling）との二度の対戦がベルリン大会をはさんで行われ、ルイスはナチズムと闘う自由の戦士として表象された。ルイスは第 2 戦でシュメリングを 1 ラウンド KO で倒し、第 1 戦での敗北の雪辱を見事果たした。このとき彼は金メダルへ疾走したオーエンスと同様、アメリカ市民を「人種」と「国家」の相克に巻き込み、国民としての同胞意識を奮い起こした。こうしてスポーツ界は、オリンピックスタジアムの内外で、人種の壁の土台を揺るがす運動に大きな弾みを与えたの

だった[19]。

　しかしオーエンスやルイスがもたらした国民としての絆は、アスリートとその観客がスポーツを媒介として築いたものにすぎなかった。アスリートがステージを降りると、直ちにその効力は減じ、多くの場合消滅した。ベルリン大会後にオーエンスが味わった差別と失望がこのことを物語る。

　オーエンスはスウェーデンでの競技会への招待を断り、帰国して高額の宣伝契約の提供を期待したが得られず、むしろこれが原因となりアマチュア資格を剥奪される。その後彼が手にした職は、ガソリンスタンド店員、清掃員、クリーニング店主など、低所得のものばかりだった。ニグロリーグ野球のオーナーとして、余興で馬との駆けくらべもした。そこにオリンピックの英雄の面影はなかった。後に当時を回想して、オーエンスはこう語った。「テレビもなく、巨額の宣伝契約もなかった。それが黒人だとなおさらだったね」。スタジアムの熱狂は、現実の社会に戻るとたちまち冷め、人種主義の現実が黒人アスリートを取り囲んだ。ここに 1930 年代という時代の限界があった[20]。

　オーエンスの経験は程度の差こそあれ、当時の黒人アスリートに共通するものだった。かつて黒人ボクサーとして初のヘビー級世界王座を射止めたジャック・ジョンソン（Jack Johnson）が、白人女性と結婚するなど人種的タブーを侵して以来、白人の指導者と黒人アスリートの間に「紳士協定」が交わされるにようになり、行動規範として黒人アスリートの言動を厳しく拘束するようになっていた。

　ジョー・ルイスの場合、それは私生活の「七戒」として「白人女性と写真に写ってはならない」「敗者にほくそえんではならない」「八百長してはならない」「生活は清廉に、試合は公正に」などの項目を含むものだった。同時に黒人アスリートは、スポーツの世界に引っ込んでろ、政治や社会の問題に口出しするなと、きつく命じられたのである[21]。

　このような暗黙に了解された人種主義の悪弊に、黒人アスリートは敢然とたちむかった。その象徴的な出来事が「ブラックパワー・サルート」と呼ばれる事件だった。この事件の主役に対する今日の高い評価は、彼らの決意と行動に対する敬意に根差している。ルイスの雪辱戦から 30 年の月日が流れた 1968

年メキシコ大会の短距離 200m 表彰式でのことである。1 位と 3 位に輝いた黒人アスリート、トミー・スミス（Tommie Smith）とジョン・カーロス（John Carlos）は、金と銅それぞれのメダルを胸に、頭を垂れて星条旗から視線を落とし、それぞれ右と左の拳に黒手袋を着け、それを高だかと突き上げたのである。

　2 人は、祖国オーストラリアの白豪主義に抗議する銀メダリスト、ピーター・ノーマン（Peter Norman）と共に「人権を求めるオリンピックプロジェクト（OPHR）」のバッジを着けていた。2 人は靴を脱いで黒いソックスのまま表彰台に立ち、黒人の貧困を表象した。さらにスミスは黒いスカーフを巻いて黒人のプライドを表明した。カーロスはロザリオを身につけて、奴隷貿易とクー・クラックス・クランのリンチによる犠牲者を追悼し、トラックスーツのファスナーを開いたままにして、労働者との連帯を象徴した。

　ブラックパワー・サルートは、戦後の公民権運動が達成した最大の成果である 1964 年公民権法と 1965 年投票権法の制定を経てもなお社会に巣食う人種差別に対する、あらゆる階層の黒人の怒りを込めた抗議だったのである。この示威行為が IOC 委員長ブランデージの逆鱗に触れ、2 人は大会から追放される。だが長い歳月を経て、2005 年に母校サンノゼ州立大学に 2 人の彫像が建てられ、2008 年に ESPN から「アーサー・アッシュ勇気賞」を授与されるなど、その名誉は回復された[22]。

　1960 年代には過激とみなされた勇気ある行動で厳しい批判を浴びながら、次第に再評価され、やがて英雄として讃えられるまでを、もう一人の黒人アスリートの生涯に克明に見ることができる。その人こそ 1942 年に生まれ、ボクサーとして天賦の才に恵まれ、1960 年ローマ大会ヘビー級王者となったモハメド・アリ（Mahammad Ali）である。アリはカシアス・クレイという名前で生まれ、ケンタッキー州ルイビルに育った。1964 年ソニー・リストンを大番狂わせの第 6 ラウンド TKO で破ってヘビー級王者となり、同年にネーション・オブ・イスラムに加入した。これを機に奴隷主の祖先の姓クレイを捨てモハメド・アリに改名した。

　その後ベトナム出征を拒否して社会の批判に晒され、王座を剥奪されてアスリートとしてのピーク時に 3 年 7 カ月のブランクを余儀なくされたが、74 年

にジョージ・フォアマン（George Foreman）とのタイトル戦で「キンシャサの奇跡」と呼ばれる勝利を飾り王座に返り咲く。引退後パーキンソン病で長い闘病生活に入ったが、1996 年アトランタ大会では聖火台に点火する大役を任され大喝采を受けた。2003 年にはメジャーリーグオールスターゲームで始球式を務め、2005 年にはホワイトハウスで大統領自由勲章を授与され、2009 年にはアイルランドのクレア州エニスの名誉市民に選出されるなど、国の内外で英雄として讃えられた。

　アリが金メダルを獲得したローマ大会以後も、ボブ・ヘイズ（Bob Hayes）（1964 年東京大会陸上 100m）、カール・ルイス（Carl Lewis）（1984 年ロサンゼルスから 1996 年アトランタまで 4 大会陸上競技）、マイケル・ジョーダン（Michael Jordan）（1984 年ロサンゼルス大会バスケットボール）、ウィリアムズ姉妹（Venus Williams, Serena Williams）（2000 年シドニー、2008 年北京、2012 年ロンドンでのテニス）など、数多くのアスリートがオリンピアンとしての活躍を元手にプロ選手として、あるいは関連業界での成功を成し遂げ、現在もセレブリティの地位にある。

　アメリカ国外に目を向けるなら、先住民との「和解の大会」と称揚された 2000 年のシドニー大会、そしてこの大会でオリンピック聖火に点火し、陸上 400m で優勝したアボリジニのキャシー・フリーマン（Cathy Freeman）など、劇的な出来事や人物を想起することも容易である。近年の BLM 運動の興隆は、アメリカ社会における人種主義の闇を暴いて世間を震撼させた。しかし、近代オリンピック運動が人種の壁への挑戦で数多くの希望の火を灯してきたことも、また事実なのである。

4.　ジェンダーの境界と調停

　アメリカ人女性のオリンピックへの参加は 1900 年大会から見られたが、あくまで個人としての参加だった。ゴルフで優勝したマーガレット・アボットは、オリンピック史上唯一の、母親との同時出場という記録を残したが、本人は亡くなるまでこの大会がオリンピックであることを知らなかったという。1910

年代も女性の大会参加は低調であったが、20 年代になるとこれを不服とする女性が立ち上がった。

その一人フランス人アリス・ミリア（Alice Milliat）は、1921 年にフランス女子スポーツ連盟を設立し、翌年パリで女性のための国際陸上競技大会を開催する。IOC はこの動きに脅威を覚えた。そして女性の参加を「非現実的、退屈、悪趣味、不適切」とみなすクーベルタンの反対を押し切り、28 年のアムステルダムで陸上と体操への参加を認め、女性を排除するよりもむしろ、女性を取り込む決定を下したのだった。しかし 800m 決勝で多くの走者がゴール直後に疲れ果てて倒れ込むと、IOC はこれをきっかけに女性選手に激しい運動をさせない方針へと転換し、以後 1960 年大会まで 200m より距離の長い競走への女性の参加を禁止した[23]。

1930 年代に入ってもアメリカ女性のスポーツ参加は制約されたままだった。しかしそんな中でミルドレッド・ディドリクソン（Mildred Didrikson）は、32 年ロサンゼルス大会に出場し 80m ハードルとやり投げで金メダル、走高跳で銀メダルの大活躍を見せた。彼女は幼少期から野球でも才能を発揮してホームランを連発し、ベーブ・ルース（Babe Ruth）にちなんで「ベーブ」の愛称で呼ばれていた。しかしその彼女も、20 代後半になると買い物や裁縫をしている写真を撮らせたり、ゴルフで汗を流したあとのインタビューで「ガードルをちょっと緩めてね、全力で叩くのよ」と答えたりして、女性らしさをさかんにアピールするようになる。

一方 1931 年には、女性野球選手のジャッキー・ミッチェル（Jackie Mitchel）がエキシビション試合でベーブ・ルースとルー・ゲーリック（Lou Gehrig）という大リーグの二大スターを「魔球ドロップ」で三振に切ってとっている。しかしその直後、初代コミッショナーのケネソー・M・ランディス（Kenesaw M. Landis）は契約無効を宣告して、ミッチェルを球界から追放する。それはミッチェルの「わきまえない行為」に対する報復でもあった。他方ディドリクソンは、女性性への回帰という戦略的な方向転換によって名声を手中にし、それを保持することができたのである。1950 年に彼女は、AP 通信により「20 世紀前半の最も偉大な女性アスリート」にも選ばれている[24]。

　これらの事例は、ジェンダーにおける社会正義の実現への道のりが、階級や人種の場合とは異なる様相を呈していることを示唆する。階級や人種の場合は、その境界を「壁」にたとえるなら、それを克服したり、これに挑戦したりすることが求められたといえる。しかしジェンダーの場合は、その差異や境界を単に克服したり挑戦したりする対象として捉えることができない。むしろある面で差異や境界は尊重されるべき対象であり、その上での平等や公正を達成することが求められ、現在なお求め続けられているのである。その意味でジェンダーにおける社会的正義を実現する過程は「調停」と呼ぶのがふさわしいといえる。

　すでにみたように1960年代はブラックパワー・サルートやモハメド・アリのベトナム出征忌避など、黒人アスリートによる示威行動が続いた10年だった。しかしその直前の50年代は一般に保守回帰の10年として描かれてきた。この時代に、第二次世界大戦という地球規模での惨禍の終焉により、戦地にあった恋人や夫が帰還し、平和と日常生活への復帰が強く指向された。ベビーブームも到来した。

　さらに冷戦による国際的な緊張状態が始まると、国家による求心的な力が作動し、人々の間に私生活を重んじ、伝統的な性役割を尊重する風潮が広まった。こうして、戦時下、銃後を守り、軍需産業での肉体労働に従事する役割を担わされていた女性たちは、家庭内での家事や育児に専念することを期待されるようになるのである。40年代前半から後半、そして50年代への転換は、それぞれの時代にポスターや雑誌の挿絵として普及した女性像の変化によって象徴的に示すことが可能である。前者の代表例に、J・ハワード・ミラー（J. Howard Miller）による「わたしたちにもできるわ（We Can Do IT）」というセリフで知られる女性軍事産業労働者のイメージがある。

　これは1980年代にフェミニズム運動によって、もう一つの代表的アイコンである「リベット打ちのロージー」と結びつけられることになった。イメージは、右腕の袖をたくし上げ、上腕の筋肉を見せつけるかのようにして、男の仕事を難なくこなす女性である。これに対し50年代を代表するのは、エプロンをしてこぎれいな衣装に身を包み、台所で鍋の取っ手を握る女性である。

　2 つのイメージは、肉体労働や職場から家庭へ、台所へ、そして伝統的な性役割への回帰を表象するといえよう。このような転換がもたらした 50 年代において、女性アスリートは二重のハンディを背負わされることになる。女性たちは、もともと激しい運動に不向きとみなされていた上、家庭回帰の風潮のなかで、さらにスポーツから遠ざけられることになったのだった [25]。

　冷戦下の社会で米ソ間の緊張を緩和し、クーベルタン男爵がスポーツの祭典に期待した国際平和の貢献を、陸上競技に特化して開催するイベントを通して実現しようとする試みも、1950 年代後半に始まる。1958 年に開催された米ソ対抗陸上競技大会である。これは冷戦初期に数多くみられたスポーツ外交政策の一つであった。そしてこの大会の運営方法をめぐって、それぞれの国における女性スポーツの歴史と現状を反映した駆け引きがみられたことは興味深い。

　この大会は、スポーツを通して友好関係を築こうとする一方、東西両陣営の覇権国がそれぞれの威信をかけた戦いの舞台でもあった。両者は一つでも多くの競技種目で相手を破り、より多くのメダルを獲得すべく、規則や運営方法をめぐって画策したのである。その一つの例は、男女選手のメダル獲得数の数え方と、勝者の決定に関するやりとりにみることができる。

　ソ連は男女選手それぞれのメダル数を加算して、その総数で勝者を決めるべきだと主張し、アメリカは男女別に数えて勝者を決めるべきだと主張したのだった。1963 年の第 5 回大会までをみると、ソ連の方法で数えるとソ連が 5 連勝を果たしたことになる。しかしアメリカの方法で数えると、男子チームはアメリカの 5 連勝、女子チームはソ連の 5 連勝となり、両者は 5 勝 5 敗で引き分けていたことになる。

　アメリカチームの女子アスリートの力不足は明らかであり、テネシー州立大学で鍛えられた一握りの黒人女子選手によって支えられていた。これに対しソ連は、社会主義体制下で男女アスリートを国際級に鍛え上げていた。米ソ対抗陸上はその後 1985 年まで続いた。その功績は、ソ連へのライバル意識を煽り、女子陸上競技への支援を生み出した点にある。だがアメリカは、女子アスリートが本格的に活躍するまで、さらに長い年月を待たなければならなかった [26]。

　1950 年代のアメリカ女子スポーツ事情を象徴するのは、むしろ次の 2 つの

事例である。その1つは全米女性野球プロリーグの解散である。同リーグは第二次世界大戦中に、出征による男子選手の減少を憂えたビジネス界の大物フィリップ・K・リグレー（Philip K. Wrigley）や、ジャッキー・ロビンソン（Jackie Robinson）のメジャーリーグデビューの立役者ブランチ・リッキー（Branch Rickey）らが中心となり、ソフトボール経験者など有望な女子選手をリクルートして設立した団体である。終戦後も存続し、ピーク時1948年には10チームが年間91万人の観客を動員したが、退潮となり、1955年のシーズンを最後に解散した。リベット打ちロージーが10年前にたどった同じ道を、女子野球選手たちも歩んだのだった[27]。

　もう1つは、プロテニス界におけるガッシー・モラン（Gussy Moran）人気である。モランは1923年にサンタモニカに生まれ、40年代と50年代にショートスカートとレースのひだのある下着など挑発的なウェアを着用して注目を集めた。実力は最高でも全米4位止まりで準一流の地位に甘んじ、全英ローンテニス・クリケットクラブからは「罪と俗悪」をテニスに持ち込んだと非難された。しかし選手としてよりも美貌とファッションで有名になり、メディア、ビジネスなど多方面で活動した。モランのパフォーマンスは女子アスリートにとっての容姿の意義をめぐる論争を引き起こした[28]。この論争は今日も続いている[29]。

　しかし1960年代になると、政治、経済、社会各界での反体制運動が加速し、ジェンダー面での保守主義にも大きな影響を及ぼすことになる。とりわけマーティン・ルーサー・キング・ジュニアら有力な指導者を得た公民権運動は、アメリカ先住民を覚醒させて「レッド・パワー」運動を引き起こした一方、学歴の高い中産階級の女性を中心に、自身に対する抑圧的な体制を批判的に再検討する機会を提供した。

　才能と意欲ある女性たちは第2波のフェミニズム運動の下に結束し、エプロンをして鍋の取っ手を握る家庭的な女性像に大きな疑問符を突き付けたのである。さらに1970年代に、スポーツ界でジェンダー面での社会的正義の実現にむけて大きな決定が下された。1972年、公教育での男女差別を禁止した「タイトル・ナイン（連邦教育法第9編）」の制定である。タイトル・ナインは、

制定後数年を経て、女性のスポーツ参加の大きな支えとなった[30]。

　オリンピックの歴史をジェンダーの視点からみると、1970 年代が一つの分水嶺であったことがわかる。参加選手における女子選手の割合は、初めて参加を認められた第 2 回パリ大会から 1972 年ミュンヘン大会まで 20％を上回ることがなかった。しかし 1976 年のモントリオール大会で初めて 20％を突破し、96 年アトランタ大会で 30％を、2004 年アテネ大会で 40％を超え、2021 年開催予定の東京大会では 48.8％と五割に肉薄する勢いである。

　またこの期間に、バスケットボールとボート（1976 年）、マラソン、新体操、自転車など（1984 年）、柔道（公開競技として 1988 年）、サッカー（1996 年）、重量挙げ（2000 年）、レスリング（2004 年）、ボクシング（2012 年）など、ほぼ大会ごとに女子選手の参加競技種目が追加され、何をするのか、できるのかの点でも、均衡化が目指されてきたことがわかる。

　さらに東京大会では、入場行進で各国の旗手を男女のペアが務めるよう奨励されるのに加え、競泳、アーチェリー、陸上、柔道、卓球、トライアスロンなどで混合種目の追加が予定されている。混合種目は、男女選手による一対一の直接対決を回避しながら、ジェンダー的な公正を実践する方向性の一つとして、現在熱い視線を集めている[31]。

おわりに ― 東京 2020 と近代オリンピックの行方 ―

　一般にセックスは「出生時に決まっている遺伝的に決定される生殖的な構造」と、ジェンダーは「セックスと関連する象徴、行動、役割、身分であり、学習して獲得するもの」と、「セクシュアリティ」は「性的な欲望や行為に関して個人が表現する好み」と定義される。現代社会において社会正義実践の最前線の一つは、セクシュアリティと関わっている[32]。

　残念ながら、セクシュアリティの観点からの社会正義実現への道はなお険しいといわざるをえない。1980 年代に、メキシコ大会で十種競技に出場したアメリカ人選手トム・ワッデル（Tom Waddell）らは、同性愛者のオリンピックといわれる「ゲイ・ゲームズ」を開催した。ゲイ・ゲームズは今日まで 4 年

ごとに中断されることなく続いてきている。だがこれは、同性愛者による分離主義の選択とみなされ、社会正義の実践という観点からは一歩後退とみる向きもある。

　スポーツ界は、人種的にはアメリカで、そして世界で社会的正義の実現において先駆的役割を演じてきた。けれども同性愛者に関しては保守的であることで知られ、大きく遅れをとっている。スポーツ界にとって残された最大の課題の一つは、セクシュアリティの観点での多様化と包摂の実現なのである。

　その意味で、東京大会の開催に向けて新たな動きや試みが始まったことを歓迎したい。2020（令和2）年10月にオープンした、スポーツと性的少数者に関する情報発信をする施設「プライドハウス東京レガシー」はその例である。翌21年2月には、大会組織委員会当時会長森喜朗の問題発言を受けて「①このような性別および性的指向、性自認などに関する差別的な発言や行動が起こらないためにどのような方針を立てられているか、②実際に起こってしまった際に具体的にどのように対応される計画なのか」を問う公開質問状を突き付けるなど、積極的な活動を展開している[33]。

　さらに歓迎すべきは、改革の矛先が選手レベルから、スポーツ統括団体の管理運営者レベルへと転じていることである。その意義はスポーツ社会学のスタッキング研究を文脈にして考えたい。スタッキング研究は、平等化や公正化が進み、選手が人種やエスニシティにかかわらずあらゆるポジションに就けるようになったことを評価する反面、球団や統括団体の管理職での男性優位に警鐘を鳴らしてきた[34]。しかし、今まさに求められる変化が起こり始めているのである。森喜朗は問題発言の責任を取って会長を辞任し、小谷実可子が就任した。女性理事も12名増え、その比率は40%を超えている[35]。

　階級、人種、ジェンダー面での社会正義の実践へのこれまでの取り組み、セクシュアリティという最前線での動向、そして選手レベルから管理職レベルへの公正化の拡がりなど、今改めて想起すべき点は少なくない。そしてこのような過去と現在の動きに鑑みるなら、近代オリンピック運動が歴史に確かな足跡を刻みながら、その先に向かって、今なお歩み続けていることは明らかである。東京大会が、そのさらなる前進の契機となることを期待したい[36]。

注

1)　パラリンピックは歴史的に比較的新しく、1960 年ローマ大会が第 1 回夏季パラリンピックと定められているが、本章は 20 世紀全体を中心に視野に捉えるため、オリンピックに焦点を置くものとする。

2)　ここでは「人種」を、近年のブラック・ライブズ・マター運動で用いられる「黒人（ブラック）」を括る概念と同じ意味で用いている。

3)　正確にいうなら、1 位、2 位、3 位に金、銀、銅のメダルが授与されたのは 1904 年セントルイス大会からである。図表の第 1 回、第 2 回大会では、1 位、2 位、3 位をカウントしている。

4)　ただし、ヨーロッパ勢の多くが参加を見送るなど、単なる地の利以上の事情があったことに留意したい。

5)　ただし、1932 年ロサンゼルス大会後にドーピングと批判された酸素吸引とビタミン摂取などのスポーツ医学による処方では、むしろアメリカに先んずる地位にあったなど、両者の関係が逆転していた分野や時期があったことを忘れてはならない。詳しくは次を参照。Mark Dyreson and Thomas Rorke, "A Powerful False Positive: Nationalism, Science and Public Opinion in the 'Oxygen Doping' Allegations Against Japanese Swimmers at the1932 Olympics," *The International Journal of the History of Sport*, 31 no.8, 2014, 854-870.

6)　『精選版日本国語大辞典』小学館、2006 年。

7)　福沢諭吉『福翁自伝』［https://www.aozora.gr.jp/cards/000296/files/1864_61590.html］（2021 年 4 月 29 日）。

8)　国際オリンピック委員会『オリンピック憲章』2020 年［https://www.joc.or.jp/olympism/charter/pdf/olympiccharter2020.pdf］（2021 年 4 月 29 日）。

9)　Mark Dyreson, *Making the American Team: Sport, Culture, and the Olympic Experience*, Urbana: University of Illinois Press, 1998, 7-31.

10)　サリバンについては次を参照した。J. E. Sullivan, ed., *An Athletic Primer*［http://www.survivorlibrary.com/library/an_athletic_primer_1907.pdf］（2021 年 4 月 29 日）.

11)　シカゴ大学については次を参照。Robin Lester, *Stagg's University: The Rise, Decline & Fall of Big-Time Football at Chicago*, Urbana: University of Illinois Press, 1999.

12)　YMCA の活動については次を参照。シュテファン・ヒューブナー、（訳）高嶋航・冨田幸祐『スポーツがつくったアジア　筋肉的キリスト教の世界的拡張と創造する近代アジア』一色出版、2017 年、23-74 頁。

13)　Charles J.P. Lucas, *The Olympic Games: 1904*, St. Louis: Woodward and Tiernan, 1905, 47.

14)　Thomas I. Lee, "The Record Breakers," *Munsey's 25*, July 1901, 472.

15) "What's the Matter with White Men?" *The Crisis 4*, July 1912, 123-124 で引用。

16) 川島浩平『人種とスポーツ　黒人は本当に「速く」「強い」のか』中公新書、2012 年、91 -134 頁。

17) デイヴィッド・クレイ・ラージ、(訳) 高儀進『ベルリン・オリンピック 1936　ナチの競技』白水社、2008 年、76-105 頁。

18) Jeremy Schaap, *Triumph: The Untold Story of Jesse Owens and Hitler's Olympics*, Boston: Houghton Mifflin, 2007, 3-62.

19) David Margolick, *Beyond Glory: Joe Louis vs. Max Schmeling, and a World of the Brink*, New York: Vintage Books, 2005, 15-309.

20) Donald McRae, Heroes *Without a Country: America's Betrayal of Joe Louis and Jesse Owens*, New York: Harper Collins, 2002, 211-228.

21) Randy Roberts, *Papa Jack: Jack Johnson and the Era of White Hopes*, New York: Free Press, 1983, 220-230.

22) Douglas Hartmann, "Rethinking the Relationships between Sport and Race in American Culture: Golden Ghettos and Contested Terrain," *Sociology of Sport Journal* 17.3, 2000, 229-253.

23) なおこのとき、日本女子選手としてオリンピックに初出場した人見絹江が 800m で準優勝している。

24) Susan E. Cayleff, *Babe: The Life and Legend of Babe Didrikson Zaharias*, Urbana: University of Illinois Press, 1996.

25) Vanessa Heggie, "Testing Sex and Gender in Sports: Reinventing, Reimagining and Reconstructing Histories," *Endeavour 34, 4, 2010, 158-163.

26) Joseph M. Turrini, "'It Was Communism versus the Free World': The USAUSSR Dual Track Meet Series and the Development of Track and Field in the United States, 1958-1985," *Journal of Sport History* 28. 3, 2001, 427-471.

27) Sue Macy, *A Whole New Ball Game: The Story of the All-American Girls Professional Baseball League*, Puffin Books, 1993.

28) Jaime Schultz, *Qualifying Times: Points of Change in U.S. Women's Sport*, Urbana: University of Illinois Press, 2014, 34-38.

29) 「『女子スポーツ』の未来」『朝日新聞』2021 年 4 月 3 日朝刊、13 頁。

30) 飯田貴子・熊安貴美江・來田享子編『よくわかるスポーツとジェンダー』ミネルヴァ書房、2018 年、106-107 頁。

31) 「いちからわかる」『朝日新聞』2021 年 3 月 8 日朝刊、2 頁。

32) ニコ・ベズニエ、スーザン・ブロウネル、トーマス・カーター、(訳) 川島浩平・石井昌幸・窪田暁・松岡秀明『スポーツ人類学　グローバリゼーションと身体』共和国、2020 年、

214-215 頁。

33）「多様な性知る初の常設拠点」『朝日新聞』2020 年 10 月 12 日夕刊、8 頁。

34）　Curtis, James E. and John W. Loy, "Positional Segregation in Professional Baseball: Replications, Trend Data and Critical Observation," *International Review for the Sociology of Sport* 13.4, 1978, 5-23.

35）「五輪のジェンダー平等　本気度は」『朝日新聞』2021 年 3 月 23 日朝刊、23 頁。

36）　本研究は JSPS 科研費 JP17K01694 の助成を受けたものである。

第 **9** 章

アメリカ社会におけるクラシック音楽の巨匠

佐藤 彦大

はじめに

「アメリカの音楽」と聞いて、どのようなものを想像するだろうか。ミュージカルやミンストレル、ジャズ、ロックといった、「ポピュラー音楽」が思い浮かぶに違いない。1885 年から 1900 年にかけて、ニューヨークはポピュラー音楽の中心地となり、演奏のみならず、楽譜出版社も集中していた[1]。アメリカ音楽の成長がポピュラー音楽の発展と比例したのは事実である。

しかし、アメリカにもクラシック音楽が存在する。本章では 20 世紀以降にアメリカで活躍したクラシック音楽の巨匠を 3 名（ラフマニノフ、ガーシュウィン、バーバーについて）取り上げ、彼らがいかにして、アメリカのクラシック音楽界の発展に貢献したかについて述べる。筆者自身が彼らの作品をレパートリーとしており、ピアニストとしての視点からアプローチが可能であると考えたためである。

1. アメリカとヨーロッパの時代的背景

（1） アメリカのクラシック音楽

植民地時代、ヨーロッパからアメリカへ渡った人々によって少しずつ、クラシック音楽は普及したが、それらはヨーロッパのもの、特にドイツ音楽の模倣でしかなかった。1850 年代には 24 人の若きドイツ人が作ったゲルマニア・オーケストラが全米ツアーで 800 回を越える公演を行い、市場を独占し

ていたほどである [2]。もちろん、そのような音楽を嫌った作曲家も存在し、ウィリアム・ビリングス（William Billings, 1746-1800）やジャスティン・モーガン（Justin Morgan, 1747-1798）といった作曲家が、「五音音階」[3]や「モード」[4]を用いた作品を書くことによって、ヨーロッパ音楽との差別化を図ろうとした [5]。

　しかし、それは多くの人が納得するアメリカらしさとは言い難かったようだ。19世紀後半から20世紀前半に活躍したフランスの作曲家、ジョゼフ・モーリス・ラヴェル（Joseph Maurice Ravel, 1875-1937）はアメリカの作曲家に対して「ヨーロッパの模倣ではなく、民族の音楽としてのジャズとブルースを取り入れた作品を書くべきだ」[6]と述べている。ジャズとブルースを取り入れた「アメリカらしい音楽」がヨーロッパの作曲家や聴衆から求められた理由について、次で述べる。

（2）　国民楽派の台頭

　クラシック音楽は400年以上の歴史を持つが、常に新しいものを取り入れながら発展していた。クラシック音楽最大の魅力である、純粋かつ普遍的な音楽ばかりに目が行きがちであるが、19世紀半ばから20世紀にかけて、ヨーロッパ各地で「国民楽派」と呼ばれる作曲家が台頭した。

　ロシア出身のミハイル・イヴァーノヴィチ・グリンカ（Mikhail Ivanovich Glinka, 1804-1857）、チェコ出身のアントニン・レオポルト・ドヴォルザーク（Antonin Leopold Dvořák, 1841-1904）、ノルウェー出身のエドヴァルド・ハーゲルップ・グリーグ（Edvard Hagerup Grieg, 1843-1907）、フィンランド出身のジャン・シベリウス（Jean Sibelius, 1865-1957）、スペイン出身のエンリケ・グラナドス（Enrique Granados, 1867-1916）らは自国の要素・音楽語法を取り入れ、民族的な作品を数多く作曲している。自国の色を持つ音楽はその国の人々に強く訴える力を持つ。

　自国の色、つまり「らしさ」の台頭によって、アメリカのクラシック音楽界においてもそれが求められた理由であると推察される。

（3）　20世紀前半のヨーロッパ・アメリカとクラシック音楽家の関係

　1850年にはすでに、ヨーロッパからアメリカへ移住した人々が存在していた。ヨーロッパでは大飢饉により食料品の価格が50％も増し、暴動が発生。その後の改革で財産・土地・権力の再配分に失敗したことよって経済が麻痺してしまったからである[7]。ドイツ人ピアノ製作者シュタインヴェーク（後述する）はそれによって渡米を決意した。一方で、アメリカから招かれたドヴォルザークは1892年に渡米し、ニューヨークに新設された国民音楽院の院長を4年間務めた[8]。また、作曲家・指揮者のグスタフ・マーラー（Gustav Mahler, 1860-1911）も1907年に渡米し、メトロポリタン歌劇場やニューヨーク・フィルハーモニックの指揮者として活躍した[9]。

　1909年にはラフマニノフ（後述する）がアメリカで演奏旅行を行い、その後第一次世界大戦（1914～1918年）の最中であった1917年にロシア革命が勃発したことにより、アメリカへ亡命を決意し、翌年渡米。大戦後の1928年にはウクライナ出身のピアニスト、ホロヴィッツ（後述する）がアメリカで鮮烈なデビューを飾った。彼らが渡米したことにより、アメリカにおけるクラシック音楽の水準が引き上げられ、発展することになるのである。

2.　ロシアからアメリカに渡ったスーパースター

（1）　ラフマニノフと田園、鐘の響き

　セルゲイ・ヴァシリエヴィチ・ラフマニノフ（Sergei Vasil' evich Rachmaninoff, 1873-1943）はロシア出身の作曲家・ピアニスト・指揮者と、音楽に多彩な才能を発揮した人物である。幼少期こそ荒れていたが、成長と共に寡黙な性格となり、結婚してからは非常に家族思いだったと言われている。

　ロシアの西側、ノヴゴロド州という緑豊かな田園の地で、ラフマニノフは育った。大自然には鳥のさえずり、木のざわめき、流れる水の音、太陽や月の光など、作曲のヒントとなるものが数多く存在しており、この街が彼の音楽に良い影響を与えたものと考えられる。後年、作曲をしなくなったラフマニノフは「ロシアを去ってしまったので、私は作曲する望みを失ってしまったので

す。祖国を失って、私自身も喪失してしまったのです。音楽の源泉、伝統、故郷の土壌を奪われてしまった追放者には、創作する望みなどは残っておらず」[10] と述べている。

　この「音楽の源泉」の一つは、ロシアの広大な土地と美しい自然のことを指していると思われる。たとえば歌曲「ヴォカリーズ作品 34-14」は歌詞が無く、母音唱法によって歌われるが、旋律の息が非常に長い。これはラフマニノフ音楽の特徴の一つであり、ロシアらしい風景を感じる作品である。

　一方で、彼は「鐘」の響きも生涯を通じてテーマとし、「鐘は人間の感情を反映し得る」[11] という考えを持っていた。ロシアの宗教は「ロシア正教会」が主流であるが、筆者がモスクワに留学していた時に、街中に鳴り響く、教会の大小の鐘の音を聞いている。それは非常に荘厳で神々しいが、ロシア人の日常生活に馴染んでいるものと実感させられた。その音は、彼の様々な作品で垣間見ることができる。「ピアノ協奏曲第 2 番ハ短調作品 18」第 1 楽章の出だしや、「絵画的練習曲作品 39-9 ニ長調」を聴いてみると、イメージが持てるはずである。

　また、指揮者として自作の交響曲や他の作曲家のバレエやオペラを振ったりした。それにより、ラフマニノフはそれぞれの歌手の長所を的確に見抜く能力を培った。声楽曲を多数作曲しているが、そのどれもが献呈した歌手の良さを引き出すものであったからだ。特に「12 のロマンス作品 34」について「それらの曲は、経験豊かなオペラ指揮者であり伴奏者であった彼が、個々の歌手の声の特別な可能性にいかに鮮烈に反応したか」[12] と評価されている。ラフマニノフの旋律・演奏が非常に声楽的であるのは、声楽家との関わりが強かったからだと思われるが、これはロシアのピアノ奏法において最も重要である「歌う音」、声楽的なレガート奏法に通じるものがある [13]。

（2）　ラフマニノフとアメリカの出会い

　ラフマニノフの演奏活動はロシアやヨーロッパがメインであったが、1909年にアメリカへ遠征している（しかし彼は家庭を大切にしており、家族と離れることに憂慮したため、この旅行にあまり乗り気ではなかった）[14]。26 回に及

ぶ演奏会のうち、19回をピアニストとして、7回を指揮者として演奏している [15]。この遠征のために、演奏に45分を要する「ピアノ協奏曲第3番ニ短調作品30」を作曲し、ニューヨークで初演を行い、その後数回演奏された。

　この協奏曲に対し、New York Times 紙1909年11月21日号で「哀調に満ちたロシアの音が、この音楽の全てを通じてさすらった。実際、プログラムの終盤に聴き手の多くは、自分たちがシベリアへ移送される囚人であるかのように感じ始めた」[16] と報じられたものの、New York Sun 紙12月1日号は「《協奏曲》は長すぎた、第一楽章と残りの楽章間のリズム上、和声上の対照を欠いていた」[17] と報じた。作曲家として、アメリカの批評家たちを唸らせることは難しかったようである。

　しかし、翌年1月16日のカーネギー・ホールにおけるニューヨーク・フィルハーモニックとの共演に、ラフマニノフは大きな期待を持って臨んだ。というのも、一流の音楽家であるマーラーが指揮をしたからである。その結果、「コラボレーションは大成功で、New York Herald 紙の評論家はこの作品について『近年最も興味深い協奏曲の1つにランクされる』との意見を述べた」[18] と評価された。マーラーがこの作品の素晴らしさを引き出した証拠である。

　一方で、ラフマニノフは演奏旅行後にロシアの『音楽従事者』誌に対し「成功は大きかった。彼らは七回ものアンコールを演奏させた」[19] と述べたように、ピアニストとしての評価は高かったようである。しかし、「地方紙は、音楽家が舞台に呼び戻された回数を報じるのを義務だと考えているし、また聴衆はこれを音楽家の才能を測る尺度と見なしている」[20] とも述べているように、アメリカの聴衆に対して好感を持っていた訳ではなかった。

（3）　ロシアからアメリカへ

　その後もロシア、ヨーロッパで活動を続けていたが、第一次世界大戦中の1917年にロシア革命が勃発したため、家族と共にスカンジナビア半島を経由して、ロシアを去った。ストックホルムの演奏会に向かうのを口実とした脱出である。そのためほとんどの私物をロシアに置いてきた状況であり、所持金も少なかった [21]。しかし、演奏活動で培った人脈のお陰で、何とか北欧で生活

を送ることができた。そして1年近く、今後の身の振り方について考えた。

　アメリカからは3つのオファー（2つの交響楽団の指揮者、ピアノ演奏会）があったものの、一度すべて断った。アメリカ演奏旅行に良い印象を持っていなかったし、オーケストラの舞台裏の権力争いに巻き込まれたくないという理由もあった。しかし、北欧で十分な活動が見込めず、結局は家族に貧しい思いをさせたくないという理由でアメリカ行きを決意したが、その際に作曲家・ピアニスト・指揮者の3つを同時に行うことは困難と判断し、ピアニストとしての活動にのみ絞ることにした[22]。

　1818年11月、ニューヨーク港に到着したラフマニノフは、同じくアメリカにいたポーランド出身のピアニスト、ヨーゼフ・カシミール・ホフマン（Josef Casimir Hofmann, 1876-1957）、オーストリア出身のヴァイオリニスト・作曲家、フリッツ・クライスラー（Fritz Kreisler, 1875-1962）、ベルギー出身のヴァイオリニスト・作曲家・指揮者、ウジェーヌ＝オーギュスト・イザイ（Eugène-Auguste Ysaÿe, 1858-1931）、ウクライナ出身のヴァイオリニスト、ミハイル・サウロヴィチ・"ミッシャ"・エルマン（Mikhail Saulovich 'Mischa' Elman, 1891-1967）、ロシアの作曲家・ピアニスト・指揮者、セルゲイ・セルゲーエヴィチ・プロコフィエフ（Sergey Sergeevich Prokofiev, 1891-1953）など一流の音楽家たちの訪問を受けた。このことはラフマニノフがいかに高い地位の存在であったかを物語っている[23]。その後一家はニューヨークにアパートを借り、その後、ハドソン湾の海岸に近いところに一軒家を手に入れた[24]。

　12月8日、ロードアイランド州プロヴィデンスで行われた渡米後初の演奏会では、後にアメリカ国歌となる「星条旗」も自身の編曲によって演奏された[25]。また、スタインウェイ社と契約を結び、同社のピアノを用いて演奏活動を行うこととなった。

（4）　スタインウェイ社のピアノ

　正式名称を「スタインウェイ・アンド・サンズ」（Steinway & Sons）という。産業革命により、アメリカ人の生活は豊かになったが、音楽ホールもま

た、それまで数百人程度のものから、19世紀半ばには千人規模の収容ができるものへと発展を遂げた[26]。しかし、ホールの実態は様々で、残響が少ない大ホールであることも珍しくない。演奏家にとって、音楽演奏を主体としないホールでピアノを充分に響かすことは難しい[27]。そのような事情から、より力強い楽器が求められるようになったのは自然なことである。筆者自身、スタインウェイピアノを演奏していて、ホールの最後尾まで音が届いているのを実感している。

スタインウェイは、ドイツ人ピアノ製作者ハインリヒ・エンゲルハルト・シュタインヴェーク（Heinrich Engelhard Steinweg, 1797-1871）によって開発された。1820年に最初のピアノを完成させるが、1850年までは自身の名字である「シュタインヴェーク Steinweg」名で販売していたのである。しかし、当時のドイツは封建社会が幅を利かせた貧しい国であり、しかも生産した楽器を市場に運ぶだけでも様々な関税がかかり、大変不便であった。さらに1845年以降は飢餓や暴動により、中央ヨーロッパ全体のビジネスが麻痺してしまう[28]。

そこで1850年に長男のみをドイツに残し、家族総出でニューヨークへ移住し、名前もドイツ語から英語風にヘンリー・スタインウェイ（Henry Steinway）と改めた。ニューヨークはアメリカのプロの音楽活動の中心地であったため、ピアノ制作にも良い環境であったことは間違いない。1880年にはドイツのハンブルクにも生産工場を構え、生産を開始した[29]。ハンブルク製のピアノはニューヨーク製のものより値段も安く、湿気の多いヨーロッパの気候に適していた[30]。

現在では世界中のほとんどの音楽会場に置かれているピアノであり、市場占有率は80%を超えている。価格は高いが、それだけ多くのアーティストの信頼を得ていることの裏返しと言える。ピアニストが20人いたならば、19人がスタインウェイを選んでいるのである[31]。また、最近の国際音楽コンクールでは様々な会社のピアノを選択できるが、スタインウェイを選ぶ参加者が圧倒的に多いのも事実である[32]。いわゆる「スタインウェイ・システム」[33]と言われる、ピアノの製造に関わる数多くの特許によって、スタインウェイにしか出せない独特の音色とタッチを生み出し、多くのピアニストを魅了しているので

ある。

　アメリカで演奏活動を展開するラフマニノフはスタインウェイと専属契約を結び、沢山の演奏活動を行った。両者は最高の相性であった。ラフマニノフが生涯「スタインウェイ・アーティスト」であり続けたことが、それを物語っている。スタインウェイ・アーティストは、演奏会でスタインウェイ製ピアノを使用し、他社のピアノは使用しないピアニストの中から、同社によって特に認められたピアニストのみがなれるのである。ラフマニノフが渡米するより前には、同じくロシア人ピアニストであったアントン・グリゴリエウィチ・ルビンシュタイン（Anton Grigoryevich Rubinstein, 1829-1894）や、ポーランド出身のピアニスト・作曲家のイグナツィ・ヤン・パデレフスキ（Ignacy Jan Paderewski, 1860-1941）がスタインウェイの名前を広めていた[34]。

　ラフマニノフの場合も、素晴らしい演奏をさらに引き立ててくれるピアノを重宝し、スタインウェイ社も素晴らしいアーティストが演奏し、広告塔となることで、楽器が売れるだろう、という利害が一致していたと考えられる。また、スタインウェイ社は他社ブランドのように、演奏者に楽器を使用してもらうことに対して謝礼を支払うことはない[35]。スタインウェイのピアノは多くのアーティストに支持されるだけの実力を持ったピアノであるという自信の現れである。このようにして、スタインウェイ社のピアノは世界一のブランドへと昇りつめた。

（5）　ラフマニノフとエジソン

　同じ時代を生きていたトーマス・アルバ・エジソン（Thomas Alva Edison, 1847-1931）によって録音技術が確立されていたこともあり、「エジソンレコード社」より多数の録音が発表された。自作曲のみならず、ベートーヴェンやショパン、グリーグといった他作曲家の作品も残している[36]。ラフマニノフはピアニストとして録音というジャンルにおいても重要な業績を残したのである。しかし、レコード会社は彼が許可を下さなかった録音も数多く発表してしまい、完璧主義であったラフマニノフの怒りを買ってしまった[37]。その後、エジソンレコード社に見切りをつけたラフマニノフは「ビクター」から演奏を

発表するようになった[38]。

（6） 他のアーティストとの親交

　アメリカでは同じ境遇を持つ音楽家との出会いもあった。前出のクライスラーやウクライナ出身のピアニスト、ヴラディーミル・サモイロヴィチ・ホロヴィッツ（Vladimir Samoilovich Horowitz, 1903-1989）が挙げられる。特にホロヴィッツとは深い親交を結んだことで知られている。彼はラフマニノフと同格の、20世紀を担うピアニストとして、スタインウェイ社にスカウトされ、以降大スターとして活躍した、伝説的ピアニストである。

　ラフマニノフとは1921年に初対面を果たし、スタインウェイ社の地下室で「ピアノ協奏曲第3番ニ短調作品30」を共演した。ホロヴィッツが第1ピアノ（ソリスト）、ラフマニノフが第2ピアノとしてオーケストラパートの伴奏をしたのである。ラフマニノフは彼の演奏に大変満足し、30歳差の友情が誕生した[39]。その後この作品はホロヴィッツの代名詞と言えるレパートリーとなり、生涯演奏し続けた。

　前述の通り、批評家によってこの協奏曲が高く評価されなかったことは、ラフマニノフにとって大きな悩みであった。しかしホロヴィッツの演奏は、ラフマニノフの演奏よりも聴衆を熱狂させ、作品の人気を高めた。彼が生涯で何度この作品を演奏したかは数え切れないが、9度も録音を行っていることは特筆に値する[40]。彼がラフマニノフの心を救った功績は大きい。

　また、ラフマニノフは年間50回を超える演奏会と録音活動によって、裕福な暮らしを送っていた。そのため、ロシアの親戚や芸術学校への援助をためらわなかった。特にロシア国内で戦争があった時期には積極的に送金していたようである。しかしアメリカ人との付き合いは少なく、少しでも郷愁を和めるために、自分と同じ境遇を持つロシア人を周囲に集めていった[41]。

（7） ラフマニノフのその後

　一部批判はあったが、ラフマニノフはスーパースターとしてアメリカの聴衆に受け入れられた。「アメリカ人の間での彼の人気は大変なものであった。道

を行く人も、列車の車掌も、店の店員も彼に挨拶した。新聞記者やカメラマンが彼を追いかけ回った」[42] とされている。一方で、演奏会には汽車で移動し、ヨーロッパへ演奏旅行に出掛けることもあり、次第に体や指に疲労を感じていた。「コンサートで疲労して、指が痛くなり、友人たちへの手紙さえも書けなくなってしまった。それで、彼にかわって、妻や娘たちが代書した」[43] ほどである。

　1932 年、スイスのルツェルン湖畔に別荘（セルゲイ Sergei と妻ナターリア Natalya、ラフマニノフ Rachmaninoff の頭文字をとって、セナール Senar と名付けられた）を建て、余暇をここで過ごした[44]。ラフマニノフが幼少期に過ごしたノヴゴロド周辺や、ロシアで結婚生活を送っていたイヴァノフカの雰囲気を復元する意図もあったようである[45]。

　しかし、1933 年にナチスの台頭により、徐々にヨーロッパ滞在も危うくなってきた。1939 年にヨーロッパ演奏旅行を行い、別荘に滞在した後に帰米したが、第二次世界大戦が勃発したことにより、それが最後のヨーロッパ滞在になってしまった。1940 年には「交響的舞曲作品 45」がフィラデルフィアで[46]、1941 年には「ピアノ協奏曲第 4 番ト短調作品 40」の最終版がニューヨークで初演されたが[47]、どちらも不評に終わってしまった。1942 年に家族と共にビバリーヒルズに移り、そこで市民権を得たものの、癌のため 1943 年に亡くなった[48]。再び祖国の土を踏むことはなかったのである。

　ラフマニノフがこの世を去って半世紀以上が過ぎたが、スタインウェイ社ショールームにはラフマニノフの胸像が置かれ、「名声不朽の人びとの楽器」[49]、つまり「不滅のスタインウェイアーティスト」[50] として、その名は現在も伝説となっている。

（8）　ラフマニノフがアメリカ音楽界に与えた影響

　演奏家としては上質な音楽を聴衆に届けたことが大きな業績であると思われる。また、彼の作品を鑑賞していると、どこか映画音楽に近いものが感じられる。たとえば「ピアノ協奏曲第 2 番ハ短調作品 18」第 3 楽章の第 2 主題や「パガニーニの主題による狂詩曲作品 43」第 18 変奏等、ロマンティックな旋

律はラフマニノフの真骨頂であり、何かのシーンに相応しい音楽に聴こえるだろう。

　1895 年の初期映画はサイレント映画という、音声を一切持たないものであったが、次第に映画に合わせてピアノ伴奏で耳を補い、それが一般的となった。1910 年になると指揮者と小編成のオーケストラを専属させ、クラシック音楽や有名な作品の抜粋などを演奏するようになった。その後、その作品に合った音楽が書かれ、演奏されるようになる。1907 年にフランスの作曲家シャルル・カミーユ・サン＝サーンス（Charles Camille Saint-Saëns, 1835–1921）によって書かれた、フランス映画『ギーズ公の暗殺』のための音楽が最初の映画音楽とされている [51]。1926 年には音声と映像が同期した、トーキー映画が実用化されたが、ラフマニノフがアメリカで活躍していた時代と合致する。

　以上のことから、映画音楽がラフマニノフの音楽を模倣しているのではないかと考えられる。それだけ彼の旋律は親しみやすく、歌心に満ちた旋律は万人受けするのだと思われる。よって、ラフマニノフの音楽は図らずもハリウッドをはじめとした映画音楽に多大な影響を与えたといえる。

（9）「前奏曲嬰ハ短調作品３の２」

　ラフマニノフの代表作を１つだけ解説したい。「前奏曲嬰ハ短調作品３の２」は彼がモスクワ音楽院を卒業してからほどなくして誕生し、自身の手によって初演された。その人気振りは相当なもので、批評界では「熱狂を引き起こした」と特筆されたほどである [52]。アメリカでも人気を博していたが、ラフマニノフはここまでヒットすると思っていなかったようだ。しかし、彼はこの前奏曲のみで人気を得ることに抵抗があり、安易に演奏しないようにしていたようである。日本では「鐘」という標題で親しまれ、やはり演奏会で人気のあるレパートリーである。

　不吉な ff の強打で始まりを告げ、その余韻を聴きながら直ちに pp となり、遠くで重厚な鐘が響き渡る。この強烈なコントラストが効果的であるが、筆者は pp になってから中間部までの間、ピアノの中の弦の振動と響きの変化を味わう。中間部では agitato（アジタート、激しくの意）となって興奮に満ち、

それまで断片的だった旋律が、息の長いメロディーへと変わる。頂点までたどり着くと一気に下り、その後は出だしの音楽がffffとなって苛烈に再現される。演奏家にとっては力むことなく、楽器を最大限に鳴らせられるかが勝負所である。そして末尾では徐々に音が遠のき、幻想的に幕を閉じる。

3.　アメリカらしいクラシック音楽の誕生

（1）　クラシック音楽とポピュラー音楽の両方に精通したガーシュウィン

　　ジョージ・ガーシュウィン（George Gershwin, 1898-1937）はアメリカ合衆国の作曲家であるが、本名をジェイコブ・ガーショヴィッツ（Jacob Gershowitz）といい、ユダヤ系ロシア移民の息子である。彼が生まれるまでに姓をガーシュウィン（Gershwin）と改めた[53]。彼は子どもの頃こそ荒れていたが、12歳の時に母親にアップライトピアノを買ってもらい、音楽の道を志すようになる。26歳のガーシュウィンはとあるインタビューで「ピアノを習って不良少年から良い少年になった。自分を矯正したのはピアノだ。〔中略〕私はピアノを始めてから人が変わりました」と述べている[54]。彼の音楽的才能はすぐに見いだされたものの、彼はジャズ等の新しい音楽へ関心が向いていた。しかし、今の状態でその道に行くのは危険であると判断した理解ある指導者の助言により、標準的な音楽の基礎をしっかりと学ぶことになった[55]。

　　15歳になったガーシュウィンは大衆音楽の聖地ティンパン・アレーにある出版社の一つ、レミックス社のフルタイムの社員となり、「ソング宣伝演奏」の仕事をこなすようになる[56]。また、詩に作曲したり、ロールピアノ用に演奏を残す仕事も行うようになった。そのような下積みを経て、1919年に出世作である歌曲『スワニー』を作曲し、一躍人気ソングライターとなった[57]。音楽基礎の勉強はそこそこで切り捨ててしまったが、たった9年でその素晴らしい才能が開花したわけである。

　　その後は作詞家である兄とユニットを組み、多数のポピュラーソングを輩出した。ガーシュウィンはクラシック音楽ではなく、ポピュラー音楽をフィールドとして活躍したのである。「仲間とともに人気歌曲－ラブソングや目新しい

小唄やバラード、売れるものならなんでも－を機械的に製造した」[58]と述べられていることから、商業的に音楽を生産していたと思われる。

（2） ガーシュウィンとジャズ

　ジャズは独特の音階やリズム（シンコペーション、スイング等）の特徴を持つ、即興性のあるポピュラー音楽の一種であり、民俗音楽の一種でもあるといえる。19世紀末から20世紀初頭にかけてアメリカ・ニューオーリンズなどのアメリカ南部の都市を舞台に、そこで暮らす黒人たちの手で、徐々に形を整えていったと言われている。ジャズのもととなった素材は、西洋音楽とアフリカ音楽であり、その2つがアメリカという舞台で融合したものである[59]。

　植民地時代、西洋人は比較的そのままの生活の形をアメリカに持ち込むことができた。しかし、軽く数千万を超えると言われるアフリカ人の奴隷に人権はなく、民族的な楽器を持ち込むことすら許されなかった。ただし、多くの植民者たちは、奴隷が日中にきちんと仕事さえしていれば、夜間の行動に縛りを与えなかったようで、植民者たちに聞こえない、少し離れた場所で彼らの交流が行われるようになった。焚き火を囲み歌い踊り、時には宗教的な儀式も行っていた。そこで誕生したのが、「ブルース」と呼ばれる音楽である。奴隷生活の抑圧と哀しみをギターやバンジョーの弾き語りで歌ったもので、アフリカの民族音楽そのものではなく、「アメリカ仕様のアフリカ音楽」とも捉えられ、アメリカ独自の音楽の誕生と言うことができる[60]。

　また、彼らの言語についても、当時は植民者が話していた英語・スペイン語・フランス語を片言で話してコミュニケーションを取っていたため、徐々に言語が混ざり、独特の「黒人英語」が形成された。この言語も、彼らの音楽に深い影響を与えている[61]。ほかにも「ラグタイム」と呼ばれる、ピアノを用いて演奏されるシンコペーションを強調した右手の旋律と、マーチ風の伴奏を融合させた音楽も登場した[62]。

　そのような中、1776年にアメリカ東部13州がイギリスに対し独立宣言し、1861〜1865年には奴隷解放の運動から起きた南北戦争によって北軍が勝利し、南軍の軍楽隊が使用していた洋楽器と、かつての奴隷たちが出会いを果たす。

彼らは洋楽器を手にし、街をパレードして歩く「ジャズ」の原型が現れた[63]。初期のジャズで使用された楽器はトランペットやトロンボーン、クラリネット、チューバ、ドラム、バンジョーであった。音を口で歪め、震わせることが容易で、人の声や鳥の鳴き声など、身近に存在する音に近づく手法は、ジャズで特に好まれる演奏技法である[64]。

　ジャズはその後成長を続けていたが、第一次世界大戦の後、1920年に「ヴォルステット法」と呼ばれる禁酒法が施行され、飲酒と踊りがなければ商売にならない一部のジャズミュージシャンは、1933年に禁酒法が解かれるまで暗黒街と共に歩んでいかなければならなかった[65]。

　さて、ガーシュウィンは14〜15歳でナイトクラブへ足を運ぶような少年であったが、そこでブルース・ラグタイム・ジャズの黒人音楽（ブラックミュージックとも言う）三大柱に触れ、その語法を理解し、自分のものにできたことは幸運であった[66]。その経験が生かされることになったのが1924年、当時流行のダンスバンドのリーダーを務めていたポール・ホワイトマン（Paul Whiteman, 1890-1967）の委嘱により書き上げられた、ピアノとオーケストラのための作品「ラプソディ・イン・ブルー」である[67]。この作品の誕生は、ジャズとクラシック音楽が融合するという、歴史的大事件であった。アメリカ独自のクラシック音楽の誕生と言えるからである。

（3）「ラプソディ・イン・ブルー」

　この作品は「シンフォニック・ジャズ」という、クラシック音楽の形式の一つに分類される。「交響楽的な構成と編成を持ったジャズ」[68]である。「ラプソディ・イン・ブルー」は元々、「アメリカン・ラプソディ」という名前で構想されていたが、兄アイラの提案によって、ブルース主題に焦点を当てた「ラプソディ・イン・ブルー」に決定された[69]。「ブルー」は「ブルース・スケール」や「ブルーノート」を指している[70]。

　「ブルーノート」は、長調の音階の第3、第5、第7音を半音下げたものである（例：ハ長調の音階 C-D-E-F-G-A-B-C だと、E♭、G♭、B♭の3音がブルーノート）。また、その3音を用いた音階（例：ハ長調の音階に置き換える

と C-D-E♭-E-F-G♭-G-A-B♭-C) を「ブルース・スケール」という[71]。この作品はその音階と、和声を用いて書かれている。

「ラプソディ」は「狂詩曲」と訳され、特に形式を持たない、自由で幻想的な作品のことである。クラシック音楽における「交響曲」や「ソナタ」のような、緻密な構成に基づく作品とは対照的であり、時間と共に変化する様や、物事の情景を表現したものと言える。ガーシュウィン自身も「〔前略〕最終案はありませんでした ― 精神的に納得する構成が頭になかったのです。ラプソディは、ご存知のように、計画としてでなく目的として始まりました」「主題的素材はすでに頭の中で作ってあり、作品全体を頭に浮かべようと努めました。私にはそれがアメリカの音楽的万華鏡として聞こえました」[72]と述べている。

作品の構成は斬新で、オーケストラによる主題の提示の後は暫くピアノ独奏が続き、その後はピアノがオーケストラのオブリガートを務める。ひとしきりオーケストラが奏でると、再びピアノ独奏が続くが、非常に即興的である。その後白眉とも言える、ゆったりとしたホ長調の世界が広がり、オーケストラ、ピアノの順に奏される。桃源郷にたどり着いたような、あるいは救済されるような感覚を覚えるだろう。その後はピアノによってタンゴやタップダンスを模倣した、非常に速いリズミカルな部分へと入り、そこにオーケストラが参加し、ホ長調の部分で使用された旋律が性格を変えながら発展する。そしてマーチ風となり、最後には冒頭主題が輝かしい勝利を宣言して幕を閉じる。盛り上がりの多い作品であるため、演奏する際には音量のペース配分が極めて重要である。

ガーシュウィンは天才ではあったが、オーケストレーション（管弦楽法）は得意ではなく、ファーディ・グローフェ（Ferde Grofé, 1892-1972）にオーケストラパートのアレンジを助けてもらっている[73]。ただし、作品のアイデアはすべてガーシュウィンによるものであり、自身の作品と言える。ニューヨークのエオリアン・ホールにおける、「現代音楽の実験」という名の演奏会で初演され、ラフマニノフをはじめとした、当時の音楽界を代表する著名人も聴衆として招かれていた[74]。「聴衆は《ラプソディ・イン・ブルー》を気に入り、多くの批評家は好意的な批評を書いた」[75]とあるように、初演は大成功であった。

　後に、ガーシュウィンはオーケストレーションを勉強するために、卓越した管弦楽法を確立していたモーリス・ラヴェルの元を訪ねることになる[76]。しかし、ラヴェルはガーシュウィンに対し、「あなたは一流のガーシュウィンなのだから、二流のラヴェルになる必要はないでしょう」[77]と言って、指導を断っている。彼がガーシュウィンの音楽の本質を理解し、称賛していたことを証明している。

（4）「ラプソディ・イン・ブルー」がヨーロッパのクラシック音楽に与えた
　　　影響

　その後、ラヴェルもジャズの語法を自身のものとし、1927年に作品の一部にブルースを用いた「ヴァイオリン・ソナタ ト長調」を書き上げている[78]。ジャズはアメリカからヨーロッパのクラシック音楽に逆輸入され、音楽表現の幅を大きく広げることになった。現代ではロシア人作曲家のニコライ・ギルシェヴィチ・カプースチン（Nicolai Girshevich Kapustin, 1937-2020）がジャズとクラシック音楽を融合させた作品を多数発表したことで知られている[79]。

　ただし「シンフォニック・ジャズ」という音楽形式については、ジャズにとって重要な「即興性」に欠けるという点がデメリットとなり、純粋なジャズではないという批判もあって、次第に衰退してしまった[80]。

（5）　ガーシュウィンのその後

　1935年にはオペラ『ポーギーとベス』を作曲[81]。この作品はオペラの要素にジャズや黒人音楽を取り入れたもので、ミュージカルの先駆けとなったものであり、ガーシュウィンの音楽的業績の中でも特に重要なものの一つである。しかし、ガーシュウィンは黒人音楽を吸収し、新しい作品を発表することはあっても、彼らに何かを還元することはなかったという[82]。

　アメリカの小説家エドウィン・デュボーズ・ヘイワード（Edwin DuBose Heyward, 1885-1940）によって書かれた『ポーギー』の小説から、そのままの台詞が使用されているとはいえ、作中でしばしば彼らの怒りを買うようなものが出てきたり、作品に対して彼らがガーシュウィンを非難したりすることもあっ

た[83]。しかし、「黒人のオペラ」としてもかつてないほどの成功を収めたのだから、複雑である[84]。ガーシュウィンにとっては善悪に関係なく、芸術になれるものを区別することなく、純粋に音楽に取り入れただけのことであった[85]。残酷なことではあるが、人種の壁を乗り越えるのは容易ではないのだ。

　彼は当時の音楽家の中でも特に活躍していたが、『ポーギーとベス』の完成から2年後の1937年に脳腫瘍のため、ハリウッドでこの世を去った[86]。

4.「アメリカらしさ」を超えたもの

（1）「らしさ」の衰退

　ガーシュウィンが活躍した時代より少し前のヨーロッパにおいて、調性音楽は徐々に崩壊の道をたどった。調性音楽に拘る作曲家は存在するが、いわゆる調性を持たない無調の「現代音楽」の時代に入り、シェーンベルクが開発した「十二音技法」[87]、また、極端な例としては他の作曲家による「電子音楽」や、コンピューターによって音をスペクトル解析した音楽等、様々な道を歩むことになる。これらの音楽は「らしさ」よりも、作曲上の「ルール」を重んじる傾向があるように思えることから、「国民楽派」的な音楽は次第に重要視されなくなったといえる。ここで、そのような時代に素晴らしい芸術的作品を残したアメリカ人作曲家を一人紹介したい。

（2）　純粋なアメリカ人作曲家、サミュエル・バーバー

　サミュエル・バーバー（Samuel Barber, 1910～1981）はアメリカのペンシルベニア州ウェストチェスター生まれの作曲家である。幼少の頃より才能を現し、ピアノも達者であった。12歳で教会の専属オルガニストを務め、13歳でフィラデルフィアにあるカーティス音楽院に奨学生に合格し、その後7年間勉学に励んだ。また、若い時にはバリトン歌手としても活躍したこともあり、彼の作曲家としてのキャリアは声楽曲から始まっている（英語の詩を用いた歌曲は、英語圏の声楽家における貴重なレパートリーとなっている）。卒業から4年後の1935年にはピュリッツァー賞とアメリカ・ローマ賞を受賞し、ロー

マにあるアメリカン・アカデミーに 2 年間留学している[88]。

　バーバーは伝統を重んじ、古典的な形式や書法を用いる側面と、ジャズや現代音楽的な要素を用いた側面を併せ持った、独自の作品を残しているが、そこには「真実のロマンティシズム、人間性、豊かな音楽性といった、"現代"ばかりでなく、永遠につながる」[89]、芸術性も含まれている。1940 年には美しい旋律が魅力的な「ヴァイオリン協奏曲」を作曲。

　挑戦的な作品としては 1944 年に書かれた「交響曲第 2 番」が挙げられ、無線誘導ビームや、飛行機の爆音を模した音を疑似的に表現させている[90]。この作品は 1943 年にアメリカ陸軍に徴兵され、陸軍航空隊に配属されたバーバーが空軍から委嘱されたものである。ボストンとニューヨークで演奏されたが、評価はあまり良いものではなかった。1947 年に改訂したものの、満足できるものではなかったため、後年自筆譜とパート譜を破棄してしまった[91]。1945 年には「チェロ協奏曲」を作曲している。

（3）「ピアノ・ソナタ変ホ短調作品 26」とホロヴィッツ

　1949 年にはクラシック音楽の伝統の中に、ジャズや現代音楽の語法を含ませた「ピアノ・ソナタ変ホ短調作品 26」を完成させる。39 歳の円熟期の作品で、第 1 楽章は付点リズムによる野生味溢れる主題と、ロマンティックな主題の対比が鮮やかである。第 2 楽章は随所に複調（同時に異なる調性の音楽を奏でること）を用いたスケルツォ的な音楽。第 3 楽章では現代音楽的語法である「十二音技法」が用いられているが、それをメランコリックに利用している。第 4 楽章はバロック時代から受け継がれた「フーガ」の技法で書かれているが、主題はシンコペーションを巧みに利用したジャズ風のもので、クラシック音楽と見事に融合されている。このソナタはバロックから現代の技術までを網羅していると言える。

　この作品の美質をすぐに発見したのが大スター、ホロヴィッツである。彼の素晴らしい演奏技術と音楽性によってこのソナタに生命が吹き込まれ、1950 年 1 月 4 日にカーネギー・ホールにおけるリサイタルで初演された[92]。さらに、同年 3 月 20 日にも同じ会場で演奏されており、聴衆の反応も良好であっ

た[93]。その後も彼の主要なレパートリーとしてしばしば演奏会で取り上げられた。このソナタはホロヴィッツによって真の芸術として認められ、アメリカをはじめとしてヨーロッパにまでバーバーの名を轟かせることとなった。

（4）　バーバーのその他の業績

　舞台音楽のジャンルにおいても、1946 年に発表されたバレエ『メディア』をはじめ、1958 年にはオペラ『ヴァネッサ』で 2 度目のピュリッツァー賞を得ている。また、1966 年にはメトロポリタン劇場の開幕のために委嘱され、オペラ『アントニーとクレオパトラ』を作曲している。1981 年リンパ腺癌により、ニューヨーク自宅で亡くなった。決して多数の作品を発表した作曲家ではなかったものの、常に妥協しない音楽を追求し続け、遺された音楽のどれもが、高い芸術性と崇高な精神を併せ持っているのである[94]。

（5）　バーバーの最も著名な傑作、「弦楽のためのアダージョ」

　イタリア留学時代の 1936 年に作曲された「弦楽四重奏曲第 1 番ロ短調作品11」の第 2 楽章は、翌年 1937 年に弦楽合奏用に編曲され、「弦楽のためのアダージョ」と名付けられた。「弦楽四重奏曲」とは、18 世紀後半の古典派の時代から様ざまな作曲家によって書かれてきた、歴史あるジャンルであり、2 本のヴァイオリン、ヴィオラ、チェロによって編成される[95]。一方「弦楽合奏」はより多人数で演奏されることにより、音の厚みが増す。「弦楽のためのアダージョ」ではさらに、低音部にコントラバスのパートが追加されたことで、より深い表現が可能となった。

　この作品が有名になったきっかけとしては、1963 年に暗殺されたジョン・ケネディ大統領の葬儀で演奏されたことが挙げられる[96]。それ以降に葬儀や慰霊の場でしばしば演奏されるようになった[97]。また、神の子羊を意味する「アニュス・デイ」の祈祷文を歌詞にした合唱用の編曲もなされた結果、一層魂に訴えかける作品という印象が強くなったといえる[98]。

　この作品は表現のしようもないほどに美しく、クラシック音楽の枠から飛び出して、映画やドラマで使用されることもある[99]。もはや「アメリカらしさ」

の次元を超越し、完成から80年以上が経過した現在でも、その崇高さは失われることがない。真の芸術として、我々人類の財産としてあり続けるだろう。

お わ り に

　本章では、アメリカにおけるクラシック音楽が、ヨーロッパの模倣からいかにしてアメリカらしさを見つけていくか、という部分に焦点を絞って述べてきた。ロシア系の音楽家がアメリカのクラシック音楽の発展に大きく寄与したこと、次にクラシック音楽とジャズが融合したアメリカ独自の音楽が誕生し、それがヨーロッパに逆輸入されたことが明らかとなった。

　現代のクラシック音楽は調性が崩壊し、作曲家は世界中に存在する民俗音楽の要素や、自然の中に存在する音、独自の語法を追求しているが、何かの模倣とならない唯一無二の音楽を作りあげることは非常に難しい。しかし、芸術としての音楽は、作品としての素晴らしさと、聴くものに訴える感動と普遍性が合致するものでなければ、歴史に埋もれてしまうだろう。それは作曲だけでなく、演奏でも同じことが言えよう。

　「伝統」を受け継ぎ、新しい要素を取り入れ、その上で芸術音楽に対し、リスペクトの念を持てるかがクラシック音楽の発展において最も重要だと考える。そのような作品の誕生を楽しみにしたいし、それを演奏することで作品を世界に広め、聴衆と共有するのが我々演奏家の使命である。

注
1)　下中邦彦『音楽大事典第5巻』平凡社、1983年、2357頁。
2)　リーバーマン『スタインウェイ物語』法政大学出版、2002年、13頁。
3)　「五音音階」とは「ペンタトニック・スケール」と呼ばれ、1オクターヴ中に5つの音で構成させる音階である。通常の音階であるハ長調は1オクターヴ中に7つの音が存在する（CDEFGABC）が、たとえばCDEGACという音階にすると「ヨナ抜き音階」となり、日本的な雰囲気となる。また、音階の構成音は地域によって異なる。
4)　「モード」とは「旋法」のことで、教会旋法であるドリア、フリギア、リディア、ミクソリディア旋法は特に有名。

5)　『アメリカ合衆国の音楽』（Wikipedia）〔https://ja.m.wikipedia.org/wiki/ アメリカ合衆国の音楽〕（2021 年 3 月 31 日）。

6)　斎藤憐『アメリカン・ラプソディ』而立書房、2014 年、32-33 頁。

7)　リーバーマン、9 頁。

8)　目黒三策『名曲解説全集第二巻交響曲下』音楽之友社、1959 年、108 頁。

9)　柴田南雄、遠山一行『ニューグローヴ世界音楽大事典第 17 巻』講談社、1997 年、435-436 頁。

10)　ソコロワ『ラフマニノフ　その作品と生涯』新読書社、2009 年、154 頁。

11)　ハリソン『ラフマニノフ　生涯、作品、録音』音楽之友社、2016 年、175 頁。

12)　同書、171 頁。

13)　高坂はる香「エリソ・ヴィルサラーゼ、インタビュー『ピアノに無限の可能性』『ピアノ・リサイタル』」クラシック音楽情報誌『ぶらあぼ』2019 年 12 月〔https://www.google.co.jp/amp/s/spice.eplus.jp/articles/261952/amp〕（2021 年 3 月 31 日）。

14)　"Classical: 'Rach 3': the story behind a pianistic masterpiece", Independent.ie, November 27, 2015〔https://www.independent.ie/entertainment/music/classicalrach-3-the-story-behind-a-pianistic-masterpiece-34237678.html〕（May 1, 2021）.

15)　ハリソン、151 頁。

16)　同上

17)　同書、151-152 頁。

18)　"Classical: 'Rach 3'"

19)　ハリソン、152 頁。

20)　同上

21)　同書、204-205 頁。家族 4 人でわずか 2,000 ルーブルのみである。当時、国外に出る際にボリシェヴィキが許可した金額は各人 500 ルーブルまで。

22)　同書、206-209 頁。作曲家としては多くの収入が望めず、指揮者も人間関係に憂慮していたが、ピアニストは一人で活動可能であるし、それだけの技術を有していたと推察する。

23)　同書、209 頁。

24)　ソコロワ、149 頁。

25)　ハリソン、210 頁。

26)　リーバーマン、xvi 頁。

27)　それまでのピアノの演奏会は、主にサロンなどの小さな会場で行われていたため、そもそも楽器の音を遠くに飛ばす必要がなかった。

28)　リーバーマン、9 頁。

29)　同書、130-131 頁。

30)　同書、7 頁。

31）『音楽とアーティスト』スタインウェイ＆サンズ HP〔https://www.steinway.co.jp/music-and-artists〕（2021 年 3 月 4 日）。

32）筆者が 2010 年「第 4 回仙台国際音楽コンクール」に参加した際も、自身を含め半数以上の参加者がスタインウェイを選択していた。

33）リーバーマン、32 頁。

34）同書、72, 147 頁。

35）ハリソン、210 頁。

36）同書、219-220 頁。

37）同書、217 頁。

38）同上

39）中川右介・石井義興『ホロヴィッツ　20 世紀最大のピアニストの生涯と全録音』アルファベータブックス、2018 年、43-44 頁。

40）中川・石井、同書、資料ディスコグラフィー、39-40 頁。

41）ソコロワ、150 頁。

42）同書、149 頁。

43）同書、147 頁。

44）ソコロワ、162-163 頁。

45）ハリソン、1 頁 7。

46）同書、319 頁。

47）同書、321 頁。

48）同書、329-330 頁。

49）バロン『スタインウェイができるまで　あるピアノの伝記』青土社、2009 年、17 頁。

50）『スタインウェイ・アーティスト　不滅の演奏家』スタインウェイ＆サンズ HP〔https://www.steinway.co.jp/music-and-artists/immortals〕（2021 年 3 月 4 日）。

51）下中邦彦『音楽大事典第 1 巻』平凡社、1981 年、239 頁。

52）ハリソン、49 頁。

53）ペイザー『もう一つのラブソディ ガーシュウィンの光と影』青土社、1994 年、24-25 頁。

54）同書、26 頁。

55）同書、26-27 頁。

56）同書、32-33 頁。

57）同書、66、446 頁。

58）同書、34 頁。

59）相倉久人『新書で入門　ジャズの歴史』新潮社、2007 年、18 頁。

60）同書、19-23 頁。

61）同書、22-24 頁。

62）同書、29 頁。

63）同書、29-31 頁。

64）同書、35-36 頁。

65）同書、46-48 頁。

66）ベイザー、40 頁。

67）同書、446 頁。

68）下中邦彦『音楽大事典第 3 巻』平凡社、1982 年、1270 頁。

69）ベイザー、107 頁。

70）千葉文夫『ガーシュウィン　ラプソディ・イン・ブルー』全音楽譜出版社、2009 年、5 頁。

71）北川祐『ポピュラー音楽理論』リットーミュージック、2004 年、194 頁。

72）ベイザー、105 頁。

73）同書、107 頁。

74）同書、109 頁。

75）同書、110 頁。

76）「ボレロ」や、彼によってオーケストラ用に編曲されたムソルグスキーの「展覧会の絵」が有名である。

77）斎藤、56 頁。

78）舘亜里沙『ラヴェル：ヴァイオリンとピアノのためのソナタ第 2 番 M, 77 ト長調』ピティナピアノ曲事典、2015 年〔https://enc.piano.or.jp/musics/17584〕（2021 年 5 月 1 日）。

79）川上昌裕『カプースチン』ピティナピアノ曲事典、2007 年〔https://enc.piano.or.jp/persons/572〕（2021 年 5 月 1 日）。

80）『音楽大事典第 3 巻』1270 頁。

81）斎藤、57 頁。

82）ベイザー、40 頁。

83）同書、329、367 頁。

84）同書、367 頁。

85）同上

86）同書、447 頁。

87）門馬直美『西洋音楽史概説』春秋社、1982 年、1906 頁。

88）塚谷晃弘『バーバー　ピアノアルバム』全音楽譜出版社、1972 年、4 頁。

89）同上

90）下中邦彦『音楽大事典第 4 巻』平凡社、1982 年、1270 頁。

91）Stanley Sadie, eds., "The New GROVE Dictionary of Music and Musicians 2", Macmillan Publishers Limited, 1980, 134.

92）塚谷、6 頁。

93）この演奏会のライヴ CD（Sony/CH6-7）は試聴可能で、演奏後「ブラボー」と共に拍手
　　喝采を浴びているのが確認できる。筆者自身もこの演奏に感銘を受けている。

94）塚谷、5 頁。

95）ミラー『新音楽史改訂版』東海大学出版会、2000 年、194 頁。

96）"Music Interviews Barber's Adagio for Strings", npr music, August 14, 2008
　　［https://www.npr.org/templates/story/story.php?storyId=93612081］（May 1, 2021）.

97）筆者も 2011（平成 23）年の東日本大震災の後、慰霊の演奏会でこの作品が演奏されたの
　　を実際に聴いている。

98）"New GROVE Dictionary 2", 134-135 頁。

99）映画『プラトーン』や、ドラマ『のだめカンタービレ』第 8 話等で聴くことができる。

第**10**章

在外米軍基地とアメリカのポピュラー音楽
― 戦後日本の米軍ラジオ放送 ―

青木 深

は じ め に

　2018年の夏、オバマ元大統領の就任式でも熱唱したソウル歌手、アレサ・フランクリン（Aretha Franklin）が76歳で死去し、日本の主要各紙でもその訃報が出たことは記憶に新しい。音楽評論家の鈴木啓志は、1967（昭和42）年に彼女の歌声と邂逅したときの様子をこう回想している。「鈍いキーボードの音色と共に、"ユーオ・ノー・グッド……"とアレサの一声、そして叫び、うめくように応えるホーン、唐突にうなるギター」。ヒット曲「貴方だけを愛して（I Never Loved A Man（The Way I Love You））」だった。それが「FEN（Far East Network：極東米軍のラジオ放送）から流れてきたときの驚きといったらなかった」[傍点強調は筆者][1]。

　本章では、「米軍基地」と「アメリカのポピュラー音楽」を切り口にして、アメリカ合衆国の国外における「アメリカ」に眼を向ける。インターネットを介して海外の音楽に容易にアクセスできる環境に育った世代の読者は、米軍基地とアメリカのポピュラー音楽にどのような関係があるのかと奇異に思うかもしれない。だが上の回想からもうかがえるように、20世紀の前半から半ばにかけて、在外米軍の基地とその社会・文化は、基地が打ち込まれた現地の社会にアメリカのポピュラー音楽を伝える媒体にもなっていた。

　アメリカ合衆国の国外へと展開する米軍は、軍隊を構成する兵士 ―― 徴兵・志願によって入隊した若い男性が大半で、移民一世や二世も含んでいた

――の「健全」さや士気を維持するために、彼らが好む大衆文化を軍の内部で大々的に提供した。映画やスポーツや読み物と並び、音楽もそうした文化の一つであった[2]。故郷を離れて戦地や駐留地に向かう米軍人に供されたアメリカ文化は、彼らが駐留する基地の外部に広がる現地社会にも流出した。

　本章では、第二次世界大戦後から 1950 年代後半の日本 ―― 占領期からポスト占領期 ―― に視点を定め、特に米軍のラジオ放送に注目しながら、在外米軍基地が現地社会におけるアメリカ音楽の受容を媒介した過程を素描する。アメリカの軍隊とポピュラー音楽とを並べてその「海外進出」を考えるこのような作業をとおして、アメリカの大衆文化のグローバル化を批判的に見つめ直す視座を提供したいと考えている。まずは 19 世紀末までさかのぼり、米軍基地とポピュラー音楽の海外展開の歴史を概観しておこう。

1.　米軍基地の海外展開と音楽産業

（1）　米軍基地の海外展開

　アメリカ合衆国は、本格的な海外展開の前から大陸内に多数の要塞を築き、先住民が暮らす地域に軍を送りこみながら領土を拡大させていった。また、ペリー艦隊に象徴されるような海外遠征も 19 世紀前半から行われ、小規模な艦隊基地も国外に設けられていた[3]。

　こうした拡張を在外米軍基地の前史とすれば、19 世紀に経済成長を遂げたアメリカ合衆国が太平洋を渡り、海外展開を本格化させるのは帝国主義の時代からである。1898 年、キューバの独立戦争に介入するかたちで発生した米西戦争でアメリカはスペインに勝利し、スペイン植民地だったプエルトリコ、グアム、フィリピンを領有することになった。このうち、1896 年に独立革命が始まっていたフィリピンでは 1898 年に独立宣言が出されており、にもかかわらず併合しようとするアメリカとのあいだで熾烈な戦争が繰り広げられた（1899-1902 年の米比戦争）[4]。ゲリラ戦を展開したフィリピンの抵抗は根強かったが、アメリカはそれを制圧して植民地とし、また独立したキューバを事実上の従属下におき、1903 年には同国東部のグアンタナモに米軍基地の永久

租借権を獲得した。太平洋地域では、米西戦争と同じ年にあたる 1898 年にアメリカはハワイを併合した。1900 年には同諸島を準州とし、軍港パール・ハーバーを建設しながら軍事拠点化していった。このように太平洋を西進するアメリカは、巨大市場である中国をにらんで東アジアへの進出も始め、1900 年には義和団事件に際して中国に介入し、やがて北京などに米軍を駐留させるようになった[5]。

　在外米軍基地は、1903 年の時点ではプエルトリコ、キューバ、ハワイ、グアム、フィリピンに設置されており、南アメリカの主要都市や太平洋上にも小規模の基地がおかれていた。さらに、同じ 1903 年にアメリカはパナマの独立に介入して大西洋と太平洋とを結ぶ運河の租借権を獲得し、1913 年にはパナマ運河を開通させ、運河地帯に基地を建設して米軍が駐留するようになった。1910 ～ 30 年代にかけてはその他のカリブ海・中米諸国もアメリカの一時的な占領と米軍駐留を被り、政治的・経済的・文化的にアメリカの強い影響下に入っていった。

　一方、米軍が大挙して大西洋を越えたのは第一次世界大戦（1914-18 年）が最初だが、ヨーロッパに投入された米軍の大半は戦後に合衆国へ帰還した。その後の第二次世界大戦に際し、アメリカは、ヨーロッパ戦線や太平洋戦線で戦いながらその軍事基地網を広げていった。第二次世界大戦が終わる 1945 年の時点では、在外米軍基地の数は少なめの試算で 400 カ所以上、多い試算では 200 カ所以上にのぼったといわれる。

　アメリカが世界各地に基地を設け軍隊を「平時」にも常駐させるようになるのは、第二次世界大戦中のこのような拡大をへた後のことであった。戦後の冷戦体制のなかで、アメリカは、凋落（ちょうらく）したイギリスやフランス、また敗北した日本やドイツの海外植民地・占領地を引き継ぐかのように、その軍事基地網を強化していった。冷戦期の在外米軍基地は、特にソ連と対峙するヨーロッパ地域と、朝鮮戦争を経験したアジア太平洋地域に集中していった。1953 年を例にとると、ヨーロッパでは 446 カ所、アジア太平洋では 291 カ所に米軍基地がおかれ、日本の米軍基地も後者に含まれた。

（2）　音楽産業の勃興と拡大

　米軍基地はこうしてアメリカ合衆国の国外へと展開していったが、音楽産業はどうだったのだろうか。この点について、米西戦争の前後にまでいったん立ち戻ってから、20 世紀のポピュラー音楽を作り出した産業の勃興と拡大の過程を簡単に確認しておきたい。

　米西戦争がおきた世紀転換期には音楽産業はまだ楽譜出版を主体としていたが、音響を記録し再生する技術が開発者によって産業化されたのもその時期のことだった。トーマス・エジソンの発明に端を発するコロムビアが 1888 年に、エミール・ベルリナー（Emil Berliner）のグラモフォンが 1895 年に、また、ベルリナーから独立したエルドリッジ・R・ジョンソン（Eldridge R. Johnson）によるビクターが 1901 年に、いずれもアメリカで設立された。こうした新しい音楽産業はまもなくヨーロッパへ進出し、非西洋世界にも足をのばして、商業録音に値する音楽とその演者を開拓しながら再生機器やレコード盤の海外市場を広げていった。日本における初録音も英国グラモフォンの技術者が 1903（明治 36）年に来日して行ったもので、1905 〜 06（明治 38 〜 39）年頃には、コロムビアとビクターもアメリカから日本に技術者を派遣して現地録音をしている[6]。

　こうした一連の動きは、前述のようにアメリカがフィリピンを制圧し、大西洋から太平洋へ抜けるパナマ運河の租借権を得て、太平洋上の要衝ハワイの軍港開発を始めていたのと同じ時代にあたる。勃興期のレコード会社は世紀転換期に海外市場に向けて動きだした企業の一つだったが、そうした新興の文化産業のグローバル展開も、帝国主義の時代におけるアメリカの政治的・軍事的な海外展開に支えられていた。

　第一次世界大戦ではアメリカは 1917 年に参戦したが、ヨーロッパを戦場としたこの戦争はアメリカに軍需景気をもたらした。戦後の 1920 年代には現代的な生活様式の原型といえる大衆消費社会が誕生し[7]、映画産業とレコード産業においては技術革新が起きて、音楽の生産と消費にとっての視覚・聴覚メディアの重要性が増大した。技術革新の一つはマイクロフォンを使用した電気録音の開始であり、レコードの音質が向上した。さらに 1927 年の『ジャズ・

シンガー』を端緒として、音声と映像が同期する「トーキー映画」が普及し始めた。1925 年から 1930 年代前半には「録音ブーム」が到来し、大量にレコード化された音楽が、グローバルに展開する欧米の音楽産業を介して世界各地に流通していった。それを象徴する音楽がアメリカで生まれたジャズだったが、ハワイアン音楽やキューバ音楽（欧米で「ルンバ」と呼ばれた）のような、米西戦争をへてアメリカの勢力圏に入った地域の音楽もエキゾティックな文化として人気を博し、アメリカ経由で広がっていった[8]。

　1920 年代には新しい音響メディアであるラジオ放送も始まった。ラジオは、第一次世界大戦では双方向的なメディアとして活用されていたが、1920 年代になって、不特定多数の聴衆に向けて情報を発信する民間放送局がアメリカ各地で誕生していった。1920 年代半ばからは全国的な放送ネットワーク会社と各地の放送局とが結びつき、離れた地域に暮らす人々が同じ時間帯に同じ放送を聴くという経験が、この時代に初めて登場した。広告収入で経営されるアメリカのラジオ放送では音楽番組が人気を呼び、1920 ～ 40 年代にかけて、「ラジオから流れてくる音楽」が日常化していった[9]。

（3）　第二次世界大戦における米軍とポピュラー音楽

　第二次世界大戦は、このように音楽産業が拡大し、それを消費する大衆が形成されてきた時代におきた総力戦だった。米軍は、若い男性の「大衆」を「米兵」として大量に動員しながら、彼らが好む音楽とそれを運ぶメディアとも連携して軍の組織を維持し始めた。

　1941 年にはすでに、米国内と海外に散らばる米軍将兵に娯楽を提供する団体、USO（United Service Organization）が設立されていた。USO は、故郷を離れた米兵がくつろげるような環境や催しを各駐留地に設置したクラブで提供するほか、米兵という多様な観衆を慰問する「USO ショー」の企画・制作を行った。第二次世界大戦時の USO ショーではコメディアンのボブ・ホープ（Bob Hope）や女性コーラスのアンドリュース・シスターズ（The Andrews Sisters）などがよく知られるが、慰問団は、有名無名の演奏家や歌手や芸人や俳優で構成された。彼らは、国内の基地だけでなく太平洋戦線やヨーロッ

パ戦線にも赴き、上演の回数は 42 万回以上を数えたといわれる[10]。

　USO は、マイクとアンプを駆使して演者の歌声やギャグを多数の観衆に届けたという点で、1920 年代以降の技術と絡み合った現代的なショーだった。だが第二次世界大戦を軍隊と娯楽との関係から見ると、USO ショーのような実演よりも、録音物を大量に複製・放送するメディアを活用して士気を維持した点に、この総力戦の新しさがあった。持ち運びの容易な蓄音機やレコード盤やラジオ受信機は、演者が「そのとき・その場」にいなくても、故郷から遠く離れた地でアメリカの音楽を響きわたらせた。

　アメリカの音楽産業では、音楽家組合、レコード会社、放送業界のあいだの利害対立が 1930 年代半ばから過熱し、1942 〜 44 年には音楽家組合が録音禁止令を出していた。米軍はしかし、レコード会社の協力を受けて 1943 年に軍専用のレコードを制作し始め ── その制作においては音楽家組合の録音禁止令が免除された ──、多数の音盤が国内と海外の駐留地へ毎月発送された。「V ディスク」と呼ばれたこのシリーズでは当時の様々な音楽が録音され、発送された枚数は 800 万枚以上にのぼった[11]。

　米軍のラジオ放送（Armed Forces Radio Network：AFRS）も、NBC や CBS などの放送ネットワーク局の協力をうけて 1942 年に始まった。米軍放送のネットワークは本部をロサンゼルスにおき、毎週 100 本を超える番組を録音し、その複写盤を海外に発送して米軍駐留地から放送した。こうして、海外へ派遣された米軍人も、ラジオで「アメリカの音」を聴く時間を経験するようになった。

　第一次世界大戦時に米軍軍楽隊が初期のジャズをヨーロッパに伝えたことは知られているが、第二次世界大戦時のレコードとラジオ放送は、軍楽隊の実演をはるかに超える頻度で、米軍施設の外部に広がる社会にアメリカ音楽を流出させた。とりわけ、米軍基地には出入りしない現地社会の人々にも受信される米軍のラジオ放送は、合衆国の国外でアメリカの音楽が広がっていく際に、強力なメディアとなった。

2. 在日米軍基地とアメリカの音楽
― 占領期・ポスト占領期の米軍放送 ―

（1）　消費社会と米軍の文化

　日本に米軍基地が設置されたのはもちろん占領期以降のことだが、アメリカ
の音楽はそれ以前から日本に入ってきていた。古くは「黒船」来航時の軍楽隊
にまでさかのぼり、明治初期からアメリカの宣教師が賛美歌を教えていたこと
や、『小学唱歌集　初編』（1881-84（明治14-17）年）の作成にアメリカ人の
ルーサー・ホワイティング・メーソン（Luther Whiting Mason）が関わった
ことは比較的よく知られている[12]。

　このように日米の音楽交流史は明治期からひもとけるものだが、本章の文脈
では、日本でも第一次世界大戦後に都市部で大衆消費社会が形成され始め、視
覚・聴覚メディアをとおしてアメリカ文化が流入していった点に注目しておき
たい。レコードについていえば、1910〜20年代には東京や京阪神などに地場
のレコード会社が誕生していたが、1927（昭和2）年になって、外資のレコー
ド会社（アメリカのコロムビアとビクター、ドイツのポリドール）が電気録音
の技術とともに参入し始めた。都市部では1920年代からダンスホールが営業
しており、1930年代に入るとレコードを流す喫茶店も登場し、トーキー設備
を整えた映画館でアメリカの音楽映画も上映された。こうした「モダン」な消
費文化は都市部の新中間層を中心に受容され、当時「ジャズ」と総称されたア
メリカ経由のポピュラー音楽は、ダンスホールで踊り、喫茶店で聴き、また映
画館で見ることができるものだった[13]。

　その一方で、1931（昭和6）年の満州事変以降、中国侵略へと突き進む日本
とアメリカの関係は悪化の一途をたどり、アメリカの文化や思想を頹廃的なも
のと否定する傾向も強まっていった。外資系レコード会社は1938（昭和13）
年までに撤退し、国内のダンスホールも1940（昭和15）年に閉鎖して、1941
（昭和16）年12月8日の日米開戦により、日米の文化的な交流は途絶えるこ
とになった[14]。

　このような前史をへて、戦後まもなく、「敗者」となった日本の社会に「勝者」たるアメリカの音楽が再び流入し始めた。それは、戦前のようにただメディア商品として移入されたのではなく、生身の米軍人とととともに「侵入」してきた。そして、日本の社会的な文脈に土着化していく間をまたずに —— たとえば翻訳版「ジャズ・ソング」などへと変容する前に ——、アメリカ軍の社会からそのまま流出し始めた。この意味で、敗戦後の日本におけるアメリカ音楽の流入は、戦前のそれとは明らかに異質な経験となった。

　英連邦軍を含みながらもアメリカ軍を主体とした占領軍は、1945（昭和20）年12月には全都道府県に進駐し、ピーク時の人員は約45万人を数えた。占領軍はやがて一部の軍事基地群 —— 北海道から九州にまで広がっていたが、全都道府県ではなかった —— に集中するようになり、人員も1948（昭和23）年には約10万人にまで減っていた。しかし、朝鮮戦争（1950-53年）で占領軍の基地が後方支援地となるなか、サンフランシスコ講和条約が発効して日本が独立を回復する1952（昭和27）年には、在日米軍の人数は約26万人に再び増加していた[15]。

　戦前のアメリカ文化はおもに都市部の新中間層が享受したのに対し、旧日本軍の基地が接収されて米軍基地へと転換した戦後には、アメリカの文化は、農村地帯でもあった基地周辺地域にも入っていった。音楽については、米兵が基地から無断で持ち出したVディスクが日本人の手に渡ることもあったとはいえ、米軍が用意したアメリカ人向けのサウンドを日本人の耳に広くふれさせたのは、早朝から深夜まで長時間に及んで音楽を鳴り響かせた、米軍のラジオ放送であった[16]。

（2）　ラジオから流れ出すアメリカの音楽

　日本では1925（大正14）年にラジオ放送が始まっていたが、1951（昭和26）年に民間放送が開始されるまで、放送局は日本放送協会（NHK）に限られていた。占領軍はその放送局の一部を接収し、1945年9月23日、NHKの第二放送を使って米軍放送を開始した。米軍放送は、まず札幌、仙台、東京、名古屋、大阪の各局で始まり、10〜11月には敦賀、岡山、広島、松山、福岡、

鹿屋などからも始まった。占領初期には全国的な進駐に対応して国内の 18 カ
所に局が設置された時期もあったが、1947（昭和 22）年 5 月には 7 局にまで
減り、1951（昭和 26）年 9 月には、米軍放送局は札幌、八戸、仙台、東京、
大阪、小倉におかれていた[17]。

　日本における米軍放送の最初期の番組表は、1945 年 10 月 6 日付の米軍人向
け日刊紙『パシフィック・スターズ＆ストライプス』紙に確認できる（図 10
-1）。その時点ですでに、朝 6 時半から夜 11 時まで、15 〜 30 分刻みで番組
が組まれていた。日本の米軍放送局は、軍に入隊する前には民間の放送局で
働いていた米軍人が運営した。現地制作の番組——ニュース、米軍部隊対抗
スポーツの中継、米軍人バンドの演奏、放送局所蔵のレコードを再生する DJ
ショーなど——もあったが、プログラムの主体は本国から輸送された録音番
組だった。ロサンゼルスの米軍放送本部が独自に製作した番組のほか、アメリ
カの商業的な放送局で制作した番組が、広告を抜いた録音盤となって日本にも

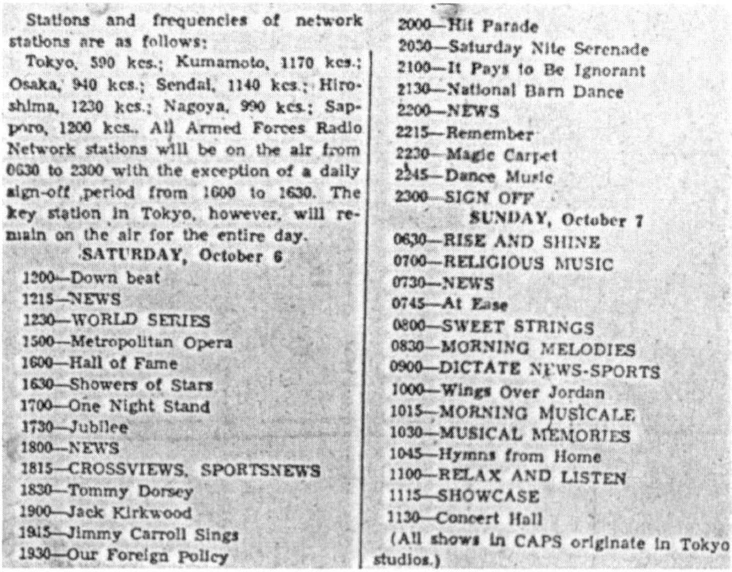

Stations and frequencies of network
stations are as follows:
Tokyo, 590 kcs.; Kumamoto, 1170 kcs.;
Osaka, 940 kcs.; Sendai, 1140 kcs.; Hiro-
shima, 1230 kcs.; Nagoya, 990 kcs.; Sap-
poro, 1200 kcs. All Armed Forces Radio
Network stations will be on the air from
0630 to 2300 with the exception of a daily
sign-off period from 1600 to 1630. The
key station in Tokyo, however, will re-
main on the air for the entire day.

SATURDAY, October 6
1200—Down beat
1215—NEWS
1230—WORLD SERIES
1500—Metropolitan Opera
1600—Hall of Fame
1630—Showers of Stars
1700—One Night Stand
1730—Jubilee
1800—NEWS
1815—CROSSVIEWS, SPORTSNEWS
1830—Tommy Dorsey
1900—Jack Kirkwood
1915—Jimmy Carroll Sings
1930—Our Foreign Policy

2000—Hit Parade
2030—Saturday Nite Serenade
2100—It Pays to Be Ignorant
2130—National Barn Dance
2200—NEWS
2215—Remember
2230—Magic Carpet
2245—Dance Music
2300—SIGN OFF

SUNDAY, October 7
0630—RISE AND SHINE
0700—RELIGIOUS MUSIC
0730—NEWS
0745—At Ease
0800—SWEET STRINGS
0830—MORNING MELODIES
0900—DICTATE NEWS-SPORTS
1000—Wings Over Jordan
1015—MORNING MUSICALE
1030—MUSICAL MEMORIES
1045—Hymns from Home
1100—RELAX AND LISTEN
1115—SHOWCASE
1130—Concert Hall
(All shows in CAPS originate in Tokyo
studios.)

図 10-1　米軍放送の番組表
出所：*Pacific Stars and Stripes*, October 6, 1945

運ばれた。そのために、アメリカのネットワーク局や地方局で制作された人気番組――「ヒット・パレード」、カントリー音楽の「ナショナル・バーン・ダンス」など――が、日本にいながらにして、数週間から数カ月の遅れで放送されることになった。

　音楽ジャンルでいうと、スイング・ジャズやポピュラー・ソングを中心に、カントリー音楽（当時の呼び名はヒルビリー）も放送され、交響楽団の演奏もあった。滞日する米兵のリクエストだけで構成する番組もつくられ、放送される音楽に彼らが関心をもつ様子の一端が、『パシフィック・スターズ＆ストライプス』紙の投書欄からうかがえる。たとえば、ラテン・アメリカに生まれたある米兵は、自分たちのような者も米軍にはいるのだから、もっとスペイン語圏の音楽を流してほしいと懇願している。また、ヒルビリー音楽を熱烈に好む米兵とヒルビリー嫌いの米兵の意見が投書欄上でぶつかりあい、この種の音楽とその放送をめぐる論戦が繰り広げられた時期もあった。あるいは、「ペンシルヴェニアの鉱山地帯から来た私たち」はポルカを聴きたいという、ポーランド系米兵の希望もあった。米軍放送はこのように、占領軍として滞日する多様な米軍将兵に聴覚的な慰安を提供すべく、朝から晩まで、休むことなく「アメリカの音」を流し続けた。

　そのサウンドは日本のラジオ放送網を使っていたから、受信機のチャンネルをいじるだけで日本人の耳にも飛び込んできた。戦前に横浜でジャズ喫茶を経営していた吉田衛の場合、1946（昭和21）年に中国から復員して目にしたのは、自分の店とその周囲が空襲によって焦土と化していた姿だった。「しかし」と吉田は続け、こう回想している。

　　　焼け跡から流れ出るラジオの進駐軍放送（WVTR）［WVTRは東京の米軍放送局のコールサイン。占領期の米軍放送は各局のコールサインで呼ばれた］からは、［日本の］軍隊で夢にまで見たジャズが、ほとんど一日中鳴りわたっているではないか。
　　　私の胸は再び高鳴った。よし、もう一度ジャズ・レコード喫茶を開こうと[18]。

　吉田のような戦前からの愛好家にとっては、戦争による中断が解けてアメリ

カ音楽の流入が「再開」したことは、喜ばしい「再会」の意味をも伴っていた。しかし、ジャズを愛好してはいなかった多数の復員者や被災者にとっては、日本のラジオ放送から流れ出す占領軍の声や音楽は、敗戦を聴覚的に象徴する苦々しい体験でもあったことだろう。

　焼け野原で困窮した「貧弱」な日本人と、ガソリンの匂いをまき散らして疾走する軍用車で豊富な物資を運ぶ「健康」な米軍人──戦後の生活体験については、こうしたショッキングな対比がしばしば語り継がれてきた。日米の物的な格差を五感に焼き付ける遭遇が珍しくなかった当時、聴覚を刺激するだけの米軍放送はさほど負の価値を帯びなかったのか、それに対する不満の記録や記憶は決して多くない。だがコメディアンの古川ロッパは、まさに米軍放送が始まった1945年9月23日に、「今朝は、米兵向の放送、とっかへ引きかへジャズゞでうるさく」と日記に書き留めている[19]。戦前からアメリカ映画に強い影響を受けて芸風を確立したロッパですら当初は「うるさく」感じたのだから、米軍放送を嫌悪した日本人も少なくはなかったと考えられる。しかし、ラジオの場合は苛立たしいならチャンネルを合わせなければよく、そもそも受信機がなければ気に障ることもない。戦後の米軍放送はむしろ、それに積極的にチャンネルを合わせた日本人の手でよく記録され、また記憶されてきた。

　なかでも昭和初期に生まれた世代にとって、ラジオから流れ出した米軍放送は、「鬼畜」であったはずの「米兵」の人間らしさや文化を有無を言わさずに直感させる、聴覚的な回路となった。庶民の日記などを史料として多様な占領体験を描き出した吉見義明によれば、敗戦時には横浜の軍需工場に勤めていた16歳のある少年（1929（昭和4）年生まれ）は、1945年9月4日、それまで「鬼畜」だと信じていたアメリカ人の姿を初めて目にすることになった。10月13日に米軍のトラクターの力強さに驚いた彼は、17日には、ラジオから流れるアメリカ音楽を聞き、その「にぎやか」で「いゝリズム」と「美しい旋律」に耳を奪われた。「おどりだしたくなるやうな、何故か、じっとしてゐられぬメロディ」だった[20]。

　2000年代初頭に筆者がインタヴューをした人々の記憶にもふれておこう。1931（昭和6）年生まれの男性は、1945年の秋、福岡市の南方にある春日原・

白木原の造兵廠（ぞうへいしょう）を接収した米軍基地の労務に出ることになった。彼が連れて
いかれたのはラジオが「ガンガン鳴る」黒人兵の宿舎で、音楽にあわせてその
黒人兵たちが指を打ち鳴らしながら歩く姿が格好良く、「鬼畜米兵」教育もこ
の出会いですっかり消えてしまった。彼の場合はこのように、初期の米軍放送
は、米軍基地と米兵との遭遇とともに印象深く記憶されていた。また、1932
（昭和 7）年生まれのジャズ歌手、星野みよ子は、東京の生家も疎開先も空襲
で焼けてしまったが、戦後には米軍放送で流れてくる音楽がなぜか好きでたま
らなくなり、聞こえてくる歌詞をカタカナで書き取りながら覚えていった。

　テープ・レコーダーが普及していなかった当時、ラジオから流れ出しては消
えていく英語の歌を書き取ることは困難だったはずだが、友人同士で歌詞の聴
き取りあいをしたという話はほかにも複数の回想で確認できた。米軍放送はこ
のように現地社会にも熱心な聴き手を生み出し、早くも 1946 年 5 月には、米
軍の側でも日本や韓国に住む「隠れた聴取者」を認識していた。やがて、米軍
放送局には日本人聴取者からの「ファン・レター」も届くようになり、なかに
は、放送に合わせて歌えるように、歌詞を印刷したものを送ってほしいという
要望もあった[21]。とめどなく放送されるアメリカ音楽は、聞き流すだけでは
足りず、曲名や歌手や楽団の名前、あるいは歌詞や曲調を聴き取り、それを少
しでも習得したいという欲望も掻き立てた。

　米軍放送は、こうして占領下の日常的な聴覚文化へと変容していった。すで
に 1946 年の秋には、雑誌『軽音楽』が、米軍放送は「近頃はもう珍しくもなく
なり、耳慣れてしまつたので聴いてゐる人も少ない様に聞いてゐる」としている。
記事は、しかし「少し注意して聴かうとすれば聴きたいものがちやんと聴ける」
と続け、米軍放送という制度の解説をしたうえで、音質の良さや番組構成の合
理性に感心し、楽団や歌手の名前を挙げながら番組内容を説明する[22]。開始か
ら一年を経過し、米軍放送はそれ自体の新奇性を失ってはいたが、他方で、意
図してその放送を聴く層が生まれていた。

　一般紙を見ても、読売新聞では 1947 年 2 月 2 日から、朝日新聞（東京版）
でも 1947 年 4 月 16 日以降、米軍放送の番組をラジオ欄で紹介し始めた。掲
載されたのは一部の番組だけだが、朝日新聞の 4 月 16 日を例にとると、午後

0時45分の「ダウンビート（ジャズと同音楽家の歴史）」、3時半「ピアノ協奏曲イ短調作品十六」、7時半「ジェローム・カーン作品集　フランク・シナトラ」、8時「ボストン交響楽団」が載っている。こうした紙面の小さな変化も、特定の番組に興味を持ち、特定の時間を狙って米軍放送にチャンネルを合わせる聴衆の出現に呼応していたのだろう。

　音楽関係の雑誌は放送内容をくわしく解説する記事も載せている。たとえば『音楽之友』の「WVTRスタジオ紹介」は、朝6時半から夜11時まで続く番組の流れを説明し、さらに、毎日の放送番組と、曜日ごとにちがう番組とに細かく分けて内容を紹介している（図10-2）。記事は、ボストン交響楽団やNBC交響楽団などの番組もあると伝えながらも、「大部分がジャズ演奏で満たされてゐる」とし、「いつも進駐軍放送できかれる」ジャズの楽団や歌手の解説をしている。たとえば、ベニー・グッドマン（Benny Goodman）、デューク・エリントン（Duke Ellington）、ルイ・アームストロング（Louis Armstrong）、ウディ・ハーマン（Woody Herman）、アーティ・ショウ（Artie Shaw）、ハリー・ジェームス（Harry James）、トミー・ドーシー（Tommy Dorsey）らの楽団、歌手のビング・クロスビー（Bing Crosby）、フランク・シナトラ（Frank Sinatra）、ペリー・コモ（Perry Como）、ダイナ・ショア（Dinah Shore）、ビリー・ホリデイ（Billie Holiday）、ハーモニカ奏者のラリー・アドラー（Larry Adler）などである[23]。

　このように、米軍放送で聞こえてくる音楽を気に入ってもその文脈がよくわからない聴取者に対して、それは誰の演奏・歌唱なのか、楽団や歌手はどのような人なのかといった知識を音楽

図10-2　米軍放送の解説記事
出所：『音楽之友』1948年4月

雑誌が提供した。米軍放送に焦点をあてた記事ではなくても、特定の楽団や歌手や曲に言及する記事や投書のなかで、「最近の進駐軍放送でよく聞ける」というような形容がなされた。米軍放送は、アメリカの音楽を好む日本人がコミュニケーションをとるときに、相手も当然聴いているだろうと互いに想定するメディアになっていた。こうして米軍放送を聴く「ファン」が形成されていったわけだが、ポピュラー音楽だけでなく、クラシック音楽の愛好者にとっても米軍放送は貴重な時間を提供した。1930（昭和 5）年生まれの福原義春（資生堂の元社長・元会長）は、学生時代を振り返って次のように回想している。

> 　進駐軍向けのラジオ放送は［映画館に行くことにくわえて］もうひとつのひそかな楽しみだった。〔中略〕夕方のディナーミュージックにはそのころ流行っだったセミクラシック、ムード音楽が立て続けに流された。夏の深夜にはハリウッドボウルでのコンサートが［録音］中継放送された。このころはアメリカ現代音楽に夢中だったので、眠いのを我慢して［ジョージ・］ガーシュインの「キューバ序曲」とか［アーロン・］コープランドの「エル・サロン・メヒコ」のような、まだレコードのなかった現代曲をどきどきして聴いた[24]。
>
> 　　　　　　　　　　　　　　　　　　　　　　　　　　（［　］内は筆者）

　米軍放送をとおして、アメリカ音楽の流入は、戦前と比べて量が圧倒的に多くなり、日米における流行の時間差が小さくなり、質においても多様になった。1940 年代に進展したジャズのスタイル「ビバップ」が「毎週土曜日・午後 2：30 の Just Jazz」で聴けるとした解説記事は、ビバップを象徴するトランペット奏者ディジー・ガレスピー（Dizzy Gillespie）、ブルース歌手のジミー・ウェザースプーン（Jimmy Witherspoon）、白人サックス奏者のチャーリー・ヴェンチュラ（Charlie Ventura）、黒人ジャズ歌手サラ・ヴォーン（Sarah L. Vaughan）などの名前を挙げながら、1950（昭和 25）年初頭では「レコードの最新盤の入手は甚だ困難であり、AFRS が我々ジャズ・ファンに取つて唯一の楽しみ」だとまとめている[25]。またラテン音楽においても、戦前に受容されていたのはタンゴやキューバ音楽だが、1949（昭和 24）年頃には「WVTR の放送でも良くサンバが聞かれるように」なっていた（アメリカ

人向けのサンバだろう）26)。

　こうした多様化のなかで、戦前にも日本でレコードが少しは出ていたとはいえ、米軍放送をとおして戦後に新しく入ってきたアメリカ音楽の代表がカントリー音楽だった。ギターやヴァイオリンをかき鳴らすサウンドと「素朴な」旋律や歌唱が特徴的なこのジャンルには、アメリカ東南部アパラチア山脈の人々の（イメージを付した）音楽や南西部のウエスタン・スイングなど、広く「南部」の白人に好まれた多様な音楽が含まれていた。1950年代までは、在日米軍の社会ではこの種の音楽を「カントリー」と呼ぶことがまだ少なく、総称としては「ヒルビリー」という呼び方が依然として一般的だった27)。

　ところが戦後の日本では、西部劇映画の人気とも絡み合って、このジャンルは「ウエスタン音楽」と総称された。1949年初めの段階でも、たとえば『スイングジャーナル』が、「ウエスターン・ミュージックとはWVTRでよく放送されて居る例の唄とヴァイオリンを主とした米国西部地方の音楽で、米国では最も大衆性のある音楽である」と読者に説明している［傍点強調は筆者］28)。米軍放送でしばしば聞かれてはいたものの、音楽ジャンルとしての名称やその社会的な文脈はまだあまり認知されていなかったことがうかがえる。米軍放送では、「ナショナル・バーン・ダンス」や「グランド・オール・オープリー」といったアメリカ本国の人気カントリー番組のほか、滞日米兵が組んだカントリー・バンドの演奏や、また滞日米兵がDJをするカントリー番組を聞くことができた。

　後者のうち日本人ファンにもよく知られた番組が、1951（昭和26）年の夏に始まった「ホンシュー・ヘイライド」であった。月曜日から金曜日まで午前11時半から放送されたこの番組は、占領終結から4年が経過した1956（昭和31）年でも、「本場の新らしいウエスタンの空気に接する為には、ウエスタン・ファンの皆様が決してきき逃すことの出来ない番組」とされている。こう伝える『ミュージック・ライフ』はこの番組を担当する米兵DJ（22歳）にも取材しているが、入隊前にはアーカンソー州のラジオ局で働いていた彼によれば、番組への「投書の半分は日本の方から」であったという29)。

　「ホンシュー・ヘイライド」のDJ取材記事が出た1950年代半ばには、米軍

放送は、日本の放送局・放送網ではなく、基地内の局から極東米軍の放送網
（FEN：Far East Network）を使って流されるようになっていた。サンフラ
ンシスコ講和条約の発効後、主要都市における接収建物の返還が進むなかで各
都市の米軍放送局 —— WVTR（東京）や WVTQ（大阪）といったコールサ
インの各局 —— は廃止され、一括して FEN となった。小倉では 1952（昭和
27）年 4 月に、仙台では 1953（昭和 28）年 6 月に、東京では 1953 年 7 月に
米軍放送局は周辺の基地内（東京では埼玉県朝霞のキャンプ・ドレイク）へ移
転し、大阪放送会館の米軍放送局も 1953 年 8 月に閉室した。こうした閉鎖と
移転の時期は朝鮮戦争の休戦（1953 年 7 月 27 日）にはっきりと対応しており、
日本「本土」に残っていた米軍地上軍基地の接収解除も休戦後に進行した。基地
の返還は特に 1957 〜 58 年にかけて進み、地上戦闘部隊は「本土」を撤退し
て沖縄と韓国へ移駐した。その過程で滞日する米軍の人数は 4 〜 5 万人にまで
減少し、在日米軍は空海軍を中心とする配備へと転換した[30]。

　日本におけるポピュラー音楽研究の開拓者、三井徹（1940（昭和 15）年生
まれ）は、在日米軍の構成がこのような変化の渦中にあった時期に、近郊に米
空軍板付基地を抱える都市、福岡に暮らす高校生だった。著書『戦後洋楽ポピュ
ラー史 1945-1975』で引用されるみずからの日記によると、1957（昭和 32）
年には、彼は KBC 放送（九州朝日放送）でベニー・グッドマン楽団を聴き、
年末に購入したウクレレを弾いて楽しみ、米軍基地内の高校の「バイブル・ク
ラス」にも参加した。もちろん米軍放送も聴いた。1957 年 3 月 9 日には、「勉
強」の合間にラジオをつけると「板付［基地の放送局］からのティーン・エイ
ジ向け」番組に出くわし、「［エルヴィス・］プレスリ［Elvis A. Presley］や、
この頃進出してきたパット・ブーン［Pat Boone］のロック＆ロール」を耳に
した。この番組では「女学生みたいなの」がしゃべっていたが、「FEN は大人
の声ばかりで飽き飽きしてたから［この番組のように］もっと十代の声をき
きたいと思った」。同世代のアメリカ人の「しゃべり方は大人とちがった発音
もあるし」、「板付のハイ・スクールの知ってる奴」の名前を聞けるかもしれな
い、と期待したのだという。その後、通学していた高校の「試験最終日」だっ
た 7 月 6 日には、「早く帰って、FEN の『ティーン・エイジのショウ』をきゝ

たい」と三井は日記に書き留めている[31]。

　「大人」のDJに「飽き飽きしてた」とこぼす高校生の一言は印象的だ。ア
メリカのポピュラー音楽が日本の民間放送でも流れていた1950年代後半には、
「アメリカの音」の媒体としての米軍放送の強度は、基地と米軍人の減少とと
もに弱まっていた。しかし、その期間にも『ミュージック・ライフ』は米軍放
送の番組紹介やスタジオ訪問を何度か掲載しており、「ホンシュー・ヘイライ
ド」のDJ取材のほか、FENで放送されるハワイ発のハワイアン音楽番組「ハ
ワイ・コールズ」の解説記事も載せている。また上述したように、板付基地の
「大人」ではなく「ティーン・エイジ」――「知ってる奴」の友人かもしれな
かった――がしゃべり、新しい音楽（ロックン・ロール）を流す番組が、福
岡に住む一人の男子高校生を惹きつけていた。とりわけ近郊に米軍基地を抱え
る社会では、1950年代後半になっても、米軍放送は、日本人の耳にふれる「ア
メリカ」の鮮度をこのように更新し続けていた。

おわりに

　占領下の日本に流入したアメリカの音楽は、いうまでもなく、戦後すなわち
戦争が終わった「あと」の文化であった。だが、あえて戦争の「うしろ」の意
味をも込めて〈戦－後〉と呼ぶとすれば、占領が終結した後の日本でも受容さ
れていったアメリカ音楽は、朝鮮半島での戦闘と休戦後の戦禍の後方で鳴り続
けていた、〈戦－後〉の文化でもあった。こう考えてみると、冒頭でふれた鈴
木啓志の記憶、1967年に米軍放送から聞こえてきたアレサ・フランクリンの
歌声も、ヴェトナムにおける戦争で後方基地となっていた在日米軍の放送局か
ら流れだした、やはり〈戦－後〉の音楽だった。

　本章では、占領期・ポスト占領期の米軍放送に注目し、アメリカ音楽が合衆
国の国外で受容される過程を素描した。日本における米軍基地とアメリカのポ
ピュラー音楽との関係については、問うてみる価値のあることはまだいくつも
残っている。たとえば、アメリカ音楽を伝えるメディアとしての米軍放送は、
ハリウッド映画、洋楽レコード、民間ラジオ放送、アメリカTV映画など、戦

後日本でアメリカ音楽を媒介した「非 – 米軍」のメディアと対照させると、どのように位置づけられるのだろうか。また、アメリカ音楽の受容における米軍基地や米軍放送の影響力は、1950 年代後半以降、どのように弱まっていったのだろうか。日本「本土」と沖縄との間はむろん、「本土」内の地域間や音楽ジャンル間でも、影響力の弱体化に差異は見られるのだろうか。あるいは、基地反対運動も活発化したポスト占領期の日本社会において、アメリカのポピュラー音楽は、反米的な文脈ではどのような意味を帯びたのだろうか。

　こうした例は戦後日本の社会史・文化史に関連する問いだが、他方で米軍基地は世界各地に広がっており、「在外米軍基地とアメリカのポピュラー音楽」の関係を地域間・国家間で比較することも、国外における「アメリカ」を理解していくうえで意味のある作業だろう。米西戦争をへて植民地化あるいは一時占領されたフィリピンや中米諸国、冷戦下に戦場となりヴェトナム戦争にも自国軍を派遣した韓国、米軍のマジョリティと「人種」的な同質性を有するヨーロッパ諸国などでも、「アメリカの音」が米軍基地から流れ出していた。第二次世界大戦後の「占領」から半世紀以上が経過し、各国の事例に焦点をあてた研究は進んでいる[32]。諸国家を横断して「侵入」するアメリカ軍とその文化的な影響力に対し、様々な現地社会の側からも、影響の複雑な現れかたを横断的に捉え返していくことが求められている。

注
1)　鈴木啓志編『U.S. ブラック・ディスク・ガイド』ブルース・インターアクションズ、1994 年、48 頁。
2)　米軍人向けに供給された「読み物」に関しては、モリー・グプティル・マニング、（訳）松尾恭子『戦地の図書館 ―― 海を越えた一億四千万冊』東京創元社、2016 年。
3)　デイヴィッド・ヴァイン、（監修）西村金一、（訳）市中芳江・露久保由美子・手嶋由美子『米軍基地がやってきたこと』原書房、2016 年、28-33 頁。
4)　フィリピンの視点からみた米西戦争と米比戦争については、中野聡『歴史経験としてのアメリカ帝国 ―― 米比関係史の群像』岩波書店、2007 年、21-64 頁。
5)　在外米軍基地史の概説は、林博史『米軍基地の歴史 ―― 世界ネットワークの形成と展開』（吉川弘文館、2012 年）。軍事化という観点もふまえた近代ハワイ史の概説は、矢口祐人『ハワイの歴史と文化 ―― 悲劇と誇りのモザイクの中で』（中央公論新社、2002 年）。

6)　グローバルなレコード産業とその日本における展開については、生明敏雄『二〇世紀日本レコード産業史 ── グローバル企業の進攻と市場の発展』（勁草書房、2016 年）。アメリカにおける初期音楽産業の文化史をより専門的に学びたい場合は、David Suisman, *Selling Sounds: The Commercial Revolution in American Music*, Cambridge: Harvard University Press, 2009.

7)　1920 年代のアメリカ大衆消費社会に関する入門書は、常松洋『大衆消費社会の登場』（山川出版社、1997 年）。

8)　「録音ブーム」は、欧米にかぎらず非西洋社会の植民地港湾都市でも同時多発的に生じた。そのプロセスは、大西洋、太平洋、インド洋を結ぶ港湾都市のネットワークを介し、様々な「現地」の音楽家や商人が関与する多方向的な動きだった。1920-30 年代に国境を越えて生じたその音楽的な「革命」は、以下の刺激的な研究書で論じられている。Michael Denning, *Noise Uprising: The Audiopolitics of a World Musical Revolution*, London: Verso, 2015.

9)　アメリカにおけるラジオの文化史は、水越伸『メディアの生成 ── アメリカ・ラジオの動態史』（同文館、1993 年）。また、19 世紀後半の発明ブームからデジタル文化まで、音響メディアの複合的な歴史を概説した入門書は、谷口文和・中川克志・福田裕大『音響メディア史』（ナカニシヤ出版、2015 年）。

10)　USO は現在も活動を続けているが、その研究は少ない。公式性の強い報告書は、Frank Coffey, *Always Home: 50 Years of USO* (New York: Brassys, 1991)。また、第二次世界大戦時の USO ショーを文化史的に位置づけながらその政治性を論じた研究として、専門性は高いが以下の論文を紹介しておく。Sam Lebovic, "A Breath from Home": Soldier Entertainment and the Nationalist Politics of Pop Culture during World War II, *Journal of Social History: Societies & Cultures*, 47-2, 2013, 263-296.

11)　V ディスクには、1930 〜 40 年代に流行したスイング・ジャズが多く含まれていた。ニューディール期から第二次世界大戦期におけるスイングの政治的・社会的・文化的な意味を探求した研究書として、デーヴィッド・W・ストウ、（訳）湯川新『スウイング ── ビッグバンドのジャズとアメリカの文化』（法政大学出版局、1999 年）。V ディスクの「実物」を体験することは難しいが、YouTube で "V-disc" を検索すると、その「実物」レコードが再生される様子を見聞きすることができる。

12)　幕末から明治期のこうした音楽文化史については、比較的読みやすい文献が出版されている。たとえば、笠原潔『黒船来航と音楽』（吉川弘文館、2001 年）、安田寛『すると彼らは新しい歌をうたった ── 日韓唱歌の源流』（音楽之友社、1999 年）、奥中康人『国家と音楽 ── 伊澤修二がめざした日本近代』（春秋社、2008 年）。

13)　近年、戦前日本の「ジャズ」文化に関する本格的な研究書が出版されている。細川周平『近代日本の音楽百年 ── 黒船から終戦まで　第 4 巻　ジャズの時代』岩波書店、2020 年。青木学『近代日本のジャズセンセーション』青弓社、2020 年。

14)　日本のダンスホール史に関しては、すでに「古典」といえる以下の研究をまずは参照してほしい。永井良和『社交ダンスと日本人』晶文社、1991 年。永井良和『にっぽんダンス物語 ――「交際術」の輸入者たち』リブロポート、1994 年。

15)　米軍基地と在日米軍の数的変遷は以下の拙稿でまとめている。青木深「日本『本土』における米軍基地の分布と変遷 ―― 占領期からベトナム戦争終結まで」『同時代史研究』4、2011 年、36-52 頁。

16)　アメリカの音楽を日本で「実演」した米軍軍楽隊については、以下の拙稿で論じている。青木深「戦後日本における米軍軍楽隊の活動と人的接触　1945-58 年」『ポピュラー音楽研究』14、2011 年、17-30 頁。また、戦後のアメリカの文化外交に関する研究は近年の進展が著しい。たとえば、北村洋『敗戦とハリウッド ―― 占領下日本の文化再建』（名古屋大学出版会、2014 年）、齋藤嘉臣『ジャズ・アンバサダーズ ――「アメリカ」の音楽外交史』（講談社、2017 年）、土屋由香、吉見俊哉編『占領する眼・占領する声 ―― CIE ／ USIS 映画と VOA ラジオ』（東京大学出版会、2012 年）、藤田文子『アメリカ文化外交と日本 ―― 冷戦期の文化と人の交流』（東京大学出版会、2015 年）、渡辺靖『アメリカン・センター ―― アメリカの国際文化戦略』（岩波書店、2008 年）。なお、米軍放送が日本のメディアにもたらした影響の概説は、井川充雄「米軍放送 ―― 占領期の WVTR」（難波功士編『叢書　戦争が生み出す社会 III　米軍基地文化』新曜社、2014 年、178-182 頁）。

17)　以下、戦後日本における米軍放送の運営体制や放送内容に関しては、おもに、極東駐留米軍向けの日刊紙『パシフィック・スターズ・アンド・ストライプス』（Pacific Stars and Stripes ）に基づいて記述している。1945 年 10 月 3 日に発刊した同紙は在日米軍の社会・文化・歴史を研究する際に重要な資料であり、国立国会図書館で閲覧できる。

18)　吉田衛『横浜ジャズ物語 ――「ちぐさ」の 50 年』神奈川新聞社、1985 年、42 頁。

19)　古川ロッパ、(監修) 滝大作『古川ロッパ昭和日記・戦後篇』、晶文社、1988 年、17 頁。

20)　吉見義明『焼け跡からのデモクラシー　上　草の根の占領期体験』岩波書店、2014 年、217 頁。

21)　*Pacific Stars and Stripes*, May 19, 1946; May 28, 1949.

22)　『軽音楽』1946 年 10 月、19-20 頁。

23)　『音楽之友』1948 年 4 月、28-31 頁。

24)　『東京新聞』2006 年 1 月 20 日夕刊。

25)　『スイングジャーナル』1950 年 2 月、10 頁。

26)　『スイングジャーナル』1949 年 11 月、11 頁。

27)　日本語で読めるカントリー音楽の概説のうち、第二次世界大戦期の全米への広まりにも言及したものに以下の文献（第 5 章）がある。ジェームス・M・バーダマン、村田薫『ロックを生んだアメリカ南部 ―― ルーツ・ミュージックの文化的背景』日本放送出版協会、2006 年。

28)　『スイングジャーナル』1949 年 3 月、4 頁。

29)　『ミュージック・ライフ』1956 年 11 月、44-45 頁。

30)　米軍基地の接収解除のプロセスと解除後の基地利用については、前掲の青木「日本『本土』における米軍基地の分布と変遷——占領期からベトナム戦争終結まで」を参照。日本「本土」からの米軍撤退は、韓国・台湾・沖縄に軍事基地の役割を負わせ、日本に対しては軍事負担を軽減し経済復興を促す米国の極東戦略と一体のものだった。たとえば以下の文献を参照。ブルース・カミングズ、(訳) 森谷文昭、(監訳) 中村正則「世界システムにおける日本の位置」『歴史としての戦後日本　上』みすず書房、2001 年、92-149 頁。マイケル・シャラー、(訳) 市川洋一『「日米関係」とは何だったのか——占領期から冷戦終結後まで』草思社、2004 年。

31)　三井徹『戦後洋楽ポピュラー史 1945-1975——資料が語る受容熱』NTT 出版、2018 年、113、117 頁。本書は、戦後日本のポピュラー音楽史を学ぶ際には必読文献の一つである。

32)　在外米軍基地とアメリカのポピュラー音楽の関係をふまえて書かれた研究書・論文を数点挙げておく。フィリピンに関しては、岩佐将志「米軍駐留がフィリピンにもたらしたジャズ——越境する親米感覚の生成と変容」(難波功士編『叢書　戦争が生み出す社会Ⅲ　米軍基地文化』、111-149 頁)。韓国の戦後ポピュラー音楽史を分厚く記述した書籍として、申鉉準・李鎔宇・崔智善、(訳) 平田由紀江『韓国ポップのアルケオロジー　1960-70 年代』(月曜社、2016 年)。ドイツについては、英文の研究書になるが、Uta G. *Poiger, Jazz, Rock, and Rebels: Cold War Politics and American Culture in a Divided Germany* (Berkeley: University of California Press, 2000).

人名索引

ア行

アーミテージ，リチャード　112
アダムズ，ジェーン　149
アダムズ，ジョン　45
アリ，モハメド　157
イウェアラ，ンゴジ・オコンジョ　122
ウィリアムズ姉妹　158
エジソン，トーマス　175, 195
オーエンス，ジェシー　153, 155
オバマ，バラク　2, 4, 8, 10, 11, 17, 24, 64, 76, 110

カ行

ガーヴィー，マーカス　69-71
ガーシュウィン，ジョージ　179
カーロス，ジョン　157
キャンプ，ウォルター　150
キング・ジュニア，マーティン・ルーサー　71, 72, 162
クリントン，ヒラリー　3, 12, 80
クリントン，ビル　53, 108
クルーズ，テッド　12
ゲーリック，ルー　159
ケネディ，ジョン・F　51
ゴア，アル　9
ゴンパース，サムエル　48

サ行

サリバン，ジェームズ・E　150
サンダース，バーニー　14, 57
ジェームズ，ウィリアム　149
ジェファーソン，トマス　45
シュメリング，マックス　155
ジョージ，ロイド　48
ジョーダン，マイケル　158
ジョンソン，ジャック　156
ジョンソン，リンドン　51, 107
スタインウェイ，ヘンリー　174
スポルディング，アルバート　150
スミス，トミー　157
ソープ，ジム　152

タ行

ターナー，フレデリック・ジャクソン　48
タイ，キャサリン　135
ディーン，ハワード　9
ディドリクソン，ミルドレッド　159
デュボイス，W・E・B　68, 74
ド・クーベルタン，ピエール　148
トランプ，ドナルド　i, ii, 2, 4, 6, 7, 12, 14-16, 37-39, 54, 80, 122

ナ行

ネイダー，ラルフ　9
ノーマン，ピーター　157

ハ行

バーバー，サミュエル　184
バイデン，ジョー　ii, 4, 14-17, 37, 80, 133
ハリス，カマラ　15, 58
ビスマルク，オットー　48
人見絹江　166
ヒトラー，アドルフ　153

フーヴァー，ハーバート　49
フォアマン，ジョージ　158
フォード，ジェラルド　89
福澤諭吉　147
ブッシュ，ジョージ・W　104
ブランデージ，アベリー　153
フリーマン，キャシー　158
ペイン，トマス　44
ペンス，マイク　16
ホロヴィッツ，ウラディミール　176,
　185

マ行

マケイン，ジョン　9, 54
マルコム X　72, 73
ミッチェル，ジャッキー　159
ミリア，アリス　159
ムッソリーニ，ベニト　155
モラン，ガッシー　162

ラ行

ラヴェル，モーリス　169, 183

ラフマニノフ，セルゲイ　170
ランディス，ケネソー・M　159
リグレー，フィリップ・K　162
リッキー，ブランチ　162
リンカーン，エイブラハム　47
ルイス，カール　158
ルイス，ジョー　155
ルイス・ハーツ　46
ルース，ベーブ　159
レーガン，ロナルド　52, 89
ローズヴェルト，フランクリン　49
ローズヴェルト，セオドア　149
ロック，ジョン　44
ロビンソン，ジャッキー　162
ロムニー，ミット　10, 53

ワ行

ワシントン，ジョージ　46
ワッデル，トム　163

事項索引

A～Z

BLM 運動（ブラック・ライヴズ・マター
　運動）　i, 62, 74-76, 158
COVID-19（新型コロナウイルス感染症）
　43, 55, 92
FCC（連邦通信委員会）　27, 28
FEN　192, 207
NARAL プロチョイス・アメリカ　88
QUAD　117
USO　196, 197, 210
V ディスク　197, 199, 210
WVTR　201, 204, 206, 207, 211

ア行

アジア太平洋経済協力（APEC）　113
アビシニア危機　155
アメリカ医師会（AMA）　49, 51, 81
アメリカ法律協会（ALI）　84
アメリカ労働立法協会（AALL）　48
アメリカン・ドリーム　47, 51, 53
アングロ＝サクソン・プロテスタント
　（WASP）　47
医師　81
移民　82
移民排斥主義　82
医療保険取引所　53, 56
医療用貯蓄口座制度　56
インターネット　ii, 2, 9, 10, 17, 18, 25,
　35, 38
ウエスタン　206
映画音楽　177
エコーチェンバー　29, 35, 37, 39

大きな政府　89
オバマケア　43, 50
オペレーション・レスキュー　90
オペレーション・ワープスピード　56
音楽産業　195-197, 210

カ行

家族計画協会（PP）　84
カトリック　86
関税および貿易に関する一般協定（GATT）
　　　　　　124
環太平洋連携協定（TPP）　122
カントリー音楽　201, 206, 211
キューバ　193, 194
共和党　80
キリスト教青年会（YMCA）　151
クラシック音楽　205
ゲイ・ゲームズ　163
ケーブルテレビ　6, 18, 25-30, 32, 34, 38
「弦楽のためのアダージョ」　186
交響楽　201
公民権運動　71, 73, 157, 162
ゴールド・ラッシュ　47
黒人　82
国民楽派　169
雇用主提供保険　50-52
混合種目　163

サ行

三分期　85
ジェンダー　82
社会主義的医療　49

社会保障法　49

ジャズ　180, 196, 198, 201, 202, 204, 205, 210

自由で開かれたインド太平洋（FOIP）
　　　107

上級委員会　123

女性運動　82

女性保護としての反中絶論（WPAA）
　　　90

新移民　47

新型コロナウイルス　i-iii, 14-16, 117

人権　109

人権・民主主義法　137

人権を求めるオリンピックプロジェクト
　（OPHR）　157

人種　63-65

人種主義　73-75

心臓の鼓動法　92

シンフォニック・ジャズ　181

信頼性のある自由なデータ流通（DFFT）
　　　132

スタインウェイ・アンド・サンズ　173

ステレオタイプ　63, 65-67, 76

スペイン語圏の音楽　201

スムート・ホーリー法　124

政治コンサルタント　8

政治的分極化（政治の分極化）　25, 30, 32-34, 38, 39

生殖の正義　95

生命のためのアメリカ人同盟（AUL）
　　　86

政冷経熱　111

世界貿易機関（WTO）　122

全国女性機構（NOW）　88

全国生命権委員会（NRLC）　86

先住民　82

「前奏曲嬰ハ短調作品3の2」　178

全米女性野球プロリーグ　162

戦略的競争相手　104, 110

占領軍　199, 202

ソーシャルメディア　ii, 2, 10, 11, 13, 15, 17, 18, 34-36

タ行

第一次世界大戦　194, 195

大衆消費社会　195, 198, 210

大統領選挙　i, ii, 2-9, 17, 23-25, 28, 32, 35-38

タイトル・ナイン（連邦教育法第9編）
　　　162

第二次世界大戦　49, 194, 196, 197

台湾関係法　109

堕胎罪　81

中華人民共和国　102

中間層のための外交　133

中絶　80

中絶禁止法　81

朝鮮戦争　194, 199, 207

治療的中絶　83

通商協定（FTA）　126

通商代表部（USTR）　135

通商摩擦　122

テレビ広告　5, 8, 24

天安門事件　103

同性愛　87

東南アジア諸国連合　104

特別な扱い（SDT）　127

ナ行

ナチス・ドイツ　153
「南東ペンシルヴェニア家族計画協会対ケ
　イシー」判決　90
ニクソン・ショック　103
ニューディール　49
ネーション・オブ・イスラム　157
ネット選挙　3, 17, 18
納税者の反乱　89

ハ行

ハイド修正　89
覇権　102, 103
パブリック・オプション　57
ハワイ　194, 208, 209
パン・アフリカニズム　68-72
反カトリック　82
「ピアノ・ソナタ変ホ短調作品26」　185
「ピアノ協奏曲第3番ニ短調作品30」
　　　　　　　　　　　　　　172, 176
非白人フェミニスト　95
ヒルビリー　206
フィリピン　193, 209, 212
フェイクニュース　35, 36, 38
フェミニスト　85
フェミニズム運動　84
フォーカス・オン・ザ・ファミリー　86
福音派　86
不当負担　90
ブラック・パワー（Black Power）運動
　　　　　　　　　　　　　　73, 74
ブラックパワー・サルート　156
ブルーノート　181
プロチョイス　80

プロライフ　80
紛争解決機関（DSB）　124, 126
米軍基地　192-194, 203, 208, 209, 211, 212
米軍放送（AFRS）　197, 199-209, 211
米国・メキシコ・カナダ協定（USMCA）
　　　　　　　　　　　　　　　　136
米西戦争　193, 194, 209
米ソ対抗陸上競技大会　161
米兵　201-203, 206
ヘッジ戦略　108
ベトナム戦争　106
ヘリテージ財団　53
貿易促進権限（TPA）　122
『ポーギーとベス』　183
ポピュラー音楽　192, 193, 208, 209, 212
ホロコースト　153

マ行

マッカーシズム　50
民主党　80
メキシコシティ政策　89
メディア　ii, 6, 8, 13, 16, 18, 23-25, 29,
　31-33, 36, 37, 196, 208
メディケア　51
メディケア・フォー・オール　57
メディケイド　51, 53
モラル・マジョリティ　86

ヤ行

有権者登録　5
予備選挙　5, 6, 9, 14, 17, 18

ラ行

ラジオ　196, 197, 201, 210

ラストベルト　54

ラテン音楽　205

「ラプソディ・イン・ブルー」　181

レイシズム　82

冷戦　102, 194, 209

レコード会社　197, 198

レッド・パワー　162

「ロウ対ウェイド」判決　85

執筆者紹介

清原　聖子　（きよはら　しょうこ）　**編著者**
　現職：明治大学情報コミュニケーション学部教授
　最終学歴：慶應義塾大学大学院法学研究科博士課程単位取得退学
　学位：博士（法学）
　主な業績：
　　『アメリカ政治の地殻変動 ― 分極化の行方』（共著）東京大学出版会、2021 年
　　『フェイクニュースに震撼する民主主義 ― 日米韓の国際比較研究』（編著）大学教育出版、
　　　2019 年
　　『ネット選挙が変える政治と社会 ― 日米韓に見る新たな「公共圏」の姿』（共編著）慶應
　　　義塾大学出版会、2013 年
　　はじめに、第 1 章、第 2 章 担当

山岸　敬和　（やまぎし　たかかず）
　現職：南山大学国際教養学部教授
　最終学歴：ジョンズ・ホプキンス大学（Johns Hopkins University）博士課程修了
　学位：Ph.D.（Political Science）
　主な業績：
　　『激動期のアメリカ』（共編著）大学教育出版、2022 年
　　『アメリカ医療制度の政治史』（単著）名古屋大学出版会、2014 年
　　War and Health Insurance Policy in Japan and the United States（Baltimore: Johns
　　　Hopkins University Press, 2011）
　　第 3 章 担当

荒木　圭子　（あらき　けいこ）
　現職：東海大学国際学部国際学科教授
　最終学歴：慶應義塾大学大学院法学研究科後期博士課程単位取得退学
　学位：博士（法学）
　主な業績：
　　『マーカス・ガーヴィーと「想像の帝国」― 国際的人種秩序への挑戦』（単著）千倉書房、
　　　2021 年
　　『ポスト・オバマのアメリカ』（共著）大学教育出版、2016 年

"Africa for Africans and Asia for Asians: Japanese Pan-Asianism and Its Impact in the Post − World War I Era," Kendahl Radcliffe, Jennifer Scott, and Anja Werner (eds.), *Anywhere But Here: Black Intellectuals in the Atlantic World and Beyond* (Jackson: University Press of Mississippi, 2014)

第 4 章 担当

兼子　歩　（かねこ　あゆむ）

現職：明治大学政治経済学部准教授

最終学歴：北海道大学大学院文学研究科博士後期課程単位取得退学

学位：文学修士

主な業績：

『現代アメリカ政治外交史 ―「アメリカの世紀」から「アメリカ第一主義」まで』（共著）ミネルヴァ書房、2020 年

『歴史の中の人びと ― 出会い・喚起・共感』（共著）彩流社、2020 年

『「ヘイト」の時代のアメリカ史』（共編著）彩流社、2017 年

第 5 章 担当

伊藤　剛　（いとう　つよし）

現職：明治大学政治経済学部教授

最終学歴：デンバー大学（University of Denver）博士課程修了

学位：Ph.D.（International Studies）

主な業績：

『米中争覇とアジア太平洋 ― 関与と封じ込めの二元論を超えて』（共編著）有信堂、2021 年

Alliance in Anxiety: Détente and Sino-American-Japanese Triangle（New York: Routledge, 2003, paperback in 2018）

『アジア太平洋の未来図 ― 覇権ネットワーク』（共著）中央経済社、2017 年

第 6 章 担当

松本　明日香　（まつもと　あすか）

現職：東北大学大学院国際文化研究科国際政治経済論講座専任講師

最終学歴：筑波大学大学院博士課程人文社会科学研究科修了

学位：博士（政治学）

主な業績：

「米国による国際秩序再編 ―― WTO 改革とその行方」経済産業研究所・京都大学『貿易、

　　環境、エネルギーの国際制度形成に係る調査研究報告書』2021 年

　　「米国の通商政策転換 ── オバマ政権からトランプ政権へ ── 」 経済産業研究所・京都

　　大学『貿易、環境、エネルギーの国際制度形成に係る調査研究報告書』2020 年

　　「アメリカとアジア ── 貿易摩擦の深刻化とインド太平洋戦略の模索 ── 」（分担執筆）

　　『アジア動向年報 2020』日本貿易振興機構アジア経済研究所、2020 年

　第 7 章 担当

川島　浩平　（かわしま　こうへい）

　現職：早稲田大学スポーツ科学学術院教授

　最終学歴：ブラウン大学（Brown University）博士課程修了

　学位：Ph.D. アメリカ都市史専攻

　主な業績：

　　ニコ・ベズニエ、スーザン・ブロウネル、トーマス・F・カーター『スポーツ人類学　グ
　　　ローバリゼーションと身体』（共訳）共和国、2020 年

　　『人種神話を解体する　3 巻 「血」の政治学を越えて』（共編著）東京大学出版会、2016 年

　　『人種とスポーツ　黒人は本当に「速く」「強い」のか』（単著）中公新書、2012 年

　第 8 章 担当

佐藤　彦大　（さとう　ひろお）

　現職：ピアニスト、東京音楽大学専任講師、桐朋学園大学非常勤講師

　最終学歴：チャイコフスキー記念国立モスクワ音楽院（Moscow Tchaikovsky Conservatory）
　　研究科修了

　学位：修士（音楽）

　主な業績：

　　2016 年　第 62 回マリア・カナルス・バルセロナ国際音楽コンクール第 1 位（スペイン）

　　2011 年　第 5 回サン・ニコラ・ディ・バーリ国際ピアノコンクール第 1 位（イタリア）

　　2007 年　第 76 回日本音楽コンクール第 1 位

　第 9 章 担当

青木　深　（あおき　しん）

　現職：都留文科大学文学部教授

　最終学歴：一橋大学大学院社会学研究科博士後期課程修了

　学位：博士（社会学）

　主な業績：

　　『進駐軍を笑わせろ！ ── 米軍慰問の演芸史』（単著）平凡社、2022 年

『シリーズ　戦争と社会　3　総力戦・帝国崩壊・占領』（共著）岩波書店、2022 年

『めぐりあうものたちの群像── 戦後日本の米軍基地と音楽 1945-1958』（単著）大月書
　　店、2013 年（第 35 回サントリー学芸賞［社会・風俗部門］受賞）

第 10 章 担当

教養としてのアメリカ研究

2021 年 11 月 20 日　初版第 1 刷発行
2023 年 4 月 1 日　初版第 2 刷発行

■ 編 著 著 ——— 清原聖子
■ 発 行 者 ——— 佐藤　守
■ 発 行 所 ——— 株式会社 大学教育出版
　　　　　　　　〒 700-0953　岡山市南区西市 855-4
　　　　　　　　電話 (086) 244-1268　FAX (086) 246-0294
■ 印刷製本 ——— モリモト印刷 ㈱

© Shoko Kiyohara 2021, Printed in Japan
検印省略　　　落丁・乱丁本はお取り替えいたします。
本書のコピー・スキャン・デジタル化等の無断複製は著作権法上での例外を除き
禁じられています。本書を代行業者等の第三者に依頼してスキャンやデジタル化
することは、たとえ個人や家庭内での利用でも著作権法違反です。
ISBN978 − 4 − 86692 − 156 − 3